biblioteca borges

coordenação editorial
davi arrigucci jr.
heloisa jahn
jorge schwartz
maria emília bender

poesia
jorge luis borges

tradução josely vianna baptista

2ª reimpressão

COMPANHIA DAS LETRAS

copyright © 1996, 2005 by maría kodama
todos os direitos reservados

título original
elogio de la sombra (1969)
el oro de los tigres (1972)
la rosa profunda (1975)
la moneda de hierro (1976)
historia de la noche (1977)
la cifra (1981)
los conjurados (1985)

Alguns poemas desta coletânea aparecem em mais de uma das obras originais. Aqui, optou-se por não repeti-los. No caso de poemas que apresentam variações, ambas as versões foram reproduzidas.

capa e projeto gráfico
warrakloureiro

foto página 1
sara facio

revisão
isabel jorge cury
marise simões leal

Dados Internacionais de Catalogação na Publicação (CIP)
(Câmara Brasileira do Livro, SP, Brasil)

Borges, Jorge Luis, 1899-1986.
Poesia / Jorge Luis Borges; tradução Josely Vianna Baptista.
— 1ª ed. — São Paulo: Companhia das Letras, 2009.

Título original: Elogio de la sombra, El oro de los tigres...
ISBN 978-85-359-1372-9

1. Poesia argentina I. Título

08-11648   CDD-ar861

Índice para catálogo sistemático:
1. Poesia: Literatura argentina ar861

[2021]
todos os direitos desta edição reservados à
EDITORA SCHWARCZ S.A.
rua Bandeira Paulista 702 cj. 32
04532-002 — São Paulo — SP
telefone (11) 3707-3500
www.companhiadasletras.com.br
www.blogdacompanhia.com.br
facebook.com/companhiadasletras
instagram.com/companhiadasletras
twitter.com/cialetras

poesia

elogio da sombra
(1969)

prólogo 21

joão, 1,14 24
heráclito 26
cambridge 28
new england 1967 30
james joyce 31
the unending gift 32
maio 20 1928 33
labirinto 35
o labirinto 36
ricardo güiraldes 37
o etnógrafo 38
a certa sombra 1940 41
as coisas 43
rubaiyat 44
pedro salvadores 46
a israel 49
israel 50
junho 1968 51
o guardião dos livros 53
os gaúchos 55

juan, 1,14 426
heráclito 427
cambridge 428
new england, 1967 429
james joyce 430
the unending gift 430
mayo 20 1928 431
laberinto 432
el laberinto 432
ricardo güiraldes 433
el etnógrafo 433
a cierta sombra 1940 435
las cosas 436
rubaiyat 437
pedro salvadores 438
a israel 440
israel 440
junio 1968 441
el guardián de los libros 442
los gauchos 444

acevedo 57
invocação a joyce 58
israel, 1969 60
duas versões de *ritter,*
   tod und teufel 62
buenos aires 64
fragmentos de um
   evangelho apócrifo 67
lenda 70
uma oração 71
his end and his
   beginning 73
um leitor 75
elogio da sombra 77

acevedo 445
invocación a joyce 445
israel, 1969 447
dos versiones de ritter,
   tod und teufel 448
buenos aires 449
fragmentos de un
   evangelio apócrifo 451
leyenda 453
una oración 453
his end and his
   beginning 454
un lector 455
elogio de la sombra 456

o ouro dos tigres
(1972)

prólogo 81

tamerlão, (1336-1405) 83	*tamerlán, (1336-1405)* 460
espadas 86	*espadas* 461
o passado 87	*el pasado* 462
tankas 89	*tankas* 464
treze moedas 91	*trece monedas* 465
susana bombal 95	*susana bombal* 468
a john keats (1795-1821) 96	*a john keats (1795-1821)* 468
sonha alonso quijano 97	*sueña alonso quijano* 469
a um césar 98	*a un césar* 469
o cego 99	*el ciego* 470
on his blindness 101	*on his blindness* 471
a busca 102	*la busca* 471
o perdido 104	*lo perdido* 472
h. o. 105	*h. o.* 473
religio medici, 1643 106	*religio medici, 1643* 473
1971 107	*1971* 474
coisas 108	*cosas* 475
o ameaçado 110	*el amenazado* 476
proteu 111	*proteo* 477
outra versão de proteu 112	*otra versión de proteo* 477

fala um busto de jano 113	habla un busto de jano 478
o gaúcho 114	el gaucho 478
a pantera 116	la pantera 479
tu 117	tú 480
poema da quantidade 118	poema de la cantidad 481
a sentinela 120	el centinela 482
ao idioma alemão 121	al idioma alemán 482
ao triste 123	al triste 483
o mar 124	el mar 484
ao primeiro poeta da hungria 125	al primer poeta de hungría 484
o advento 127	el advenimiento 485
a tentação 129	la tentación 486
1891 132	1891 488
1929 133	1929 489
a promessa 136	la promesa 491
o estupor 138	el estupor 492
os quatro ciclos 140	los cuatro ciclos 493
o sonho de pedro henríquez ureña 142	el sueño de pedro henríquez ureña 494
o palácio 144	el palacio 495
hengist quer homens, (449 a.d.) 145	hengist quiere hombres, *(449 a.d.)* 495
episódio do inimigo 147	episodio del enemigo 496
à islândia 149	a islandia 497
ao espelho 151	al espejo 498
a um gato 152	a un gato 499
east lansing 153	east lansing 499
ao coiote 155	al coyote 500
um amanhã 156	un mañana 501
o ouro dos tigres 157	el oro de los tigres 502

notas 158

a rosa profunda
(1975)

prólogo 161

eu 164
cosmogonia 165
o sonho 166
browning resolve
  ser poeta 167
inventário 169
o bisão 171
o suicida 172
ao rouxinol 173
sou 175
quinze moedas 176
simón carbajal 181
de que nada se sabe 183
brunanburh, 937 a.d. 184
um cego 185
1972 186
elegia 187
all our yesterdays 188
o desterrado (1977) 189
em memória de angélica 190

yo 504
cosmogonía 504
el sueño 505
browning resuelve
  ser poeta 505
inventario 506
el bisonte 507
el suicida 508
al ruiseñor 508
soy 509
quince monedas 510
simón carbajal 513
de que nada se sabe 514
brunanburh, 937 a.d. 514
un ciego 515
1972 515
elegía 516
all our yesterdays 517
el desterrado (1977) 517
en memoria de angélica 518

meus livros 191
talismãs 192
a testemunha 193
efialtes 194
o oriente 195
a cerva branca 197
the unending rose 198

notas 199

mis libros 518
talismanes 519
el testigo 519
efialtes 520
el oriente 520
la cierva blanca 522
the unending rose 522

a moeda de ferro
(1976)

prólogo 203

elegia da lembrança impossível 205	*elegía del recuerdo imposible* 526
coronel suárez 207	*coronel suárez* 527
o pesadelo 208	*la pesadilla* 527
a véspera 209	*la víspera* 528
uma chave em east lansing 210	*una llave en east lansing* 528
elegia da pátria 211	*elegía de la patria* 529
hilario ascasubi, (1807-1875) 212	*hilario ascasubi, (1807-1875)* 529
méxico 213	*méxico* 530
o peru 214	*el perú* 530
a manuel mujica lainez 215	*a manuel mujica lainez* 531
o inquisidor 216	*el inquisidor* 531
o conquistador 217	*el conquistador* 532
herman melville 218	*herman melville* 532
o ingênuo 220	*el ingenuo* 533
a lua 221	*la luna* 534
a johannes brahms 222	*a johannes brahms* 534
o fim 223	*el fin* 535

a meu pai 224	*a mi padre* 535
a sorte da espada 225	*la suerte de la espada* 536
o remorso 226	*el remordimiento* 536
991 a.d. 227	*991 a.d.* 537
einar tambarskelver 230	*einar tambarskelver* 539
na islândia o alvorecer 231	*en islandia el alba* 540
olaus magnus (1490-1558) 232	*olaus magnus (1490-1558)* 541
os ecos 233	*los ecos* 541
umas moedas 234	*unas monedas* 542
baruch espinosa 235	*baruch spinoza* 543
para uma versão do *i ching* 236	*para una versión del* i king 543
ein traum 237	*ein traum* 544
juan crisóstomo lafinur, (1797-1824) 238	*juan crisóstomo lafinur, (1797-1824)* 544
heráclito 239	*heráclito* 545
a clepsidra 241	*la clepsidra* 546
não és os outros 242	*no eres los otros* 546
signos 243	*signos* 547
a moeda de ferro 244	*la moneda de hierro* 547

notas 245

história da noite
(1977)

inscrição 249

alexandria, 641 a.d. 250	*alejandría, 641 a.d.* 550
alhambra 252	*alhambra* 551
metáforas d'*as mil*	*metáforas de las mil*
e uma noites 253	*y una noches* 551
alguém 256	*alguien* 554
caixa de música 257	*caja de música* 554
o tigre 258	*el tigre* 555
leões 259	*leones* 555
endímion em latmos 261	*endimión en latmos* 556
um escólio 263	*un escolio* 557
eu nem mesmo sou pó 264	*ni siquiera soy polvo* 557
islândia 266	*islandia* 559
gunnar thorgilsson,	*gunnar thorgilsson*
(1816-1879) 268	*(1816-1879)* 560
um livro 269	*un libro* 560
o jogo 270	o jogo 272 *el juego* 561
milonga do forasteiro 271	*milonga del forastero* 561
o condenado 273	*el condenado* 562
buenos aires 1899 274	*buenos aires, 1899* 563
o cavalo 275	*el caballo* 564

a gravura 276
things that might have
  been 277
o enamorado 278
g. a. bürger 279
a espera 281
o espelho 282
à frança 283
manuel peyrou 284
the thing i am 286
um sábado 288
as causas 289
adão é tua cinza 291
história da noite 292

epílogo 294
notas 296

el grabado 564
*things that might have
  been* 565
el enamorado 565
g. a. bürger 566
la espera 567
el espejo 567
a francia 568
manuel peyrou 568
the thing i am 569
un sábado 571
las causas 571
adán es tu ceniza 573
historia de la noche 573

a cifra
(1981)

inscrição 299
prólogo 300

ronda 302
o ato do livro 303
descartes 304
as duas catedrais 305
beppo 306
ao adquirir uma
  enciclopédia 307
aquele 308
eclesiastes, 1, 9 310
duas formas da insônia 312
the cloisters 313
nota para um conto
  fantástico 315
epílogo 316
buenos aires 317
a prova 318
hino 319
a felicidade 321
elegia 323

ronda 576
el acto del libro 576
descartes 577
las dos catedrales 578
beppo 578
al adquirir una
  enciclopedia 579
aquél 579
eclesiastés, 1, 9 580
dos formas del insomnio 581
the cloisters 581
nota para un cuento
  fantástico 583
epílogo 583
buenos aires 584
la prueba 585
himno 585
la dicha 586
elegía 587

blake 324
o fazedor 325
yesterdays 327
a trama 329
milonga de juan
  muraña 330
andrés armoa 332
o terceiro homem 334
nostalgia do presente 336
o ápice 337
poema 338
o anjo 340
o sonho 341
um sonho 342
inferno, V, 129 343
correr ou ser 344
a fama 345
os justos 346
o cúmplice 347
o espião 348
o deserto 349
o bastão de laca 350
a certa ilha 351
o *go* 353
shinto 354
o forasteiro 355
dezessete *haiku* 357
nihon 361
a cifra 363

algumas notas 364

blake 588
el hacedor 588
yesterdays 589
la trama 590
milonga de juan
  muraña 591
andrés armoa 592
el tercer hombre 593
nostalgia del presente 594
el ápice 594
poema 595
el ángel 596
el sueño 596
un sueño 597
inferno, V, 129 597
correr o ser 598
la fama 599
los justos 600
el cómplice 600
el espía 601
el desierto 601
el bastón de laca 602
a cierta isla 602
el go 603
shinto 604
el forastero 605
diecisiete haiku 606
nihon 608
la cifra 609

os conjurados
(1985)

inscrição 367
prólogo 368

cristo na cruz 370
doomsday 372
césar 373
tríade 374
a trama 375
relíquias 377
são os rios 378
a jovem noite 379
a tarde 380
elegia 381
abramowicz 382
fragmentos de uma
  tabuinha de barro
  decifrada por edmund
  bishop em 1867 384
elegia de um parque 385
a soma 386
alguém sonha 387
alguém sonhará 390

cristo en la cruz 612
doomsday 613
césar 613
tríada 614
la trama 614
reliquias 615
son los ríos 615
la joven noche 616
la tarde 616
elegía 617
abramowicz 618
*fragmentos de una
  tablilla de barro
  descifrada por edmund
  bishop en 1867* 618
elegía de un parque 619
la suma 620
alguien sueña 620
alguien soñará 622

sherlock holmes 391	*sherlock holmes* 622
um lobo 394	*un lobo* 624
midgarthormr 395	*midgarthormr* 625
nuvens (I) 396	*nubes* (I) 626
nuvens (II) 397	*nubes* (II) 626
on his blindness 398	*on his blindness* 627
o fio da fábula 399	*el hilo de la fábula* 627
posse do ontem 400	*posesión del ayer* 628
enrique banchs 401	*enrique banchs* 628
sonho sonhado em edimburgo 402	*sueño soñado en edimburgo* 629
as folhas do cipreste 404	*las hojas del ciprés* 630
cinza 407	*ceniza* 631
haydée lange 408	*haydée lange* 632
outro fragmento apócrifo 409	*otro fragmento apócrifo* 632
a longa busca 411	*la larga busca* 634
da diversa andaluzia 412	*de la diversa andalucía* 634
góngora 413	*góngora* 635
todos os ontens, um sonho 414	*todos los ayeres, un sueño* 636
pedras e chile 415	*piedras y chile* 636
milonga do infiel 416	*milonga del infiel* 637
milonga do morto 418	*milonga del muerto* 638
1982 420	*1982* 639
juan lópez e john ward 421	*juan lópez y john ward* 640
os conjurados 422	*los conjurados* 640

elogio da sombra (1969)

prólogo

Sem a princípio me propor a isto, consagrei minha já longa vida às letras, à cátedra, ao ócio, às tranqüilas aventuras do diálogo, à filologia, que ignoro, ao misterioso hábito de Buenos Aires e às perplexidades que, não sem alguma soberba, denominam-se metafísica. Também não faltou a minha vida a amizade de uns poucos, que é o que importa. Creio não ter um único inimigo ou, se houve algum, nunca me foi dado saber. A verdade é que ninguém pode nos ferir, a não ser as pessoas que amamos. Agora, aos setenta anos de minha idade (a frase é de Whitman), dou à estampa este quinto livro de versos.

Carlos Frías sugeriu-me que aproveitasse o prólogo para uma declaração de minha estética. Minha pobreza, minha vontade opõem-se a esse conselho. Não possuo uma estética. O tempo me ensinou certas astúcias: evitar os sinônimos, que têm a desvantagem de sugerir diferenças imaginárias; evitar hispanismos, argentinismos, arcaísmos e neologismos; preferir as palavras habituais às palavras assombrosas; intercalar num relato traços circunstanciais, exigidos agora pelo leitor; simular pequenas incertezas, pois, se a realidade é precisa, a memória não o é; narrar os fatos (isto aprendi em Kipling e nas sagas da Islândia) como se não os entendesse totalmente; lembrar que as normas anteriores não são obrigações e que o tempo se encarregará de aboli-las. Tais astúcias ou hábitos não configuram, decerto, uma estética. Além do mais, não acredito em estéticas. Em geral, não passam de abstrações inúteis; variam de escritor para escritor e mesmo de texto para texto e não podem ser mais que estímulos ou instrumentos ocasionais.

Este, como escrevi, é meu quinto livro de versos. É razoável supor que não será melhor nem pior que os outros. Aos espelhos, labirintos e espadas que já pode prever meu resignado leitor se somaram dois novos temas: a velhice e a ética. Esta, como se sabe, nunca deixou de preocupar certo amigo muito estimado com que a literatura me brindou, Robert Louis Stevenson. Uma das virtudes que me fazem preferir as nações protestantes às de tradição católica é seu cuidado com a ética. Milton queria educar os meninos de sua academia no conhecimento da física, das matemáticas, da astronomia e das ciências naturais; o doutor Johnson observaria, em meados do século XVIII: "A prudência e a justiça são preeminências e virtudes que correspondem a todas as épocas e a todos os lugares; somos perpetuamente moralistas e só às vezes geômetras".

Nestas páginas convivem, creio que sem discórdia, as formas da prosa e do verso. Poderia invocar antecedentes ilustres — o *De consolatione* de Boécio, os contos de Chaucer, o *Livro das mil e uma noites*; prefiro declarar que essas divergências me parecem acidentais e que gostaria que este livro fosse lido como um livro de versos. Um volume, em si, não é um fato estético, é um objeto físico entre outros; o fato estético só pode ocorrer quando o escrevem ou o lêem. É comum afirmar que o verso livre não passa de um simulacro tipográfico; penso que essa afirmação embosca um erro. Além de seu ritmo, a forma tipográfica do versículo serve para anunciar ao leitor que a emoção poética, não a informação ou o argumento, é o que está a sua espera. Almejei, por vezes, a vasta respiração dos psalmos* ou de Walt Whitman; com o passar dos anos comprovo, não sem melancolia, que me limitei a alternar alguns metros clássicos: o alexandrino, o decassílabo, o heptassílabo.

Em alguma milonga tentei imitar, respeitosamente, a florida coragem de Ascasubi e das coplas dos bairros.

A poesia não é menos misteriosa que os outros elementos do orbe. Um ou outro verso afortunado não pode envaidecer-nos, porque é dom do Acaso ou do Espírito; só os erros são nossos. Espero que o leitor descubra em minhas páginas algo que possa merecer sua memória; neste mundo a beleza é comum.

J. L. B.
Buenos Aires, 24 de junho de 1969

---

* Escrevo *psalmos* deliberadamente. Os indivíduos da Real Academia Española querem impor a este continente suas incapacidades fonéticas; aconselham-nos a empregar formas rústicas: *neuma, sicología, síquico*. Ultimamente, ocorreu-lhes escrever *vikingo* em lugar de *viking*. Desconfio que muito em breve ouviremos falar da obra de Kiplingo.

joão, 1,14

Não será menos enigmática esta página
que as de Meus livros sagrados,
ou aquelas outras que repetem
as bocas ignorantes,
supondo-as de um homem, não espelhos
obscuros do Espírito.
Eu que sou o É, o Foi e o Será,
volto a condescender com a linguagem,
que é tempo sucessivo e emblema.
Quem brinca com um menino brinca com algo
próximo e misterioso;
eu quis brincar com Meus filhos.
Estive entre eles com assombro e ternura.
Por obra de magia
nasci, curiosamente, de um ventre.
Vivi enfeitiçado, aprisionado num corpo
e na humildade de uma alma.
Conheci a memória,
essa moeda que jamais é a mesma.
Conheci a esperança e o medo,
esses dois rostos do incerto futuro.
Conheci a vigília, o sono, os sonhos,
a ignorância, a carne,
os toscos labirintos da razão,
a amizade dos homens,

a misteriosa devoção dos cães.
Fui amado, compreendido, louvado e pendi de uma cruz.
Bebi o cálice até a borra.
Vi com Meus olhos o que nunca vira:
a noite e suas estrelas.
Conheci o liso, o arenoso, o díspar, o áspero,
o gosto do mel e da maçã,
a água na garganta da sede,
o peso de um metal na mão,
a voz humana, o rumor de alguns passos sobre a relva,
o cheiro da chuva na Galiléia,
o alto grito dos pássaros.
Conheci também a amargura.
Encomendei esta escritura a um homem qualquer;
jamais será o que Eu quero dizer,
não deixará de ser seu reflexo.
De Minha eternidade caem estes signos.
Que outro, não o que agora é seu amanuense, escreva
    o poema.
Amanhã serei um tigre entre os tigres
e pregarei Minha lei a sua selva,
a uma grande árvore na Ásia.
Às vezes penso com saudades
no aroma dessa carpintaria.

heráclito

O segundo crepúsculo.
A noite que mergulha no sono.
A purificação e o esquecimento.
O primeiro crepúsculo.
A manhã que foi a aurora.
O dia que foi a manhã.
O dia numeroso que será a tarde gasta.
O segundo crepúsculo.
Esse outro hábito do tempo, a noite.
A purificação e o esquecimento.
O primeiro crepúsculo...
A aurora sigilosa e na aurora
o soçobro do grego.
Que trama é esta
do será, do é e do foi?
Que rio é este
por onde corre o Ganges?
Que rio é este cuja fonte é inconcebível?
Que rio é este
que arrasta mitologias e espadas?
É inútil que durma.
Corre no sonho, no deserto, num porão.
O rio me arrebata e sou o rio.
De matéria perecível fui feito, de misterioso tempo.

Talvez o manancial esteja em mim.
Talvez de minha sombra
surjam, fatais e ilusórios, os dias.

cambridge

Nova Inglaterra e a manhã.
Viro na Craigie.
Penso (pensei nisso antes)
que o nome Craigie é escocês
e que a palavra *crag* é de origem celta.
Penso (pensei nisso antes)
que neste inverno estão os antigos invernos
daqueles que deixaram escrito
que o caminho está prefixado
e que já somos do Amor ou do Fogo.
A neve e a manhã e os muros vermelhos
podem ser formas da felicidade,
mas eu venho de outras cidades
em que as cores são pálidas
e onde uma mulher, ao entardecer,
regará as plantas do pátio.
Ergo os olhos e logo os perco no ubíquo azul.
Ao longe estão as árvores de Longfellow
e o adormecido rio incessante.
Ninguém nas ruas, mas não é um domingo.
Não é uma segunda-feira,
o dia que nos depara a ilusão de começar.
Não é uma terça-feira,
o dia presidido pelo planeta vermelho.
Não é uma quarta-feira,

o dia daquele deus dos labirintos
que, no Norte, foi Odin.
Não é quinta-feira,
o dia que já se resigna ao domingo.
Não é uma sexta-feira,
o dia regido pela divindade que nas selvas
entretece os corpos dos amantes.
Não é um sábado.
Não está no tempo sucessivo,
e sim nos reinos espectrais da memória.
Como nos sonhos,
atrás das altas portas não há nada,
nem mesmo o vazio.
Como nos sonhos,
atrás do rosto que nos olha não há ninguém.
Anverso sem reverso,
moeda de uma só face, as coisas.
Essas misérias são os bens
que o precipitado tempo nos deixa.
Somos nossa memória,
somos esse quimérico museu de formas inconstantes,
esse amontoado de espelhos quebrados.

new england, 1967

Transformaram-se as formas de meu sonho;
são hoje o casario rubro e inclinado,
são o bronze das folhas, delicado,
e o casto inverno e o piedoso lenho.
Como no dia sétimo, é a terra
propícia. Nos crepúsculos persiste
algo que é quase nada, ousado e triste,
um antigo rumor de Bíblia e guerra.
Não demora a chegar (dizem) a neve
e a América me espera em cada esquina,
mas sinto nessa tarde que declina
o hoje tão lento e o ontem muito breve.
Buenos Aires, eu sigo caminhando
por tuas esquinas, sem por que nem quando.

Cambridge, 1967

james joyce

Num só dia do homem estão os dias
do tempo, desde aquele inconcebível
dia inicial do tempo, em que um terrível
Deus prefixou os dias e agonias
até o outro em que o rio ubíquo
do tempo secular torne à nascente,
que é o Eterno, e se apague no presente,
no futuro, no ontem, no que ora possuo.
Entre a aurora e a noite está a história
universal. E vejo desde o breu,
junto a meus pés, os caminhos do hebreu,
Cartago aniquilada, Inferno e Glória.
Dai-me, Senhor, coragem e alegria
para escalar o cume deste dia.

Cambridge, 1968

the unending gift

Um pintor prometeu-nos um quadro.
Agora, em New England, fico sabendo que ele morreu.
  Senti, como outras vezes, a tristeza de compreender
  que somos como um sonho. Pensei no homem e no
  quadro perdidos.
(Só os deuses podem prometer, por serem imortais.)
Pensei num lugar predeterminado que a tela não ocupará.
Depois pensei: se estivesse ali, com o tempo seria apenas
  uma coisa a mais, uma coisa, uma das vaidades ou
  hábitos da casa; agora é ilimitada, incessante, capaz de
  qualquer forma e qualquer cor e a ninguém ligada.
Existe, de algum modo. Viverá e crescerá como
  uma música e estará comigo até o fim. Obrigado,
  Jorge Larco.
(Também os homens podem prometer, porque há na
  promessa algo imortal.)

maio 20, 1928

Agora é invulnerável como os deuses.
Nada na terra pode feri-lo, nem o desamor de uma mulher, nem a tísica, nem as ansiedades do verso, nem essa coisa branca, a lua, que já não precisa fixar em palavras.
Caminha lentamente sob as tílias; olha as balaustradas e as portas, não para recordá-las.
Já sabe quantas noites e quantas manhãs lhe faltam.
Sua vontade lhe impôs uma severa disciplina.
   Cumprirá determinados atos, cruzará previstas esquinas, tocará uma árvore ou um gradil, para que o futuro seja tão irrevogável quanto o passado.
Age dessa maneira para que o fato que deseja e teme não seja senão o termo final de uma série.
Caminha pela rua 49; pensa que nunca atravessará este ou aquele saguão lateral.
Sem que ninguém desconfiasse, já se despediu de muitos amigos.
Pensa naquilo que nunca saberá, se o dia seguinte será um dia de chuva.
Cruza com um conhecido e lhe faz um gracejo. Sabe que este episódio, por algum tempo, fará parte do anedotário.
Agora é invulnerável como os mortos.
Na hora marcada, subirá alguns degraus de mármore.

(Isto irá perdurar na memória de outros.)
Descerá até o banheiro; no piso axadrezado a água
apagará rapidamente o sangue. O espelho o aguarda.
Ajeitará os cabelos, ajustará o nó da gravata (sempre foi
um pouco dândi, como convém a um jovem poeta)
e tentará imaginar que o outro, o do cristal, executa
os atos e que ele, seu duplo, repete-os. Sua mão não
irá tremer quando ocorrer o último. Docilmente,
magicamente, já terá apoiado a arma contra a têmpora.
Assim, creio, passaram-se as coisas.

labirinto

Nunca haverá uma porta. Estás dentro
E o alcácer abarca o universo
E não tem nem anverso nem reverso
Nem muro externo nem secreto centro.
Não esperes que o rigor de teu caminho,
Que se bifurca, contumaz, em outro,
Encontre um fim. De ferro é teu destino,
Como teu juiz. Não esperes a investida
Do touro que é um homem e cuja estranha
Forma plural dá horror à maranha
De interminável pedra entretecida.
Não existe. Nada esperes. Sequer à
Negra sombra crepuscular, a fera.

o labirinto

Nem Zeus desataria essas redes
de pedra que me cercam. Olvidado
dos homens que antes fui, sigo o odiado
caminho de monótonas paredes
que é meu destino. Retas galerias
encurvando-se em círculos secretos
com o passar dos anos. Parapeitos
que se racharam na usura dos dias.
Já decifrei no pó esbranquiçado
rastros que temo. Tenho percebido
no ar das côncavas tardes um rugido
ou o eco de um rugido desolado.
Sei que na sombra há Outro, cuja sorte
é exaurir as solidões sem fim
que este Hades fiam e desfiam,
sugar meu sangue e devorar minha morte.
Nós dois nos procuramos. Quem me dera
fosse este o dia último da espera.

ricardo güiraldes

Ninguém esquecerá sua cortesia;
Era a não procurada, a primeira
Forma de sua bondade, a verdadeira
Cifra de uma alma clara como o dia.
Tampouco esquecerei sua bizarra
Serenidade, o fino rosto forte,
O resplendor da glória e da morte,
A mão interrogando a guitarra.
Como no sonho de um espelho terso
(Tu és a realidade, eu seu reflexo),
Te vejo junto a nós, falando, ao certo
Em Quintana. Aí estás, mágico e morto.
Agora é teu, Ricardo, aquele aberto
Campo de ontem, o alvorecer dos potros.

o etnógrafo

O caso foi-me narrado no Texas, mas tinha ocorrido em outro estado. Conta com um único protagonista, não obstante em toda história os protagonistas sejam milhares, visíveis e invisíveis, vivos e mortos. Chamava-se, creio, Fred Murdock. Era alto à maneira americana, nem loiro nem moreno, com um perfil de machado, de muito poucas palavras. Não havia nele nada de singular, nem sequer essa fingida singularidade que é própria dos jovens. Naturalmente respeitoso, não desacreditava dos livros nem dos que escrevem os livros. Estava naquela idade em que o homem ainda não sabe quem é e está pronto para se entregar ao que o acaso lhe propõe: a mística do persa ou a desconhecida origem do húngaro, as aventuras da guerra ou da álgebra, o puritanismo ou a orgia. Na universidade aconselharam-no a estudar línguas indígenas. Há ritos esotéricos que perduram em certas tribos do oeste; seu professor, um homem entrado em anos, propôs-lhe que fosse morar numa reserva, a fim de observar os ritos e descobrir o segredo que os bruxos revelam ao iniciado. Ao voltar, redigiria então uma tese que as autoridades do instituto publicariam. Murdock aceitou, exultante. Um de seus antepassados morrera nas guerras da fronteira; essa antiga discórdia de suas estirpes era um vínculo agora. Previu, certamente, as dificuldades que o esperavam; devia conseguir que os homens vermelhos o aceitassem como um dos seus. Empreendeu a longa aventura. Morou mais de dois anos na pradaria, entre paredes de adobe ou a céu aberto. Levantava-se antes da aurora, deitava-se ao anoitecer, chegou a sonhar num idioma que não era o de seus pais. Acostumou seu paladar a sabores ásperos, cobriu-se com roupas estranhas, esqueceu os amigos e a cidade, chegou a pensar de um modo que sua lógica rejeitava. Durante os primeiros meses de aprendizado tomava notas sigilosas, que depois rasgaria, talvez para não levantar suspeitas, talvez porque já não precisasse delas. No final de um prazo predeterminado por certos exercícios, de índole moral e de índole física, o sacerdote ordenou-lhe que fosse recordando seus sonhos e que os confiasse a ele quando o dia clareasse. Comprovou que nas noites de lua cheia sonhava com bisões. Confiou esses repetidos sonhos a seu mestre; este acabou lhe revelando a doutrina secreta. Certa manhã, sem se despedir de ninguém, Murdock partiu.

Na cidade, sentiu saudades daquelas tardes iniciais na pradaria em que havia sentido, tempos antes, saudades da cidade. Dirigiu-se ao gabinete do professor e lhe disse que conhecia o segredo e que havia decidido não revelá-lo.

— Está preso a um juramento? — perguntou o outro.

— Não é essa a razão — disse Murdock. — Naqueles ermos aprendi algo que não posso contar.

— Talvez a língua inglesa seja insuficiente? — observaria o outro.

— Nada disso, senhor. Agora que possuo o segredo,

poderia enunciá-lo de cem maneiras diferentes e mesmo contraditórias. Não sei muito bem como lhe dizer que o segredo é precioso e que agora a ciência, nossa ciência, parece-me uma mera frivolidade.

Depois de uma pausa, acrescentou:

— Além do mais, o segredo não vale o que valem os caminhos que a ele me levaram. Esses caminhos devem ser trilhados.

O professor disse friamente:

— Comunicarei sua decisão ao Conselho. O senhor pensa viver entre os índios?

Murdock respondeu:

— Não. Talvez não volte à pradaria. O que seus homens me ensinaram vale para qualquer lugar e para qualquer circunstância.

Foi essa a essência do diálogo.

Fred casou-se, divorciou-se e agora é um dos bibliotecários de Yale.

a certa sombra, 1940

Que não profanem teu sagrado solo, Inglaterra,
O javali alemão e a hiena italiana.
Ilha de Shakespeare, que teus filhos te salvem
E também tuas sombras gloriosas.
Nesta margem ulterior dos mares
Eu as invoco e acodem
Do inumerável passado,
Com altas mitras e coroas de ferro,
Com Bíblias, com espadas e com remos,
Com âncoras e arcos.
Pairam sobre mim na alta noite
Propícia à retórica e à magia
E procuro a mais tênue, a inconsistente,
E lhe advirto: oh, amigo,
O continente hostil apresta-se com armas
Para invadir tua Inglaterra,
Como nos dias em que sofreste e cantaste.
Por mar, por terra e por ar convergem os exércitos.
Volta a sonhar, De Quincey.
Tece para baluarte de tua ilha
Redes de pesadelos.
Que por seus labirintos de tempo
Vaguem sem fim aqueles que odeiam.
Que sua noite se meça por centúrias, por eras, por pirâmides,

Que as armas sejam pó, pó sejam os rostos,
Que nos salvem agora as indecifráveis arquiteturas
Que aterrorizaram teu sonho.
Irmão da noite, bebedor de ópio,
Pai de sinuosos períodos que já são labirintos e torres,
Pai das palavras que não mais se esquecem,
Podes ouvir-me, amigo não olhado, ouvir-me
Através dessas coisas insondáveis
Que são os mares e a morte?

as coisas

A bengala, as moedas, o chaveiro,
A dócil fechadura, as tardias
Notas que não lerão os poucos dias
Que me restam, o baralho e o tabuleiro,
Um livro e entre suas folhas a esvaecida
Violeta, monumento de uma tarde
Memorável, decerto, e já esquecida,
O rubro espelho ocidental em que arde
Uma ilusória aurora. Quantas coisas,
Limas, umbrais e atlas, taças, cravos,
Servem-nos como tácitos escravos,
Cegas e estranhamente sigilosas!
Nós já esquecidos, e durarão mais;
Sem nem saber que partimos, jamais.

rubaiyat

Volte em minha voz a métrica do persa
A recordar que o tempo é a diversa
Trama de sonhos ávidos que somos
E que o secreto Sonhador dispersa.

Reafirme que são cinzas a fogueira,
E a carne o pó, e o rio a passageira
Imagem da tua e da minha vida,
Que lentamente nos deixa, ligeira.

Volte a afirmar que o árduo monumento
Que a soberba erige é como o vento
Que passa, e que à luz inconcebível
de Quem perdura, um século é um momento.

Volte a avisar que o rouxinol de ouro
Só uma vez chilreia no sonoro
Auge de cada noite, enquanto os astros
Não entregam, avaros, seu tesouro.

Volte a lua a esse verso que tua mão
Escreve, e volta, ao primeiro clarão
Azul, a teu jardim. A mesma lua
Desse jardim irá buscar-te em vão.

E sejam sob a lua dessas ternas
Tardes teu exemplo humilde as cisternas,
Em cujo espelho d'água se repetem
Umas poucas imagens, mas eternas.

Que a lua do persa e os incertos
Dourados dos crepúsculos desertos
Retornem. Hoje é ontem. És os outros
Cujo rosto é o pó. Tu és os mortos.

pedro salvadores

para Juan Murchison

Quero deixar escrito, quem sabe pela primeira vez, um dos fatos mais estranhos e mais tristes de nossa história. Intervir o mínimo possível em sua narração, prescindir de acréscimos pitorescos e de conjecturas arriscadas é, parece-me, a melhor maneira de fazê-lo.

Um homem, uma mulher e a vasta sombra de um ditador são os três personagens. O homem se chamava Pedro Salvadores; meu avô Acevedo o viu, dias ou semanas depois da batalha de Caseros. Pedro Salvadores talvez não diferisse das pessoas comuns, mas seu destino e os anos o tornaram único. Devia ser um senhor como tantos outros de sua época. Devia ter (cabe-nos supor) uma propriedade rural e era unitário. O sobrenome de sua mulher era Planes; os dois moravam na rua Suipacha, não longe da esquina do Temple. A casa em que os fatos ocorreram devia ser igual às outras: a porta da rua, o vestíbulo, a porta gradeada, os aposentos, a profundidade dos pátios. Certa noite, em 1842, ouviram o crescente e surdo rumor dos cascos dos cavalos na rua de terra e os gritos de *vivam* e *morram* dos ginetes. O bando da Mazorca, desta vez, não passou ao largo. À balbúrdia sucederam-se os repetidos golpes, e, enquanto os homens derrubavam a porta, Salvadores conseguiu empurrar a mesa da sala de jantar, levantar o tapete e se esconder no porão. A mulher repôs a mesa no lugar. A Mazorca irrompeu; vinham para levar Salvadores. A mulher declarou que ele tinha fugido para Montevidéu. Não acreditaram; açoitaram-na, quebraram toda a louça azul-celeste, revistaram a casa, mas não lhes ocorreu levantar o tapete. À meia-noite foram embora, não sem antes jurar que voltariam.

Aqui começa, de fato, a história de Pedro Salvadores. Viveu nove anos no porão. Por mais que ponderemos que os anos são feitos de dias e os dias de horas e que nove anos é um termo abstrato e uma soma impossível, essa história é atroz. Desconfio que na sombra que seus olhos aprenderam a decifrar ele não pensava em nada, nem mesmo em seu ódio ou no risco que corria. Estava lá, no porão. Alguns ecos daquele mundo agora proibido lhe viriam de cima: os costumeiros passos da mulher, o baque do bocal do poço e do balde, a chuva pesada no pátio. Além disso, cada dia podia ser o último.

A mulher foi despedindo a criadagem, que seria capaz de delatá-los. Disse a todos os seus que Salvadores estava na Banda Oriental. Ganhou o pão dos dois costurando para o exército. No decurso dos anos teve dois filhos; a família a repudiou, atribuindo-os a um amante. Depois da queda do tirano, iriam, de joelhos, pedir-lhe perdão.

O que foi, quem foi Pedro Salvadores? Encarceraram-no o terror, o amor, a invisível presença de Buenos Aires e, por fim, o hábito? Para que não deixasse só, a mulher lhe daria incertas notícias de conspirações e de vitórias. Talvez fosse um covarde e a mulher, lealmente, tenha ocultado que sabia disso. Imagino-o em seu porão, talvez sem um candeeiro, sem um livro. A sombra o sumiria no sonho. No começo ele sonharia com a noite medonha em que o aço procurava a garganta, com as ruas abertas, com o pampa. No decorrer dos anos, não poderia mais fugir e sonharia com o porão. No começo seria um perseguido, um ameaçado; depois, não saberemos nunca, um animal tranqüilo em sua toca ou uma espécie de obscura divindade.

Tudo isso até aquele dia do verão de 1852 em que Rosas fugiu. Foi então que o homem secreto saiu à luz do dia; meu avô falou com ele. Flácido e obeso, estava da cor da cera e não falava em voz alta. Nunca lhe devolveram os campos que lhe foram confiscados; creio que morreu na miséria.

Como todas as coisas, o destino de Pedro Salvadores parece-nos um símbolo de algo que estamos prestes a compreender.

a israel

Quem me dirá se estás nesses perdidos
Labirintos de rios seculares
Do meu sangue, Israel? Quem os lugares
Por meu sangue e teu sangue percorridos?
Não importa. Estás, sei, no sagrado
Livro que abarca o tempo como a história
Do Adão vermelho guarda — e a memória
E as agonias do Crucificado.
Nesse livro, que é o espelho de um rosto,
De cada rosto inclinado a sua frente,
E da face de Deus, que no seu tosco
Cristal complexo, horrível se pressente.
Salve, Israel, que velas a muralha
De Deus, com a paixão de tua batalha.

israel

Um homem prisioneiro e enfeitiçado,
um homem condenado a ser a serpente
que guarda um ouro infame,
um homem condenado a ser Shylock,
um homem que se inclina sobre a terra
sabendo que já esteve no Paraíso,
um homem velho e cego que irá quebrar
as colunas do templo,
um rosto condenado a ser máscara,
um homem que a despeito dos homens
é Espinosa e o Baal Shem e os cabalistas,
um homem que é o Livro,
uma boca que louva, do abismo,
a justiça do firmamento,
um procurador ou um dentista
que na montanha dialogou com Deus,
um homem condenado a ser o escárnio,
a abominação, o judeu,
um homem apedrejado, incendiado,
em câmaras letais asfixiado,
um homem obstinado em ser imortal
que retornou agora a sua batalha,
sob a luz violenta da vitória,
belo como um leão ao meio-dia.

junho, 1968

Nessa tarde de ouro
ou numa serenidade cujo símbolo
poderia ser a tarde de ouro,
o homem dispõe os livros
nas estantes que aguardam
e sente o pergaminho, o couro, o pano
e o prazer que lhe dão
a previsão de um hábito
e o estabelecimento de uma ordem.
Stevenson e o outro escocês, Andrew Lang,
retomarão aqui, magicamente,
a lenta discussão que interromperam
os mares e a morte
e a Reyes decerto não irá desagradar
a vizinhança de Virgílio.
(Organizar bibliotecas é exercer,
de modo silencioso e modesto,
a arte da crítica.)
O homem, que está cego,
sabe que já não poderá decifrar
os belos volumes que manuseia
e que eles não o ajudarão a escrever
o livro que o justificará perante os outros,
mas na tarde que talvez seja de ouro

sorri ante o destino curioso
e sente a singular felicidade
das velhas coisas estimadas.

o guardião dos livros

Ali estão os jardins, os templos e a justificação dos templos,
A música precisa, as precisas palavras,
Os sessenta e quatro hexagramas,
Os ritos que são a única sabedoria
Que o Firmamento concede aos homens,
O decoro daquele imperador
Cuja serenidade foi refletida pelo mundo, seu espelho,
De modo que os campos davam seus frutos
E as torrentes respeitavam suas margens,
O unicórnio ferido que regressa para marcar o fim,
As secretas leis eternas,
O concerto do orbe;
Essas coisas ou sua memória estão nos livros
Que eu guardo na torre.

Os tártaros vieram do Norte
Em crinudos potros pequenos;
Aniquilaram os exércitos
Que o Filho do Céu mandou para castigar sua impiedade,
Erigiram pirâmides de fogo e cortaram gargantas,
Mataram o perverso e o justo,
Mataram o escravo acorrentado que vigia a porta,
Usaram e esqueceram as mulheres
E seguiram para o Sul,
Inocentes como o animal que é a presa,

Cruéis como punhais.
Na aurora duvidosa
O pai de meu pai salvou os livros.
Aqui estão na torre em que, jazendo,
Recordo os dias que foram de outros,
Os alheios e antigos.

Em meus olhos não há dias. As prateleiras
São muito altas e meus anos não podem alcançá-las.
Léguas de pó e sono circundam a torre.
Para que me enganar?
A verdade é que eu nunca soube ler,
Mas me consolo pensando
Que o imaginado e o passado são iguais
Para um homem que foi
E que contempla o que foi a cidade
E agora volta a ser o deserto.
O que me impede de sonhar que um dia
Eu decifrei a sabedoria
E desenhei com aplicada mão os símbolos?
Meu nome é Hsiang. Sou o que guarda os livros,
Que talvez sejam os últimos,
Porque nada sabemos do Império
E do Filho do Céu.
Ali estão nas altas prateleiras,
Ao mesmo tempo perto e distantes,
Secretos e visíveis como os astros.
Ali estão os jardins, os templos.

os gaúchos

Quem lhes teria dito que seus antepassados vieram por um mar, quem lhes teria dito o que são um mar e suas águas.
Mestiços do sangue do homem branco, menosprezaram-no, mestiços do sangue do homem vermelho, foram seus inimigos.
Muitos jamais terão ouvido a palavra *gaúcho*, ou a terão ouvido como uma injúria.
Aprenderam os caminhos das estrelas, os hábitos do ar e do pássaro, as profecias das nuvens do Sul e da lua com um halo.
Foram pastores do gado bravio, firmes no cavalo do deserto que haviam domado de manhã, laçadores, marcadores, tropeiros, homens do bando policial, vez por outra matreiros; um deles, o escutado, foi o cantador.
Cantava sem pressa, porque a aurora demora a clarear, sem levantar a voz.
Havia peões tigreiros; amparado no poncho o braço esquerdo, o direito sumia a faca no ventre do animal, precipitado e alto.
O diálogo pausado, o mate e o baralho foram as formas de seu tempo.
Ao contrário de outros camponeses, eram capazes de ironia.

Eram sofridos, castos e pobres. A hospitalidade foi sua festa.
Alguma noite perdeu-os o encrenqueiro álcool dos sábados.
Morriam e matavam com inocência.
Não eram devotos, salvo alguma obscura superstição, mas a vida dura ensinou-lhes o culto da coragem.
Homens da cidade fabricaram um dialeto e uma poesia de metáforas rústicas.
Certamente não foram aventureiros, mas uma tropa os levava muito longe, e ainda mais longe as guerras.
Não deram à história um só caudilho. Foram homens de López, de Ramírez, de Artigas, de Quiroga, de Bustos, de Pedro Campbell, de Rosas, de Urquiza, daquele Ricardo López Jordán que mandou matar Urquiza, de Peñaloza e de Saravia.
Não morreram por essa coisa abstrata, a pátria, mas por um patrão casual, uma ira ou pela incitação a um perigo.
Suas cinzas estão perdidas em remotas regiões do continente, em repúblicas de cuja história nada souberam, em campos de batalha, hoje célebres.
Hilario Ascasubi viu-os cantando e combatendo.
Viveram seu destino como em sonhos, sem saber quem eram nem o que eram.
Talvez o mesmo se passe conosco.

acevedo

Campos de meus avós que ainda guardam
Dos Acevedo o sobrenome, o nosso,
Indefinidos campos que não posso
Imaginar de todo. Meus anos tardam
E ainda não vi essas léguas cansadas
De pó e pátria que os antepassados
Cavalgando avistaram, os descampados
Caminhos, seus poentes e alvoradas.
A planície é ubíqua. Eu os tenho visto
Em Iowa, no Sul, em terra hebréia,
Naquele salgueiral da Galiléia
Que trilharam os humanos pés de Cristo.
Não os perdi. São meus. No esquecimento
Eu os tenho, no anseio de um momento.

invocação a joyce

Dispersos em dispersas capitais,
solitários e muitos,
brincávamos de ser o primeiro Adão
que nomeou as coisas.
Pelos vastos declives da noite
que limitam com a aurora,
procuramos (lembro-me ainda) as palavras
da lua, da morte, da manhã
e dos outros hábitos do homem.
Fomos o imagismo e o cubismo,
as igrejinhas e as seitas
que as universidades crédulas veneram.
Inventamos a falta de pontuação,
a omissão de maiúsculas,
as estrofes em forma de pomba
dos bibliotecários de Alexandria.
Cinzas, o labor de nossas mãos,
e um fogo ardente nossa fé.
Enquanto isso, tu forjavas
nas cidades do desterro,
naquele desterro que foi
teu tedioso e eleito instrumento,
a arma de tua arte,
erigias teus árduos labirintos,
infinitesimais e infinitos,

admiravelmente mesquinhos,
mais populosos que a história.
Morreremos sem ter divisado
a fera biforme ou a rosa
que são o centro de teu dédalo,
mas a memória tem seus talismãs,
seus ecos de Virgílio,
e assim perduram nas ruas da noite
teus infernos esplêndidos,
tantas cadências tuas, e metáforas,
os ouros de tua sombra.
Que importa nossa covardia se há na terra
um único homem valente,
que importa a tristeza se existiu no tempo
alguém que se disse feliz,
que importa minha geração perdida,
esse espelho indistinto,
se teus livros a justificam.
Eu sou os outros. Eu sou todos aqueles
que teu obstinado rigor resgatou.
Sou os que não conheces e os que salvas.

israel, 1969

Temi que em Israel espreitaria
com insidiosa doçura
a nostalgia que seculares diásporas
acumularam como um triste tesouro
nas cidades do infiel, nas judiarias,
nos ocasos da estepe, nos sonhos,
a nostalgia dos que te desejaram,
Jerusalém, junto às águas da Babilônia.
O que mais eras, Israel, senão essa nostalgia,
senão essa vontade de salvar,
entre as inconstantes formas do tempo,
teu velho livro mágico, tuas liturgias,
tua solidão com Deus?
Não foi assim. A mais antiga das nações
é também a mais jovem.
Não tentaste os homens com jardins,
nem com o ouro e seu tédio,
mas com o rigor, terra última.
E Israel lhes disse sem palavras:
Esquecerás quem és.
Esquecerás o outro que deixaste.
Esquecerás quem foste nessas terras
que te deram suas tardes e manhãs
e às quais não darás tua nostalgia.

Esquecerás a língua de teus pais e aprenderás a língua
   do Paraíso.
Serás um israelense, serás um soldado.
Edificarás a pátria com lamaçais e a levantarás com
   desertos.
Trabalhará contigo teu irmão, cujo rosto desconheces.
Somente uma coisa nós te prometemos:
teu posto na batalha.

duas versões de *ritter, tod und teufel*

I

Sob o elmo quimérico o irascível
Perfil é cruel como a cruel espada
Que aguarda. Pela selva despojada
Cavalga o cavaleiro, impassível.
Torpe e furtiva, a caterva agoureira
O cercou: o Demônio de servis
Olhos, os labirínticos reptis
E o branco ancião do relógio de areia.
Cavaleiro de ferro, quem te mira
Sabe que em ti não mora a mentira
Nem o pálido temor. Tua dura sorte
É mandar e ultrajar. És valente
E não serás indigno certamente,
Alemão, do Demônio e da Morte.

II

Os caminhos são dois. O daquele homem
De ferro e de soberba, e que cavalga,
Firme em sua fé, pela duvidosa selva
Do mundo, entre as troças e a dança
Imóvel do Demônio e da Morte,
E o outro, o breve, o meu. Em que apagada
Noite ou antiga manhã descobriram

Meus olhos a fantástica epopéia,
O perdurável sonho de Dürer,
O herói e a caterva de suas sombras
Que me procuram, me espreitam e me encontram?
A mim, não ao paladino, exorta o branco
Ancião coroado de sinuosas
Serpes. A clepsidra sucessiva
Mede o tempo, não seu eterno agora.
Eu serei as cinzas e as trevas;
Eu, que parti depois, terei alcançado
Meu termo mortal; tu, que não és,
Tu, cavalheiro da reta espada
E da selva rígida, teu passo
Prosseguirás enquanto durarem os homens.
Imperturbável, imaginário, eterno.

buenos aires

O que será Buenos Aires?
É a praça de Maio à qual voltaram, depois de guerrear no continente, homens cansados e felizes.
É o dédalo crescente de luzes que divisamos do avião e sob o qual estão a sotéia, a calçada, o último pátio, as coisas quietas.
É o paredão da Recoleta contra o qual morreu, executado, um de meus antepassados.
É uma grande árvore da rua Junín que, sem saber, depara-nos sombra e frescor.
É uma rua longa de casas baixas, que perde e transfigura o poente.
É a Doca Sul da qual zarpavam o *Saturno* e o *Cosmos*.
É a calçada de Quintana na qual meu pai, que estivera cego, chorou, por enxergar as antigas estrelas.
É uma porta numerada, atrás da qual, na escuridão, passei dez dias e dez noites, imóvel, dias e noites que são na memória um instante.
É o ginete de pesado metal que projeta do alto sua série cíclica de sombras.
É o mesmo ginete sob a chuva.
É uma esquina da rua Perú, na qual Julio César Dabove nos disse que o pior pecado que um homem pode cometer é gerar um filho e sentenciá-lo a esta vida espantosa.

É Elvira de Alvear, escrevendo em cuidadosos
 cadernos um longo romance, que no início
 era feito de palavras e no fim de vagos traços
 indecifráveis.
É a mão de Norah, traçando o rosto de uma amiga
 que é também o de um anjo.
É uma espada que serviu nas guerras e que é menos
 uma arma do que uma memória.
É uma divisa descolorida ou um daguerreótipo gasto,
 coisas que são do tempo.
É o dia em que deixamos uma mulher e o dia em que
 uma mulher nos deixou.
É aquele arco da rua Bolívar do qual se divisa a
 Biblioteca.
É o cômodo da Biblioteca, no qual descobrimos, por
 volta de 1957, a língua dos ásperos saxões, a língua
 da coragem e da tristeza.
É a sala contígua, na qual morreu Paul Groussac.
É o último espelho que repetiu o rosto de meu pai.
É o rosto de Cristo que vi no pó, desfeito a
 marteladas, numa das naves de La Piedad.
É uma alta casa do Sul na qual minha mulher e
 eu traduzimos Whitman, cujo grande eco oxalá
 reverbere nesta página.
É Lugones, olhando da janela do trem as formas que
 se perdem e pensando que já não o aflige o dever
 de traduzi-las para sempre em palavras, porque
 esta viagem será a última.
É, na desabitada noite, certa esquina do Once na qual
 Macedonio Fernández, que morreu, continua me
 explicando que a morte é uma falácia.

Não quero prosseguir; estas coisas são excessivamente individuais, são excessivamente o que são, para serem também Buenos Aires.

Buenos Aires é a outra rua, a que nunca pisei, é o centro secreto das quadras, os pátios últimos, é o que as fachadas ocultam, é meu inimigo, se ele existir, é a pessoa a quem meus versos desagradam (também me desagradam), é a modesta livraria em que talvez tenhamos entrado e que esquecemos, é essa rajada de milonga assoviada que não reconhecemos e que nos toca, é o que se perdeu e o que será, é o ulterior, o alheio, o lateral, o bairro que não é teu nem é meu, o que ignoramos e amamos.

fragmentos de um evangelho apócrifo

3. Desventurado o pobre de espírito, porque sob a terra será o que agora é na terra.
4. Desventurado aquele que chora, porque já tem o hábito miserável do pranto.
5. Felizes os que sabem que o sofrimento não é uma coroa de glória.
6. Não basta ser o último para ser alguma vez o primeiro.
7. Feliz aquele que não insiste em ter razão, porque ninguém a tem ou todos a têm.
8. Feliz aquele que perdoa aos outros e aquele que perdoa a si mesmo.
9. Bem-aventurados os mansos, porque não condescendem com a discórdia.
10. Bem-aventurados os que não têm fome de justiça, porque sabem que nossa sorte, adversa ou piedosa, é obra do acaso, que é inescrutável.
11. Bem-aventurados os misericordiosos, porque sua felicidade está no exercício da misericórdia e não na esperança de um prêmio.
12. Bem-aventurados os de coração puro, porque vêem Deus.
13. Bem-aventurados os que sofrem perseguição por causa da justiça, porque lhes importa mais a justiça que seu destino humano.
14. Ninguém é o sal da terra, ninguém, em algum momento de sua vida, não o é.

15. Que a luz de uma lâmpada se acenda, ainda que nenhum homem a veja. Deus a verá.
16. Não há mandamento que não possa ser infringido, e também os que digo e os que os profetas disseram.
17. Aquele que matar pela causa da justiça, ou pela causa que ele acredita ser justa, não tem culpa.
18. Os atos dos homens não merecem nem o fogo nem os céus.
19. Não odeies teu inimigo, porque, se o fazes, és de algum modo seu escravo. Teu ódio nunca será melhor que tua paz.
20. Se te ofender tua mão direita, perdoa-a; és teu corpo e és tua alma, e é árduo, ou impossível, definir a fronteira que os divide...
24. Não exageres o culto da verdade; não há homem que no final de um dia não tenha mentido com razão muitas vezes.
25. Não jures, porque todo juramento é uma ênfase.
26. Resiste ao mal, mas sem assombro e sem ira.
A quem te ferir na face direita, podes oferecer a outra, sempre que não te mova o temor.
27. Não falo de vinganças nem de perdões; o esquecimento é a única vingança e o único perdão.
28. Fazer o bem a teu inimigo pode ser obra de justiça e não é árduo; amá-lo, tarefa de anjos e não de homens.
29. Fazer o bem a teu inimigo é o melhor modo de satisfazer tua vaidade.
30. Não acumules ouro na terra, porque o ouro é pai do ócio, e este, da tristeza e do tédio.
31. Pensa que os outros são justos ou o serão, e, se não for assim, não é teu o erro.

32. Deus é mais generoso que os homens e os medirá com outra medida.
33. Dá o santo aos cães, atira tuas pérolas aos porcos; o que importa é dar.
34. Procura pelo prazer de procurar, não pelo de encontrar...
39. A porta é a que escolhe, não o homem.
40. Não julgues a árvore por seus frutos nem o homem por suas obras; podem ser piores ou melhores.
41. Nada se edifica sobre a pedra, tudo sobre a areia, mas nosso dever é edificar como se fosse pedra a areia...
47. Feliz o pobre sem amargura ou o rico sem soberba.
48. Felizes os valentes, os que aceitam com ânimo similar a derrota ou as palmas.
49. Felizes os que guardam na memória palavras de Virgílio ou de Cristo, porque estas darão luz a seus dias.
50. Felizes os amados e os amantes e os que podem prescindir do amor.
51. Felizes os felizes.

lenda

Abel e Caim se encontraram depois da morte de Abel. Caminhavam pelo deserto e se reconheciam de longe, porque os dois eram muito altos. Os irmãos sentaram-se na terra, fizeram um fogo e comeram. Guardavam silêncio, à maneira das pessoas cansadas quando o dia declina. No céu despontava alguma estrela, que ainda não recebera seu nome. À luz das chamas, Caim notou na testa de Abel a marca da pedra e deixou cair o pão que estava para levar à boca e pediu que seu crime lhe fosse perdoado.
    Abel respondeu:
    — Tu me mataste ou eu te matei? Já não me lembro; aqui estamos juntos como antes.
    — Agora sei que você me perdoou de verdade — disse Caim —, porque esquecer é perdoar. Eu também tentarei esquecer.
    Abel disse devagar:
    — Assim é. Enquanto dura o remorso, dura a culpa.

uma oração

Minha boca pronunciou e pronunciará, milhares de vezes nos dois idiomas que me são íntimos, o pai-nosso, mas eu só o entendo em parte. Nessa manhã, a do dia 1º de julho de 1969, quero tentar uma oração que seja pessoal, não herdada. Sei que se trata de uma empresa que exige uma sinceridade mais que humana. É evidente, em primeiro lugar, que me está vetado pedir. Pedir que meus olhos não anoiteçam seria uma loucura; sei de milhares de pessoas que vêem e que não são particularmente felizes, justas ou sábias. O processo do tempo é uma trama de efeitos e de causas, de modo que pedir qualquer mercê, por ínfima que seja, é pedir que se rompa um elo dessa trama de ferro, é pedir que já se tenha rompido. Ninguém merece tal milagre. Não posso suplicar que meus erros me sejam perdoados; o perdão é um ato alheio e só eu posso salvar-me. O perdão purifica o ofendido, não o ofensor, a quem quase nada afeta. A liberdade de meu arbítrio talvez seja ilusória, mas posso dar ou sonhar que dou. Posso dar a coragem, que não tenho; posso dar a esperança, que não está em mim; posso ensinar a vontade de aprender o que pouco sei ou entrevejo. Quero ser lembrado menos como poeta do que como amigo; que alguém repita uma cadência de Dunbar ou de Frost ou do homem que viu à meia-noite a árvore que sangra, a Cruz, e pense que pela primeira vez a ouviu de meus lábios. O resto não me importa; espero que não tarde o esquecimento. Desconhecemos os desígnios do universo, mas sabemos que raciocinar com lucidez e agir com justiça é ajudar esses desígnios, que não nos serão revelados.

Quero morrer totalmente; quero morrer com este companheiro, meu corpo.

his end and his beginning

Cumprida a agonia, já sozinho, já sozinho e dilacerado e rejeitado, mergulhou no sono. Quando acordou, aguardavam-no os hábitos cotidianos e os lugares; disse consigo que não devia pensar demais na noite anterior e, animado por essa vontade, vestiu-se sem pressa. No escritório, cumpriu passavelmente seus deveres, ainda que com a incômoda impressão que o cansaço nos confere de repetir algo já feito. Pensou perceber que os outros desviavam o olhar; talvez já soubessem que estava morto. Nessa noite começaram os pesadelos; não lhe deixavam a menor lembrança, só o temor de que voltassem. Com o tempo o temor prevaleceu; interpunha-se entre ele e a página que devia escrever ou o livro que tentava ler. As letras formigavam e pululavam; os rostos, os rostos familiares, iam se apagando; as coisas e os homens foram-no deixando. Sua mente se aferrou a essas formas cambiantes, como num frenesi de tenacidade.

Por mais estranho que pareça, nunca suspeitou da verdade; esta o iluminou subitamente. Compreendeu que não podia se lembrar das formas, dos sons e das cores dos sonhos; não havia formas, cores nem sons, e não eram sonhos. Eram sua realidade, uma realidade além do silêncio e da visão e, por conseguinte, da memória. Isso o consternou mais do que o fato de que a partir da hora de sua morte estivera lutando num redemoinho de imagens insensatas. As vozes que ouvira eram ecos; os rostos, máscaras; os dedos de sua mão eram sombras, vagas e insubstanciais, sem dúvida, mas também amadas e conhecidas.

    De algum modo sentiu que era seu dever deixar essas coisas para trás; agora pertencia a este novo mundo, livre de passado, de presente e de futuro. Pouco a pouco este mundo o circundou. Sofreu muitas agonias, atravessou regiões de desespero e solidão. Essas peregrinações eram atrozes porque superavam todas as suas anteriores percepções, memórias e esperanças. Todo o horror jazia em sua novidade e esplendor. Merecera a Graça, desde sua morte sempre estivera no céu.

um leitor

Que outros se vangloriem das páginas que escreveram;
eu me orgulho das que li.
Não fui um filólogo,
não pesquisei as declinações, os modos, a laboriosa
    mutação das letras,
o *de* que se endurece em *te*,
a equivalência do *ge* e do *ka*,
mas ao longo de meus anos professei
a paixão da linguagem.
Minhas noites estão repletas de Virgílio;
ter conhecido e esquecido o latim
é uma posse, porque o esquecimento
é uma das formas da memória, seu porão difuso,
a outra face secreta da moeda.
Quando em meus olhos se apagaram
as vãs aparências estimadas,
os rostos e a página,
dediquei-me ao estudo da linguagem de ferro
empregada por meus antepassados para cantar
espadas e solidões,
e agora, através de sete séculos,
desde a Última Tule,
tua voz me alcança, Snorri Sturluson.
O jovem, diante do livro, impõe-se uma disciplina precisa
e o faz em busca de um conhecimento preciso;

em minha idade, toda empresa é uma aventura
que limita com a noite.
Não acabarei de decifrar as antigas línguas do Norte,
não afundarei as mãos ansiosas no ouro de Sigurd;
a tarefa que empreendo é ilimitada
e há de acompanhar-me até o fim,
não menos misteriosa do que o universo
e do que eu, o aprendiz.

elogio da sombra

A velhice (este é o nome que os outros lhe dão)
pode ser o tempo de nossa felicidade.
O animal está morto ou quase morto.
Restam o homem e sua alma.
Vivo entre formas luminosas e vagas
que não são, ainda, as trevas.
Buenos Aires,
que antes se desgarrava em subúrbios
rumo à planura incessante,
voltou a ser a Recoleta, o Retiro,
as apagadas ruas do Once
e as precárias casas velhas
que ainda chamamos de Sur.
Em minha vida as coisas sempre foram excessivas;
Demócrito de Abdera arrancou seus olhos para pensar;
o tempo foi meu Demócrito.
Esta penumbra é lenta e não dói;
flui por um manso declive
e se parece com a eternidade.
Meus amigos não têm rosto,
as mulheres são o que foram há tantos anos,
as esquinas podem ser outras,
não há letras nas páginas dos livros.
Tudo isso deveria me dar medo,
mas é um deleite, um regresso.

Das gerações dos textos que há na terra
terei lido alguns poucos,
os que continuo lendo na memória,
lendo e transformando.
Do Sul, do Leste, do Oeste, do Norte
convergem os caminhos que me trouxeram
a meu secreto centro.
Esses caminhos foram ecos e passos,
mulheres, homens, agonias, ressurreições,
dias e noites,
entressonhos e sonhos,
cada ínfimo instante do ontem
e dos ontens do mundo,
a firme espada do dinamarquês e a lua do persa,
os atos dos mortos,
o amor compartilhado, as palavras,
Emerson e a neve e tantas coisas.
Agora posso esquecê-las. Chego a meu centro,
a minha álgebra e minha chave,
a meu espelho.
Logo saberei quem sou.

o ouro dos tigres (1972)

prólogo

De um homem que completou os setenta anos recomendados por David pouco podemos esperar, salvo o manejo consabido de algumas destrezas, uma que outra ligeira variação e fartas repetições. Para eludir ou ao menos atenuar essa monotonia, optei por aceitar, talvez com temerária hospitalidade, a miscelânea de temas que se ofereceram a minha rotina de escrever. A parábola sucede à confidência, o verso livre ou branco ao soneto. No princípio dos tempos, tão dócil à vaga especulação e às inapeláveis cosmogonias, não deve ter havido coisas poéticas ou prosaicas. Tudo seria um pouco mágico. Thor não era o deus do trovão; era o trovão e o deus.

Para um verdadeiro poeta, cada momento da vida, cada fato, deveria ser poético, já que profundamente o é. Que eu saiba, ninguém alcançou até hoje essa alta vigília. Browning e Blake se aproximaram mais do que qualquer outro; Whitman a propôs, mas suas deliberadas enumerações nem sempre passam de catálogos insensíveis.

Descreio das escolas literárias, que considero simulacros didáticos para simplificar o que ensinam, mas, se me obrigassem a declarar de onde procedem meus versos, diria que do modernismo, essa grande liberdade, que renovou as muitas literaturas cujo instrumento comum é o castelhano e que chegou, por certo, até a Espanha. Conversei mais de uma vez com Leopoldo Lugones, homem solitário e soberbo; este costumava desviar o curso do diálogo para falar de "meu amigo e mestre, Rubén Darío". (Creio, também, que devemos sublinhar as afinidades de nosso idioma, não seus regionalismos.)

Meu leitor notará em algumas páginas a preocupação filosófica. Foi minha desde menino, quando meu pai me revelou, com a ajuda do tabuleiro de xadrez (que era, lembro-me, de cedro), a corrida de Aquiles e da tartaruga.

Quanto às influências que serão percebidas neste volume... Em primeiro lugar, os escritores que prefiro — já citei Robert Browning; depois, os que li e repito; depois, os que nunca li mas que estão em mim. Um idioma é uma tradição, um modo de sentir a realidade, não um arbitrário repertório de símbolos.

J. L. B.
Buenos Aires, *1972*

tamerlão
(1336-1405)

Meu reino é deste mundo. Carcereiros
E cárceres e espadas executam
A ordem que não repito. Minha palavra
Mais ínfima é de ferro. Até o secreto
Coração das pessoas que não ouviram
Jamais meu nome em seus confins longínquos
É instrumento dócil a meu arbítrio.
Eu, que fui um rabadão da pradaria,
Icei minhas bandeiras em Persépolis
E mitiguei a sede dos cavalos
Nas águas do rio Ganges e do Oxus.
Quando nasci, caiu do firmamento
Uma espada com signos talismânicos;
Eu sou, eu serei sempre, aquela espada.
Já derrotei o grego e o egípcio
E devastei as muitas, incansáveis,
Léguas da Rússia com meus duros tártaros,
Pirâmides de crânios erigi,
Jungi a minha carroça quatro reis
Que não quiseram acatar meu cetro
E atirei às chamas em Alepo
Esse Livro dos Livros, o Alcorão,
Anterior aos dias e às noites.
Eu, o rubro Tamerlão, tive em meu abraço
A branca Zenócrate do Egito,

Casta como a neve das alturas.
Recordo as pesadas caravanas
E as nuvens de poeira do deserto,
Recordo uma cidade de fumaça
E candeeiros de óleo nas tabernas.
Sei tudo e posso tudo. Um agourento
Livro ainda não escrito revelou-me
Que morrerei como os outros morrem
E que, por entre a pálida agonia,
Ordenarei que meus arqueiros lancem
Flechas de ferro contra o céu adverso
E embandeirem de negro o firmamento
Para não haver um homem que não saiba
Que os deuses estão mortos. Sou os deuses.
Que outros recorram à astrologia
Judiciária, ao compasso e ao astrolábio,
Para saber quem são. Eu sou os astros.
Em alvoradas incertas me pergunto
Por que não saio nunca desta câmara,
Por que não condescendo à homenagem
Do clamoroso Oriente. Às vezes sonho
Com escravos, intrusos que desdouram
O Tamerlão com dedos temerários
E lhe dizem que durma e que não deixe
De tomar toda noite as pastilhas
Encantadas da paz e do silêncio.
A cimitarra busco e não a encontro.
Busco no espelho o meu rosto; é outro.
Por isso o quebrei e me puniram.
Por que não compareço aos suplícios,
Por que não vejo o machado e a cabeça?

Essas coisas me inquietam, porém nada
Pode ocorrer se Tamerlão se opõe
E Ele, talvez, as queira sem saber.
E eu sou Tamerlão. Rejo o Poente
E o Oriente de ouro, e no entanto...

espadas

Joyeuse, Excalibur, Gram, Durendal.
Suas velhas guerras andam pelo verso,
Que é a única memória. O universo
Ao Norte e ao Sul as vai semeando igual.
Persiste na espada a ousadia
Da destra mão viril, hoje pó e nada;
No ferro ou no bronze, a estocada
Que foi sangue de Adão num primo dia.
Gestas enumerei dessas distantes
Espadas cujos homens deram morte
A reis e a serpentes. Há outra sorte
De espadas, as murais e as reinantes.
Deixa-me, espada, usar contigo a arte;
Eu, que não mereci isso, manejar-te.

o passado

Tudo era fácil, nos parece agora,
Naquele plástico ontem irrevogável:
Sócrates, que, apurada a cicuta,
Discorre sobre a alma e seu caminho,
Enquanto a morte azul lhe vai subindo
Pelos pés regelados; a implacável
Espada que retumba na balança;
Roma, que impõe o numeroso hexâmetro
Ao obstinado mármore dessa língua
Que manejamos hoje, espedaçada;
Os piratas de Hengist que atravessam
A remo o temerário mar do Norte
E com as fortes mãos e a coragem
Fundam um reino que será o Império;
O rei saxão que oferta ao da Noruega
Sete palmos de terra e que cumpre,
Antes que o sol decline, a promessa
Na batalha de homens; os cavaleiros
Do deserto, que cobrem o Oriente
E ameaçam as cúpulas da Rússia;
Um persa que relata a primeira
Das *Mil e uma noites* e não sabe
Que deu início a um livro que os séculos
Das outras gerações, ulteriores,
Não entregarão ao quieto esquecimento;

Snorri, que salva em sua perdida Tule,
Sob a luz de crepúsculos morosos
Ou na noite propícia à memória,
As letras e os deuses da Germânia;
O jovem Schopenhauer, que descobre
Um projeto geral do universo;
Whitman, que numa redação do Brooklyn,
Entre o cheiro de tinta e de tabaco,
Toma e a ninguém conta a infinita
Resolução de ser todos os homens
E de um livro escrever que seja todos;
Arredondo, que mata Idiarte Borda
Em certa manhã de Montevidéu
E se entrega à justiça, declarando
Ter agido sozinho e não ter cúmplices;
O soldado que morre em chão normando,
O que na Galiléia encontra a morte.

Essas coisas podiam não ter sido.
Quase não foram. Nós as concebemos
Em um ontem fatal e inevitável.
Não há outro tempo que o agora, este ápice
Do já será e do foi, daquele instante
Em que a gota cai na clepsidra.
O ontem ilusório é um recinto
De imutáveis figuras de cera
Ou de reminiscências literárias
Que o tempo irá perdendo em seus espelhos.
Carlos XII, Breno, Érico, o Vermelho,
E a tarde inapreensível que foi tua
Na eternidade são, não na memória.

tankas

1

Alto no cimo
Todo o jardim é lua,
Lua de ouro.
Mais precioso é o roçar
De tua boca na sombra.

2

A voz da ave
Que a penumbra esconde
Emudeceu.
Andas por teu jardim.
E algo, eu sei, te falta.

3

A alheia taça,
A espada que foi espada
Em outra mão,
A lua do caminho,
Dize, acaso não bastam?

4

Sob a lua
O tigre de ouro e sombra
Olha suas garras.
Não sabe que na aurora
Destroçaram um homem.

5

Triste essa chuva
Que cai sobre o mármore,
Triste ser terra.
Triste não ser os dias
Do homem, o sonho, o alvorecer.

6

Não ter tombado,
Como outros de meu sangue,
Na batalha.
Ser na inútil noite
O que conta as sílabas.

treze moedas

UM POETA ORIENTAL

Durante cem outonos divisei
Teu tênue disco.
Durante cem outonos divisei
Teu arco sobre as ilhas.
Durante cem outonos os meus lábios
Não foram menos silenciosos.

O DESERTO

O espaço sem tempo.
A lua é da cor da areia.
Agora, exatamente agora,
Morrem os homens do Metauro e de Trafalgar.

CHOVE

Em que ontem, em que pátios de Cartago,
Cai também esta chuva?

ASTÉRION

O ano me tributa meu pasto de homens
E na cisterna há água.
Em mim se estreitam os caminhos de pedra.
De que posso queixar-me?
Nos entardeceres
Pesa-me um pouco a cabeça de touro.

UM POETA MENOR

A meta é o esquecimento.
Eu cheguei antes.

GÊNESIS, 4,8

Foi no primeiro deserto.
Dois braços atiraram uma grande pedra.
Não houve um grito. Houve sangue.
Houve pela primeira vez a morte.
Já não me lembro se foi Abel ou Caim.

NORTÚMBRIA, 900 A.D.

Que antes do alvorecer o despojem os lobos;
A espada é o caminho mais curto.

MIGUEL DE CERVANTES

Cruéis estrelas e propícias estrelas
Presidiram a noite de minha gênese;
Devo às últimas o cárcere
Em que sonhei o *Quixote*.

O OESTE

O beco final com seu poente.
Inauguração do pampa.
Inauguração da morte.

ESTÂNCIA EL RETIRO

O tempo joga um xadrez sem peças
Ali no pátio. O rangido de uma rama
Rasga a noite. Lá fora a planície
Léguas de pó e sonho esparrama.
Sombras os dois, copiamos o que ditam
Outras sombras: Heráclito e Gautama.

O PRISIONEIRO

Uma lima.
A primeira das pesadas portas de ferro.
Um dia serei livre.

MACBETH

Nossos atos prosseguem seu caminho,
Que não conhece fim.
Matei meu rei para que Shakespeare
Urdisse sua tragédia.

ETERNIDADES

A serpente que cinge o mar e é o mar,
O repetido remo de Jasão, a jovem espada de Sigurd.
Só perduram no tempo as coisas
Que não foram do tempo.

susana bombal

Alta na tarde, altiva e louvada,
Cruza o casto jardim e está na exata
Luz do instante irreversível e puro
Que nos dá este jardim e a alta imagem,
Silenciosa. Vejo-a aqui, nesta hora,
Mas também a diviso num antigo
Fulgor crepuscular da Ur dos Caldeus,
Ou então descendo a lenta escadaria
De um templo, que é inumerável pó
Do planeta e que foi pedra e soberba,
Ou decifrando o mágico alfabeto
Das estrelas de outras latitudes,
Ou aspirando uma rosa na Inglaterra.
Está onde houver música, no leve
Azul, e no hexâmetro do grego,
Em nossas solidões que a procuram,
No liso espelho de água de uma fonte,
No mármore do tempo, numa espada,
Nessa serenidade do terraço
Que divisa poentes e jardins.

E por detrás dos mitos e das máscaras,
A alma, que está só.

Buenos Aires, 3 de novembro de 1970

a john keats
(1795-1821)

Desde o princípio até a jovem morte
A terrível beleza te espreitava
Como os outros a propícia sorte
Ou a adversa. Nas alvas te esperava
De Londres, e nas páginas casuais
De um dicionário de mitologia,
Nas costumeiras dádivas do dia,
Num rosto, numa voz, e nos mortais
Lábios de Fanny Brawne. Oh, sucessivo
E arrebatado Keats, que o tempo cega,
O alto rouxinol e a urna grega
Serão tua eternidade, oh, fugitivo.
Foste o fogo. Na pânica memória
Hoje não és as cinzas. És a glória.

sonha alonso quijano

Desperta aquele homem de um indistinto
Sonho de alfanjes e de campo chão,
Toca de leve a barba com a mão
Duvidando se está ferido ou extinto.
Não irão persegui-lo os feiticeiros
Que juraram seu mal por sob a lua?
Nada. O frio apenas. Apenas sua
Amargura nos anos derradeiros.
Foi o fidalgo um sonho de Cervantes
E Dom Quixote um sonho do fidalgo.
O duplo sonho os confunde e algo
Está ocorrendo que ocorreu muito antes.
Quijano dorme e sonha. Uma batalha:
Os mares de Lepanto e a metralha.

a um césar

Na noite favorável a esses lêmures
E a larvas que fustigam os defuntos,
Quartearam inutilmente os profundos
Espaços das estrelas os teus áugures.
Do touro jugulado na penumbra
As vísceras em vão têm indagado;
Em vão o sol desta manhã alumbra
A espada fiel do pretoriano armado.
No real palácio tua garganta espera
Assustada o punhal. Já os confins
Do império que regem teus clarins
Pressentem as plegárias e a fogueira.
De tuas montanhas o horror sagrado
Tem o tigre de ouro e sombra profanado.

o cego

para Mariana Grondona

I

Foi despojado do diverso mundo
E dos rostos, que são o que eram antes,
Das ruas próximas, hoje distantes,
E do côncavo azul, ontem profundo.
Resta dos livros o que lhe consente
A memória, essa forma de olvido
Que retém o formato, não o sentido,
E que reflete os títulos somente.
O desnível espreita. Cada passo
Pode ser uma queda. Sou o lento
Prisioneiro de um tempo sonolento
Que não marca sua aurora nem seu ocaso.
É noite. Não há outros. Com o verso
Devo lavrar meu insípido universo.

II

Desde meu nascimento, no ano 99
Das côncavas parreiras e do algibe profundo,
O tempo minucioso, que na memória é breve,
Foi me furtando as formas visíveis deste mundo.
Os dias e as noites limaram os perfis

Dessas letras humanas e dos rostos amados;
Em vão interrogaram meus olhos fatigados
As vazias bibliotecas e os vazios atris.
O azul e o vermelho são agora cerração,
Duas palavras inúteis. O espelho que miro
É uma coisa cinzenta. No jardim eu aspiro,
Amigos, uma lúgubre rosa da escuridão.
Agora só perduram contornos amarelos,
E só consigo ver para ver pesadelos.

on his blindness

Indigno dos astros e da ave
Que sulca o azul profundo, ora secreto,
Dessas linhas que são o alfabeto
Que outros ordenam e do mármore grave
Cujo lintel meus fatigados olhos
Perdem em sua penumbra, dessas rosas
Invisíveis e das silenciosas
Profusões de ouros e de vermelhos
Sou, mas não das Mil Noites e Uma
Que abrem em minha sombra o mar e o alvor
Nem de Walt Whitman, esse Adão nomeador
Das crianças que existem sob a lua,
Nem desses brancos dons do esquecimento
Nem do amor que espero sem um lamento.

a busca

No fim de sua terceira geração
Regresso às planícies dos Acevedo,
Os meus antepassados. Vagamente
Procurei-os por esta velha casa
Branca e retangular, entre o frescor
Das duas galerias, e na sombra
Crescente que projetam as colunas,
Naquele intemporal grito do pássaro,
Na chuva que ensombrece a varanda,
Entre o crepúsculo de seus espelhos,
Num reflexo, um eco, que foi seu
E que agora é meu, sem que eu o saiba.
Olhei para as ferragens do gradil
Que fez parar as lanças do deserto,
A palmeira partida pelo raio,
Os negros touros de Aberdeen, a tarde,
As casuarinas que eles nunca viram.
Aqui foram a espada e o perigo,
As duras prescrições e os levantes;
Firmes sobre o cavalo, aqui regeram
A sem princípio e a sem fim planura
Os estanceiros das longínquas léguas.
Pedro Pascual, Miguel, Judas Tadeo...
Quem me dirá se misteriosamente,
Sob esse teto de uma única noite,

E para além dos anos e do pó,
Para além do cristal da relembrança,
Não nos unimos e nos confundimos,
Eu só no sonho, mas eles na morte.

o perdido

Onde estará minha vida, a que tudo
Pôde ser e não foi, a venturosa
Ou a de triste horror, essa outra coisa
Que pôde ser a espada ou o escudo
E que não foi? Onde estará o perdido
Antepassado persa ou norueguês,
Onde o acaso de não me enceguecer,
Onde a âncora e o mar, onde o olvido
De ser quem sou? Onde estará a pura
Noite que ao rude lavrador confia
O iletrado e laborioso dia,
Conforme pede a literatura?
Penso também naquela companheira
Que me queria, e quem sabe ainda queira.

h. o.

Em certa rua há certa firme porta
Com a campainha e o número preciso
E um sabor de perdido paraíso,
Que nos entardeceres não está aberta
A minha passagem. Finda a jornada,
Uma esperada voz me esperaria
Na desagregação de cada dia
E no sossego da noite enamorada.
Essas coisas não são. Outra é minha sorte:
As vagas horas, a memória impura,
O exagero da literatura
E no limite a indesejada morte.
Só desejo essa pedra. Meu pedido
São duas datas abstratas e o olvido.

religio medici, 1643

Defende-me, Senhor. (O vocativo
Não implica Ninguém. É só uma palavra
Deste exercício que o enfado lavra
E que na tarde do temor cultivo.)
Defende-me de mim. Já o disseram
Montaigne e Browne e um espanhol que ignoro;
Algo me resta ainda de todo esse ouro
Que meus olhos de sombra recolheram.
Defende-me, Senhor, do impaciente
Desejo de ser mármore e olvido;
Defende-me de ser o já vivido,
O que já fui irreparavelmente.
Não da espada ou da vermelha lança
Defende-me, mas sim da esperança.

1971

Dois homens caminharam pela lua.
Outros depois. O que pode a palavra,
O que pode o que a arte sonha e lavra,
Ante sua real e quase irreal fortuna?
Ébrios de horror divino e de aventura,
Esses filhos de Whitman haviam pisado
O páramo lunar, o inviolado
Orbe que, antes de Adão, passa e perdura.
O amor de Endímion em sua montanha,
O hipogrifo, a curiosa esfera
De Wells, que em minha recordação é vera,
Confirmam-se. De todos é a façanha.
Não há na terra um homem que não seja
Mais valente hoje e mais feliz. O dia
Imemorial se exalta de energia
Pelo valor que essa Odisséia enseja,
A dos amigos mágicos. A lua,
Que o amor secular busca no firmamento
Com triste rosto e insatisfeito intento,
Será seu monumento, eterna e una.

coisas

O volume caído que os outros
Escondem ali no fundo da estante
E que os dias e as noites cobrem
De lento pó silencioso. A âncora
De Sídon que os mares da Inglaterra
Oprimem em seu abismo cego e brando.
O espelho que não repete ninguém
Quando a casa permaneceu sozinha.
As limalhas de unha que deixamos
No decorrer do tempo e do espaço.
O pó indecifrável que foi Shakespeare.
As modificações de uma nuvem.
A simétrica rosa momentânea
Que deu o acaso certa vez aos vidros
Ocultos do infantil caleidoscópio.
Os remos de Argos, a primeira nave.
As pegadas de areia que a onda
Sonolenta e fatal desfaz na praia.
Os matizes de Turner quando as luzes
Apagam-se na reta galeria
E não ressoa um passo na alta noite.
O inverso do prolixo mapa-múndi.
A tênue teia de aranha na pirâmide.
A pedra cega e a mão curiosa.
O sonho que eu tive antes da aurora

E que esqueci ao clarear o dia.
O princípio e o fim da epopéia
De Finnsburh, hoje alguns contados versos
De ferro, não comido pelos séculos.
A letra inversa no mata-borrão.
A tartaruga no fundo do algibe.
O que não pode ser. O outro corno
Do unicórnio. O Ser que é Três e é Uno.
O disco triangular. O inapreensível
Instante em que a flecha do eleata,
No ar imobilizada, acerta o alvo.
A flor entre as páginas de Bécquer.
O pêndulo que o tempo fez parar.
O aço que Odin cravou na árvore.
O texto de umas não cortadas folhas.
O ressoar dos cascos no assalto
De Junín, que de algum eterno modo
Não cessou e é parte dessa trama.
A sombra de Sarmiento nas calçadas.
A voz que na montanha ouviu o pastor.
Os ossos branqueando no deserto.
A bala que matou Francisco Borges.
O outro lado do tapete. As coisas
Que ninguém olha, salvo o Deus de Berkeley.

o ameaçado

É o amor. Terei de me esconder ou fugir.
Crescem as paredes de seu cárcere, como em um sonho atroz. A bela máscara mudou, mas como sempre é a única. De que me servirão meus talismãs: o exercício das letras, a vaga erudição, o aprendizado das palavras que usou o áspero Norte para cantar seus mares e suas espadas, a serena amizade, as galerias da Biblioteca, as coisas comuns, os hábitos, o jovem amor de minha mãe, a sombra militar de meus mortos, a noite intemporal, o gosto do sonho?
Estar contigo ou não estar contigo é a medida de meu tempo.
O cântaro já se quebra sobre a fonte, já se levanta o homem à voz da ave, já escureceram os que olham pelas janelas, mas a sombra não trouxe a paz.
É, eu sei, o amor: a ansiedade e o alívio de ouvir tua voz, a espera e a memória, o horror de viver no sucessivo.
É o amor com suas mitologias, com suas pequenas magias inúteis.
Há uma esquina pela qual não me atrevo a passar.
Agora os exércitos me cercam, as hordas.
(Este quarto é irreal; ela não o viu.)
O nome de uma mulher me delata.
Dói-me uma mulher por todo o corpo.

proteu

Antes que os remeiros de Odisseu
Fatigassem os mares cor de vinho,
As inapreensíveis formas adivinho
Daquele deus cujo nome foi Proteu.
Um pastor dos rebanhos desses mares
Que possuía o dom da profecia
Preferia ocultar o que sabia
E entretecer uns oráculos díspares.
Urgido pela gente, assumia
A forma de um leão, de uma fogueira
Ou de árvore que ensombra a ribeira
Ou de água que na água se perdia.
Com Proteu, o egípcio, não te assombres,
Tu, que és um e ao mesmo tempo muitos homens.

outra versão de proteu

Habitante de areias receosas,
Meio deus, meio fera marinha,
Ignorou a memória, que definha
Sobre o ontem e as perdidas coisas.
Outro tormento padeceu Proteu
Não menos cruel, saber o que encerra
O futuro: uma porta que se cerra
Para sempre, o troiano e o aqueu.
Capturado, tomava a inapreensível
Forma do furacão ou da fogueira
Ou do tigre de ouro ou da pantera
Ou de água que na água é invisível.
Tu também estás feito de inconstantes
Ontens e amanhãs. No entanto, antes...

fala um busto de jano

Ninguém abra nem feche alguma porta
Sem honrar a memória de Bifronte,
Que preside. Abarco o horizonte
De incertos mares e de terra certa.
Minhas duas faces divisam o que passou
E o porvir. Posso vê-los similares
Aos ferros, às discórdias e aos males
Que Alguém pôde apagar mas não apagou
Nem apagará. As duas mãos me faltam
E sou de pedra imóvel. Não poderia
Precisar se contemplo uma porfia
Futura ou a de ontens que se afastam.
Vejo minha ruína: a coluna trancada
E as faces, que não vão se ver por nada.

o gaúcho

Filho de algum extremo dessa planura
Aberta, elementar, quase secreta,
Puxava o firme laço que aquieta
O firme touro de cerviz escura.

Com o índio e o godo antes lutou,
Morreu em rixas de baralho e tava;
Deu a vida à pátria, que ignorava,
E, assim perdendo, nada lhe restou.

Hoje é pó de tempo e de planeta;
Nomes não ficam, mas o seu perdura.
Foi tantos outros e hoje é uma quieta
Peça que move a literatura.

Foi o matreiro, o sargento e a partida.
Foi quem cruzou a heróica cordilheira.
Foi soldado de Urquiza ou de Rivera,
Tanto faz. Foi quem acabou com Laprida.

Deus lhe estava distante. Professaram
A antiga fé do ferro e da coragem,
Que a súplica ou a soldo não dão margem.
Por essa fé morreram e mataram.

Entre os acasos de uma *montonera*
Pereceu pela cor de uma divisa;
Foi quem nada pediu, nem a efêmera
Glória, feita de alarde e de brisa.

Foi o homem cinzento que, obscuro na pausada
Penumbra do galpão, sonha e mateia,
Enquanto no oriente já clareia
A luz de outra deserta madrugada.

Nunca disse: Sou gaúcho. Foi sua sorte
Não imaginar a sorte que é dos outros.
Não menos ignorante que nós, outros,
Não menos solitário, entrou na morte.

a pantera

Atrás das fortes grades a pantera
Repetirá o enfadonho itinerário,
Que é (mas não o sabe) seu fadário
De negra jóia, aziaga e prisioneira.
Vão e vêm aos milhares, em desfiles
Infindáveis, mas é só uma e eterna
A pantera fatal que em sua caverna
Traça a reta que um eterno Aquiles
Traça no sonho que sonhou o grego.
Não sabe que há prados e montanhas
De cervos cujas trêmulas entranhas
Deleitariam seu apetite cego.
Em vão é vário o orbe. A jornada
Que cumpre cada qual já foi fixada.

tu

Um só homem nasceu, um só homem morreu na terra.
Afirmar o contrário é mera estatística, é uma adição
  impossível.
Não menos impossível que somar o cheiro da chuva
  e o sonho que anteontem à noite sonhaste.
Esse homem é Ulisses, Abel, Caim, o primeiro homem
  que ordenou as constelações, o homem que erigiu
  a primeira pirâmide, o homem que escreveu os
  hexagramas do *Livro das mutações*, o forjador que
  gravou runas na espada de Hengist, o arqueiro
  Einar Tambarskelver, Luis de León, o livreiro que
  engendrou Samuel Johnson, o jardineiro de Voltaire,
  Darwin na proa do *Beagle*, um judeu na câmara
  letal, com o tempo, tu e eu.
Um só homem morreu em Ílion, no Metauro,
  em Hastings, em Austerlitz, em Trafalgar, em
  Gettysburg.
Um só homem morreu nos hospitais, em barcos,
  na árdua solidão, na alcova do hábito e do amor.
Um só homem fitou a vasta aurora.
Um só homem sentiu no paladar o frescor da água,
  o gosto das frutas e da carne.
Falo do único, do uno, do que está sempre só.

Norman, Oklahoma

poema da quantidade

Penso nesse parco céu puritano
De solitárias e perdidas luzes
Que Emerson olharia tantas noites
Em meio à neve e ao rigor de Concord.
Aqui são excessivas as estrelas.
O homem é excessivo. As gerações
Inúmeras de aves e de insetos,
Do jaguar constelado e da serpente,
De galhos que se tecem e entretecem,
Do café, da areia e das folhas
Oprimem as manhãs e nos prodigam
Seu minucioso labirinto inútil.
Talvez cada formiga que pisamos
Seja única ante Deus, que a define
Para a execução das regulares
Leis que regem Seu curioso mundo.
Não fosse assim, o universo inteiro
Seria um erro e um oneroso caos.
Os espelhos do ébano e da água,
O espelho inventivo de um sonho,
Os liquens e os peixes, as madréporas,
Tartarugas alinhadas no tempo,
Os vaga-lumes de uma única tarde,
As araucárias e suas dinastias,
As perfiladas letras de um volume

Que a noite não apaga são sem dúvida
Não menos pessoais e enigmáticas
Que eu, que as confundo. Não me atrevo
A julgar nem a lepra nem Calígula.

São Paulo, 1970

a sentinela

Entra a luz e eu me lembro; está ali.
Começa por dizer-me seu nome, que é (logo se entende)
    o meu.
Volto à escravidão que durou mais de sete vezes dez anos.
Impõe-me sua memória.
Impõe-me as misérias de cada dia, a condição humana.
Sou seu velho enfermeiro; obriga-me a lavar os seus pés.
Espreita-me nos espelhos, no mogno, nos vidros das lojas.
Uma ou outra mulher o rejeitou e devo compartilhar sua
    angústia.
Dita-me agora este poema, que não me agrada.
Exige-me o nebuloso aprendizado do duro anglo-saxão.
Converteu-me ao culto idolátrico de militares mortos, com
    os quais talvez não pudesse trocar uma única palavra.
No último lanço de escada sinto que está a meu lado.
Está em meus passos, em minha voz.
Minuciosamente o odeio.
Percebo com prazer que quase não vê.
Estou em uma cela circular e a infinita parede se estreita.
Nenhum dos dois engana o outro, mas nós dois mentimos.
Conhecemo-nos demais, inseparável irmão.
Bebes a água de meu copo e devoras meu pão.
A porta do suicida está aberta, mas os teólogos afirmam
    que na sombra ulterior do outro reino estarei eu, me
    esperando.

ao idioma alemão

Meu destino é a língua castelhana,
O bronze de Francisco de Quevedo,
Mas pela lenta noite caminhada
Exaltam-me outras músicas mais íntimas.
Umas me foram dadas pelo sangue —
Oh, voz de Shakespeare e da Escritura —,
E outras pelo acaso dadivoso,
Mas a ti, doce língua da Alemanha,
Solitário elegi e procurei.
Por entre vigílias e gramáticas,
Em meio à selva das declinações,
Do dicionário, que jamais atina
Com o matiz preciso, me aproximei.
Minhas noites são repletas de Virgílio,
Disse uma vez; e diria também
De Hölderlin e de Angelus Silesius.
Heine me deu seus altos rouxinóis;
Goethe, a ventura de um amor tardio,
A um só tempo indulgente e mercenário;
Keller, a rosa que certa mão deixa
Na mão daquele morto que a amava
E que não vai saber se é branca ou rubra.
Tu, língua da Alemanha, és tua obra
Capital: esse amor entrelaçado
Das palavras compostas, as vogais

Abertas, e esses sons que condescendem
Com o estudioso hexâmetro do grego,
Com teu rumor de selvas e de noites.
Foste minha algum dia. Hoje, no linde
De meus anos cansados, te diviso
Longínqua como a álgebra e a lua.

ao triste

Aí está o que foi: a dura espada
Do saxão e sua métrica de ferro,
Os mares e as ilhas do desterro
Do filho de Laertes, a dourada
Lua do persa e os infindos jardins,
Os da filosofia e os da história,
O ouro sepulcral que há na memória
E sob a sombra o cheiro dos jasmins.
E nada disso importa. O resignado
Exercício do verso não te salva,
Nem as águas do sonho nem a estrela
Que na arruinada noite esquece a alva.
Uma única mulher é teu cuidado,
Igual às outras todas, mas que é ela.

o mar

O mar. O mar de Ulisses. Jovem mar.
E o daquele outro Ulisses que a gente
Do Islã alcunhou famosamente
De Es-Sindibad do Mar. Do gris ondear
De Érico, o Vermelho, alto em sua proa,
E o do tal cavaleiro que escrevia
A um só tempo a epopéia e a elegia
De sua pátria, no pântano de Goa.
O mar de Trafalgar. O que a Inglaterra
Cantou ao longo de sua longa história,
O árduo mar que ensangüentou de glória
No diário exercício da guerra.
Esse incessante mar que na afável
Manhã segue sulcando a areia infindável.

ao primeiro poeta da hungria

Neste período para ti futuro
Que desconhece o áugure que a forma
Proibida do porvir vê nos planetas
Ardentes ou nas vísceras do touro,
Nada me custaria, irmão e sombra,
Buscar teu nome nas enciclopédias
E descobrir que rios refletiram
Teu rosto, que hoje é perdição e pó,
E que reis, que ídolos, que espadas,
Que resplendor de tua infinita Hungria
Elevaram tua voz ao primo canto.
As noites e os mares nos separam,
As seculares modificações,
Os climas, os impérios e os sangues.
Porém nos une indecifravelmente
O misterioso amor pelas palavras,
Nosso costume de sons e de símbolos.
Semelhante ao arqueiro do eleata,
Um homem só numa tarde vazia
Deixa correr sem fim esta impossível
Saudade, que tem por alvo uma sombra.
Não nos veremos nunca face a face,
Oh, antepassado que minha voz não alcança.
Eu para ti não sou sequer um eco;
Para mim sou um tormento e um arcano,

Uma ilha de encanto e temores,
Como talvez o sejam os homens todos,
E como o foste tu, sob outros astros.

o advento

Sou o que fui na aurora, entre a tribo.
Deitado em meu canto da caverna,
Lutava por afundar nas obscuras
Águas do sonho. Espectros de animais
Feridos pelo estilhaço da flecha
Davam horror à negrura. Mas algo,
Talvez a execução de uma promessa,
A morte de um rival sobre a montanha,
Talvez o amor, ou uma pedra mágica,
Me fora outorgado. Perdi tudo.
Pelos séculos gasta, a memória
Só guarda essa noite e sua manhã.
Sentia desejo e medo. Bruscamente
Ouvi o surdo tropel interminável
De um rebanho atravessando a aurora.
Arco de roble, flechas que se cravam,
Deixei-os e corri até a greta
Que se abre no extremo da caverna.
Foi então que os vi. Brasa avermelhada,
Cruéis os cornos, montanhoso o lombo,
A crina lúgubre como os seus olhos
Que espreitavam malvados. Aos milhares.
São os bisões, eu disse. A palavra
Nunca antes passara por meus lábios,
Mas senti que talvez fosse seu nome.

Era como se eu nunca houvesse visto,
Como se houvesse estado cego e morto
No tempo antes dos bisões da aurora.
Eles surgiam da aurora. Eram a aurora.
Não quis que os outros profanassem
Aquele denso rio de bruteza
Divina, de ignorância, de soberba,
Indiferente como as estrelas.
Pisotearam um cão do caminho;
Teriam feito o mesmo com um homem.
Depois os traçaria na caverna
Com ocre e cinábrio. Foram os Deuses
Do sacrifício e das preces. Nunca
Disse minha boca o nome de Altamira.
Foram muitas minhas formas e mortes.

a tentação

O general Quiroga vai a seu enterro;
Convida-o o mercenário Santos Pérez
E sobre Santos Pérez está Rosas,
A recôndita aranha de Palermo.
Rosas, a for de bom covarde, sabe
Que não há entre os homens um sequer
Mais vulnerável e frágil que o valente.
Juan Facundo Quiroga é temerário
Até a insensatez. O fato pode
Merecer o exame de seu ódio.
Resolveu-se a matá-lo. Pensa e hesita.
Por fim, dá com a arma que buscava.
Será a sede e a fome de perigo.
Quiroga busca o Norte. O próprio Rosas
Lhe adverte, quase ao pé da carroça,
Que circulam rumores de que López
Premedita sua morte. Recomenda
Que não empreenda a ousada travessia
Sem uma escolta. Ele mesmo a oferece.
Facundo sorriu. Pois não carece
De ladeiros. Ele se basta. A rangente
Carroça deixa as vilas para trás.
Léguas de longa chuva a entorpecem,
Neblina e lodo e as águas transbordadas.
Por fim, avistam Córdoba. São vistos

Como se fossem seus fantasmas. Todos
Já os davam por mortos. Noites antes,
Córdoba inteira vira Santos Pérez
Distribuindo espadas. A partida
É de trinta cavaleiros da serra.
Nunca se urdiu um crime de maneira
Mais descarada, escreverá Sarmiento.
Juan Facundo Quiroga não se altera.
Busca o Norte. Em Santiago del Estero
Se entrega às cartas e a seu belo risco.
Entre o ocaso e a aurora perde
Ou recebe centenas de onças de ouro.
Recrudescem os alarmes. Bruscamente
Decide regressar e dá a ordem.
Por esses descampados e esses montes
Retomam os caminhos do perigo.
Em um sítio chamado Ojo de Agua
O maestre de posta lhe revela
Que por ali já passou a partida
Encarregada de assassiná-lo
E que o espera em um lugar que nomeia.
Ninguém deve escapar. Esta é a ordem.
A determinação de Santos Pérez,
O capitão. Facundo não se arreda.
Está por nascer o homem que se atreva
A acabar com Quiroga, lhe responde.
Os outros ficam pálidos e calam.
Sobrevém a noite, em que somente
Dorme o fatal, o forte, que confia
Em seus obscuros deuses. Amanhece.
Não voltarão a ver outra manhã.

Por que concluir a história que já foi
Contada para sempre? A carroça
Toma o rumo de Barranca Yaco.

1891

Assim que o vislumbro, já o perco.
Ajustado o decente traje preto,
A testa estreita, o bigode ralo,
E um lenço no pescoço como todos,
Vai caminhando entre a gente da tarde
Ensimesmado e sem fitar ninguém.
Em uma das esquinas da rua Piedras
Pede uma pinga brasileira. O hábito.
Alguém grita um adeus. Não lhe responde.
Há em seus olhos um rancor antigo.
Outra quadra. Rajadas de milonga
Vêm de um pátio e o alcançam. Essas charangas
Estão sempre amolando a paciência,
Mas seu andar balança e ele nem nota.
Levanta a mão e apalpa a firmeza
Do punhal que há na cava do colete.
Vai cobrar uma dívida. Está perto.
Mais alguns passos e o homem pára.
Há uma flor de cardo no saguão.
Ouve o golpe do balde no algibe
E uma voz que conhece muito bem.
Empurra o portão que ainda está aberto
Como se o esperassem. Esta noite
Talvez já esteja morto.

1929

Antes, a luz avançava mais cedo
Na peça que dá para o último pátio;
Agora o sobrado que fica ao lado
Encobre o sol, mas na difusa sombra
Seu modesto inquilino está desperto
Desde o amanhecer. E em silêncio,
Para não perturbar os seus vizinhos,
O homem está mateando e esperando.
Outro dia vazio, como todos.
E os ardores constantes de sua úlcera.
Já não há mulheres em minha vida, pensa.
Os amigos o enfadam. Imagina
Que os enfade também. Falam de coisas
Que não entende, de arqueiros e de quadros.
Não viu que horas são. Sem pressa alguma
Levanta-se e barbeia-se com inútil
Esmero. É preciso encher o tempo.
O rosto que o espelho lhe devolve
Guarda o aprumo que antes era seu.
Envelhecemos mais que nosso rosto,
Pensa, mas aí estão as comissuras,
O bigode grisalho, a boca murcha.
Pega o chapéu e sai. Já no vestíbulo
Vê um jornal aberto. Lê as grandes letras,
Crises ministeriais em países

Que são apenas nomes. Em seguida
Nota a data da véspera. Um alívio;
Não há mais motivo para seguir lendo.
Lá fora, a manhã logo lhe depara
Sua ilusão habitual de que algo está
Começando e os pregões dos vendedores.
Em vão o homem inútil dobra esquinas
E passagens e tenta se perder.
Vê com aprovação as casas novas,
Algo, o vento sul, talvez, o anima.
Cruza a Rivera, hoje chamada Córdoba,
E nem lembra que faz muitos anos
Que seus passos a eludem. Duas, três quadras.
Reconhece uma longa balaustrada,
Os redondéis da sacada de ferro,
Um muro eriçado de pedaços
De vidro. Nada mais. Tudo mudou.
Tropeça na calçada. Ouve a troça
De alguns garotos. Não lhes dá atenção.
Agora está andando lentamente.
De repente pára. Algo aconteceu.
Aí onde agora há uma sorveteria,
Havia o Almacén de la Figura.
(A história conta quase meio século.)
Aí um desconhecido de ar avesso
Ganhou-lhe um longo truco, quinze e quinze,
E ele insinuou que o jogo não era limpo.
Evitou discutir, mas disse a ele:
Vou lhe dar até o último centavo,
Mas depois disso vamos para a rua.
O outro respondeu que com o ferro

Não ia se dar melhor que com as cartas.
Não havia uma estrela. Benavides
Lhe emprestou sua faca. A peleja
Foi dura. Na memória é só um instante,
Um só imóvel fulgor, vertiginoso.
Lançou-se numa longa punhalada,
Que bastou. Depois, na dúvida, em outra.
Ouviu o cair do corpo e do aço.
E então sentiu pela primeira vez
O corte em seu pulso e viu o sangue.
Foi então que brotou de sua garganta
Uma palavra grosseira, que reunia
A exultação, a ira e o assombro.
Tantos anos e ele enfim resgatou
A sorte de ser homem e ser valente
Ou, pelo menos, a de tê-lo sido
Algum dia, num dos ontens do tempo.

a promessa

Em Pringles, o doutor Isidro Lozano me contou a história. Fez isso com tal economia que compreendi que já o fizera antes, como era previsível, muitas vezes; acrescentar ou alterar um pormenor seria um pecado literário.

O fato aconteceu aqui, em mil novecentos e vinte e tantos. Eu tinha voltado de Buenos Aires com meu diploma. Certa noite, mandaram me chamar, do hospital. Levantei-me de mau humor, vesti-me e atravessei a praça deserta. Na sala de espera, o doutor Eudoro Ribera me disse que um dos malfeitores do comitê, Clemente Garay, tinha sido trazido com uma punhalada no ventre. Nós o examinamos; agora estou endurecido, mas na época mexeu comigo ver um homem com os intestinos de fora. Estava com os olhos fechados e a respiração era difícil.
 O doutor Ribera me disse:
 — Não há mais nada a fazer, meu jovem colega. Vamos deixar que este porqueira morra.
 Respondi-lhe que tinha me arrastado até ali depois das duas da manhã e que faria o possível para salvá-lo. Ribera deu de ombros; lavei os intestinos, coloquei-os no lugar e costurei o ferimento. Não ouvi uma única queixa.
 No dia seguinte voltei. O homem não havia morrido; olhou-me, apertou minha mão e disse:

— Para o senhor, obrigado, e meu cabo de prata para Ribera.

Quando deram alta a Garay, Ribera já partira para Buenos Aires.

Desde essa data, todos os anos recebi um cordeirinho no dia de meu aniversário. Por volta de 40 o presente cessou.

o estupor

Um vizinho de Morón me contou o caso:

Ninguém sabe muito bem por que Moritán e o Pardo Rivarola se inimizaram e de modo tão rancoroso. Os dois eram do partido conservador e acho que se conheceram no comitê. Não me lembro de Moritán porque eu era muito pequeno quando morreu. Dizem que a família era de Entre Ríos. O Pardo sobreviveu a ele muitos anos. Não era um caudilho ou coisa parecida, mas tinha toda a pinta. Mais baixo do que alto, era pesado e muito pomposo no vestir. Nenhum dos dois era frouxo, mas o mais reflexivo era Rivarola, como logo se viu. Havia muito tempo ele tinha jurado Moritán, mas quis agir com prudência. Dou-lhe razão; se alguém mata alguém e tem de penar na prisão, está agindo como um sonso. O Pardo tramou bem o que ia fazer.

Deviam ser sete horas da tarde, um domingo. A praça transbordava de gente. Como sempre, ali estava Rivarola caminhando devagar, com seu cravo na lapela e a roupa preta. Ia com a sobrinha. De repente, afastou-a, sentou-se de cócoras no chão e se pôs a adejar e cacarejar como se fosse um galo. As pessoas lhe abriram cancha, assustadas. Um homem de respeito como o Pardo, fazendo uma coisa daquelas, à vista e

paciência de todo o Morón e num dia de domingo!
Meia quadra depois ele virou e, sempre cacarejando e
esvoejando, enfiou-se na casa de Moritán. Empurrou
o portão e de um salto entrou no pátio. A multidão se
aglomerava na rua. Moritán, que ouviu a balbúrdia, veio
lá do fundo. Ao ver esse monstruoso inimigo investindo
contra ele, quis ganhar os quartos, mas um balaço o
alcançou e depois outro. Rivarola foi levado entre dois
guardas. O homem forcejou, cacarejando.

Um mês depois estava em liberdade. O médico
forense declarou que ele fora vítima de um súbito
ataque de loucura. Por acaso o povo inteiro não o tinha
visto comportando-se como um galo?

os quatro ciclos

Quatro são as histórias. Uma, a mais antiga, é a de uma forte cidade cercada e defendida por homens valentes. Os defensores sabem que a cidade será entregue ao ferro e ao fogo e que sua batalha é inútil; o mais famoso dos agressores, Aquiles, sabe que seu destino é morrer antes da vitória. Os séculos foram acrescentando elementos de magia. Já se disse que Helena de Tróia, pela qual os exércitos morreram, era uma bela nuvem, uma sombra; já se disse que o grande cavalo oco em que se ocultaram os gregos era também uma aparência. Homero não deve ter sido o primeiro poeta a referir a fábula; alguém, no século XIV, deixou esta linha que anda em minha memória: *"The borgh brittened and brent to brondes and askes"*. Dante Gabriel Rossetti iria imaginar que a sorte de Tróia foi selada naquele instante em que Páris arde de amor por Helena; Yeats elegerá o instante em que se confundem Leda e o cisne que era um deus.

Outra, que se vincula à primeira, é a de um regresso. O de Ulisses, que, no fim de dez anos errando por mares perigosos e demorando-se em ilhas de encantamento, volta a sua Ítaca; o das divindades do Norte que, uma vez destruída a terra, vêem-na surgir do mar, verde e lúcida, e encontram perdidas no gramado as peças de xadrez com que antes jogaram.

A terceira história é a de uma busca. Podemos ver nela uma variante da forma anterior. Jasão e o Velocino; os trinta pássaros do persa, que cruzam montanhas e mares e vêem o rosto de seu Deus, o Simurgh, que é cada um deles e todos. No passado, todo cometimento era venturoso. Alguém roubava, no fim, as proibidas maçãs de ouro; alguém, no fim, merecia a conquista do Graal. Agora, a busca está condenada ao fracasso. O capitão Ahab dá com a baleia e a baleia o desfaz; os heróis de James ou de Kafka só podem esperar a derrota. Somos tão pobres de coragem e de fé que agora o *happy-ending* não passa de um mimo industrial. Não podemos acreditar no céu, mas sim no inferno.

A última história é a do sacrifício de um deus. Átis, na Frígia, se mutila e se mata; Odin, sacrificado a Odin, Ele mesmo a Si mesmo, pende da árvore nove noites a fio, ferido com uma lança; Cristo é crucificado pelos romanos.

Quatro são as histórias. Durante o tempo que nos resta, continuaremos a narrá-las, transformadas.

o sonho de pedro henríquez ureña

O sonho que Pedro Henríquez Ureña teve no alvorecer de um dos dias de 1946 curiosamente não constava de imagens, mas de pausadas palavras. A voz que as dizia não era a sua, mas se parecia com a sua. O tom, não obstante as possibilidades patéticas que o tema permitia, era impessoal e comum. Durante o sonho, que foi breve, Pedro sabia que estava dormindo em seu quarto e que sua mulher estava a seu lado. Na escuridão, o sonho lhe disse:

Há algumas noites, em uma esquina da rua Córdoba, discutiste com Borges a invocação do Anônimo Sevilhano: "Oh, Morte, vem calada como costumas vir na seta". Suspeitaram que era o eco deliberado de algum texto latino, já que essas translações correspondiam aos hábitos de uma época, totalmente alheia a nosso conceito de plágio, sem dúvida menos literário que comercial. O que não suspeitaram, o que não podiam suspeitar, é que o diálogo era profético. Dentro de algumas horas, andarás apressado pela última plataforma de Constitución, para dar tua aula na Universidad de La Plata. Alcançarás o trem, porás a pasta na rede e te acomodarás em teu assento, junto à janela. Alguém, cujo nome não conheço mas cujo rosto estou vendo, dirigirá a ti algumas palavras. Não lhe responderás, porque estarás morto. Já te terás despedido, como sempre, de tua mulher e de tuas filhas. Não lembrarás este sonho, porque teu esquecimento é necessário para que se cumpram os fatos.

o palácio

O Palácio não é infinito.

Os muros, os aterros, os jardins, os labirintos, as grades, as varandas, os parapeitos, as portas, as galerias, os pátios circulares ou retangulares, os claustros, as encruzilhadas, os algibes, as antecâmaras, as câmaras, as alcovas, as bibliotecas, os desvãos, os cárceres, as celas sem saída e os hipogeus não são menos numerosos que os grãos de areia do Ganges, mas seu número tem um fim. Dos terraços, em direção ao poente, não falta quem divise as forjas, as carpintarias, as cavalariças, os lenheiros e os casebres dos escravos.

A ninguém é dado percorrer mais que uma parte infinitesimal do palácio. Alguns conhecem apenas os porões. Podemos perceber alguns rostos, algumas vozes, algumas palavras, mas o que percebemos é ínfimo. Ínfimo e precioso ao mesmo tempo. A data que o aço grava na lápide e que os livros paroquiais registram é posterior a nossa morte; já estamos mortos quando nada nos toca, nem uma palavra, nem um desejo, nem uma memória. Eu sei que não estou morto.

hengist quer homens
(449 a.d.)

Hengist quer homens.

Eles virão dos confins de areia que se perdem em vastos mares, de casebres enfumaçados, de terras pobres, de profundos bosques de lobos, em cujo centro indefinido está o Mal.

Os lavradores deixarão o arado e os pescadores as redes.

Deixarão suas mulheres e seus filhos, porque o homem sabe que em qualquer lugar da noite pode encontrá-las e fazê-los.

Hengist, o mercenário, quer homens.

Ele os quer para debelar uma ilha que ainda não se chama Inglaterra.

Vão segui-lo submissos e cruéis.

Sabem que sempre foi o primeiro na batalha de homens.

Sabem que uma vez esqueceu seu dever de vingança e que lhe deram uma espada nua e que a espada fez sua obra.

Atravessarão a remo os mares, sem bússola e sem mastro.

Trarão espadas e broquéis, elmos com a forma do javali, conjuros para que se multipliquem as messes, vagas cosmogonias, fábulas dos hunos e dos godos.

Conquistarão a terra, mas nunca entrarão nas cidades

que Roma abandonou, porque são coisas demasiado complexas para sua mente bárbara.

Hengist os quer para a vitória, para o saque, para a corrupção da carne e para o esquecimento.

Hengist os quer (mas não o sabe) para a fundação do maior império, para que cantem Shakespeare e Whitman, para que dominem o mar as naus de Nelson, para que Adão e Eva se afastem, de mãos dadas e silenciosos, do Paraíso que perderam.

Hengist os quer (mas não o saberá) para que eu trace estas letras.

episódio do inimigo

Tantos anos fugindo e esperando e agora o inimigo estava em minha casa. Da janela o vi subir penosamente pelo áspero caminho do cerro. Ajudava-se com um bastão, com o tosco bastão que em suas velhas mãos não podia ser uma arma, e sim um báculo. Custou-me perceber o que esperava: a batida fraca na porta. Fitei, não sem nostalgia, meus manuscritos, o rascunho interrompido e o tratado de Artemidoro sobre os sonhos, livro um tanto anômalo aí, já que não sei grego. Outro dia perdido, pensei. Tive de forcejar com a chave. Temi que o homem desmoronasse, mas deu alguns passos incertos, soltou o bastão, que não voltei a ver, e caiu em minha cama, rendido. Minha ansiedade o imaginara muitas vezes, mas só então notei que se parecia, de modo quase fraternal, com o último retrato de Lincoln. Deviam ser quatro da tarde.

Inclinei-me sobre ele para que me ouvisse.

— Pensamos que os anos passam apenas para nós — disse-lhe —, mas passam também para os outros. Aqui nos encontramos, por fim, e o que aconteceu antes não tem sentido.

Enquanto eu falava, ele desabotoara o casaco. A mão direita estava no bolso do paletó. Assinalava-me algo e senti que era um revólver.

Disse-me então com voz firme:

— Para entrar em sua casa, recorri à compaixão. Agora o tenho a minha mercê e não sou misericordioso.

Ensaiei algumas palavras. Não sou um homem forte e só as palavras podiam salvar-me. Atinei a dizer:

— É verdade que há tempos maltratei um menino, mas você já não é aquele menino nem eu aquele insensato. Além disso, a vingança não é menos fátua e ridícula que o perdão.

— Justamente porque já não sou aquele menino — replicou-me — tenho de matá-lo. Não se trata de uma vingança, mas de um ato de justiça. Seus argumentos, Borges, são meros estratagemas de seu terror para que eu não o mate. Você não pode fazer mais nada.

— Posso fazer uma coisa — respondi.

— O quê? — perguntou-me.

— Acordar.

E foi o que fiz.

à islândia

De todas as regiões da bela terra
Que minha carne e sua sombra fatigaram
Tu és a mais remota e a mais íntima,
Última Tule, Islândia dos navios,
Do firme arado e do constante remo,
Das estendidas redes marinheiras,
Da curiosa luz de tarde imóvel
Que efunde o vago céu desde a alvorada
E do vento que procura os perdidos
Velâmenes do viking. Terra sacra
Que foste a memória da Germânia
E resgataste sua mitologia
De uma selva de ferro e de seu lobo
E dessa nave que os deuses temem,
Lavrada com as unhas dos defuntos.
Islândia, eu longamente te sonhei
Desde aquela manhã em que meu pai
Deu à criança que fui e não morreu
Uma versão dessa *Völsunga Saga*
Que agora decifra minha penumbra
Com a ajuda do lento dicionário.
Quando o corpo se cansa de seu homem,
Quando o fogo declina e já é cinza,
Cai bem a resignada aprendizagem
De uma empresa infinita; eu escolhi

A de tua língua, esse latim do Norte
Que abarcou as estepes e os mares
De um hemisfério e ressoou em Bizâncio
E pelas margens virgens desta América.
Sei que não vou sabê-la, mas me esperam
Os privilégios casuais da busca,
Não o fruto sabiamente inalcançável.
O mesmo vão sentir os que indagam
Os astros ou a sucessão dos números...
Só o amor, o ignorante amor, Islândia.

ao espelho

Por que persistes, incessante espelho?
Por que repetes, misterioso irmão,
O menor movimento de minha mão?
Por que na sombra o súbito reflexo?
És o outro eu sobre o qual fala o grego
E desde sempre espreitas. Na brunidura
Da água incerta ou do cristal que dura
Me buscas e é inútil estar cego.
O fato de não te ver e saber-te
Te agrega horror, coisa de magia que ousas
Multiplicar a cifra dessas coisas
Que somos e que abarcam nossa sorte.
Quando eu estiver morto, copiarás outro
e depois outro, e outro, e outro, e outro...

a um gato

Não são mais silenciosos os espelhos
Nem mais furtiva a aurora aventureira;
Tu és, sob a lua, essa pantera,
Que divisam ao longe nossos olhos.
Por obra indecifrável de um decreto
Divino, buscamos-te inutilmente;
Mais remoto que o Ganges e o poente,
Tua é a solidão, teu o segredo.
Teu dorso condescende à morosa
Carícia de minha mão. Sem um ruído,
Da eternidade que ora é olvido,
Aceitaste o amor dessa mão receosa.
Em outro tempo estás. Tu és o dono
De um espaço cerrado como um sonho.

east lansing

Os dias e as noites
estão entretecidos (*interwoven*) de memória e de medo,
de medo, que é um modo da esperança,
de memória, nome que damos às fendas do férreo
　　esquecimento.
Meu tempo foi sempre um Jano bifronte
que mira o ocaso e a aurora;
meu propósito de hoje é celebrar-te, oh, futuro imediato.
Regiões da Escritura e do machado,
árvores que olharei e não verei,
vento com pássaros que ignoro, gratas noites de frio
que irão afundando no sonho e quem sabe na pátria,
chaves de luz e portas giratórias que com o tempo
　　serão hábitos,
despertares em que me direi "Hoje é Hoje",
livros que minha mão conhecerá,
amigos e amigas que serão vozes,
areias amarelas do poente, a única cor que me resta,
tudo isso estou cantando e também
a insofrível memória de lugares de Buenos Aires
nos quais não fui feliz
e nos quais não poderei ser feliz.

Canto na véspera teu crepúsculo, East Lansing,
Sei que as palavras que dito talvez sejam precisas,

mas sutilmente serão falsas,
porque a realidade é inapreensível
e porque a linguagem é uma ordem de signos rígidos.
Michigan, Indiana, Wisconsin, Iowa, Texas, Califórnia,
    Arizona,
já tentarei cantá-los.

9 de março de 1972

ao coiote

Século a século a areia infindável
Dos diversos desertos tem sofrido
Teus passos numerosos e o ganido
De chacal cinza ou hiena insaciável.
Por séculos? Eu minto. Essa furtiva
Substância, o tempo, não te alcança, lobo;
Teu é o puro ser, teu é o arroubo,
Nossa, a torpe vida sucessiva.
Foste um latido quase imaginário
Nos confins do Arizona, nessa areia
Onde tudo é confim, e se incendeia
Teu perdido latido solitário.
Símbolo de uma noite que eu possuía,
Seja teu vago espelho esta elegia.

um amanhã

Louvada seja a misericórdia
De Quem, completos meus setenta anos
E selados meus olhos,
Salva-me da venerada velhice
E das galerias de precisos espelhos
Desses dias iguais
E dos protocolos, molduras e cátedras
E da assinatura de incansáveis papéis
Para os arquivos do pó
E dos livros, que são simulacros da memória,
E me prodiga o animoso desterro,
Que talvez seja a forma essencial do destino argentino,
E o acaso e a jovem aventura
E a dignidade do perigo,
Conforme opinou Samuel Johnson.
Eu, que sofri a vergonha
De não ter sido aquele Francisco Borges que morreu
    em 1874
Ou meu pai, que ensinou a seus discípulos
O amor à psicologia e não acreditou nela,
Esquecerei as letras que me deram alguma fama,
Serei homem de Austin, de Edimburgo, da Espanha,
E buscarei a aurora em meu ocidente.
Na ubíqua memória serás minha,
Pátria, e não na fração de cada dia.

o ouro dos tigres

Até a hora do ocaso amarelo
Quantas vezes terei contemplado
O poderoso tigre de Bengala
Ir e vir pelo predestinado caminho
Por detrás das barras de ferro,
Sem suspeitar que eram seu cárcere.
Depois viriam outros tigres,
O tigre de fogo de Blake;
Depois viriam outros ouros,
O metal amoroso que era Zeus,
O anel que a cada nove noites
Engendra nove anéis e estes, nove,
E não há um fim.
Com os anos foram me deixando
As outras belas cores
E agora só me restam
A vaga luz, a inextricável sombra
E o ouro do princípio.
Oh, poentes, oh, tigres, oh, fulgores
Do mito e da épica,
Oh, um ouro mais precioso, teus cabelos
Que estas mãos almejam.

East Lansing, 1972

notas

tamerlão Meu pobre Tamerlão havia lido, no final do século XIX, a tragédia de Christopher Marlowe e algum manual de história.

espadas Joyeuse é a espada de Carlos Magno; Excalibur, a espada que Artur arrancou de uma pedra; Gram é a espada de Sigurd; Durendal, a espada de Rolando. [Nota publicada originalmente n'*A rosa profunda*, coletânea que também incluía este poema.]

tankas. Quis adaptar a nossa prosódia a estrofe japonesa que consta de um primeiro verso de cinco sílabas, de um de sete, de um de cinco e de dois últimos de sete. Quem sabe como soarão estes exercícios a ouvidos orientais? A forma original prescinde também de rimas.

os quatro ciclos O verso em inglês médio quer dizer "A fortaleza arruinada e reduzida a incêndio e cinzas". Pertence ao admirável poema aliterativo *Sir Gawain and the Green Knight*, que guarda a primitiva música do saxão, embora tenha sido composto séculos depois da conquista comandada por Guilherme, o Bastardo.

episódio do inimigo Foi um pesadelo autêntico; para melhorá-lo, interpolei o tratado de Artemidoro e o bastão que cai do sonho. [Nota publicada originalmente n'*A moeda de ferro*, coletânea que também incluía este poema.]

o ouro dos tigres Para o anel das nove noites, o curioso leitor pode interrogar o capítulo 49 da *Edda Menor*. O nome do anel era Draupnir.

a rosa profunda (1975)

prólogo

A doutrina romântica da Musa que inspira os poetas foi a que professaram os clássicos; a doutrina clássica do poema como uma operação da inteligência foi enunciada por um romântico, Poe, por volta de 1846. O fato é paradoxal. Salvo alguns casos isolados de inspiração onírica — o sonho do pastor referido por Beda, o ilustre sonho de Coleridge —, é evidente que ambas as doutrinas têm sua porção de verdade, embora correspondam a diferentes etapas do processo. (Por Musa devemos entender o que os hebreus e Milton chamaram de Espírito e o que nossa triste mitologia chama de Subconsciente.) No que me concerne, o processo é mais ou menos invariável. Começo por divisar uma forma, uma espécie de ilha remota, que depois será um relato ou um poema. Vejo o fim e vejo o princípio, não o que se encontra entre os dois. Isso gradualmente me é revelado, quando os astros ou o acaso são propícios. Mais de uma vez tenho de voltar sobre meus passos pela zona de sombra. Tento intervir o menos possível na evolução da obra. Não quero que seja torcida por minhas opiniões, que são o que temos de mais frívolo. O conceito de arte engajada é uma ingenuidade, porque ninguém sabe exatamente o que executa. Um escritor, admitiu Kipling, pode conceber uma fábula, mas não penetrar sua moral. Deve ser leal a sua imaginação, e não às meras circunstâncias efêmeras de uma suposta "realidade".

A literatura parte do verso e pode demorar séculos em discernir a possibilidade da prosa. Depois de quatrocentos anos, os anglo-saxões deixaram uma poesia não raro admirável e uma prosa pouco explícita. A palavra teria sido no princípio um símbolo mágico, que a usura do tempo desgastaria. A missão do poeta seria restituir à palavra, ao menos de modo parcial, sua primitiva e agora oculta virtude. Dois deveres teria todo verso: comunicar um fato preciso e tocar-nos fisicamente, como a proximidade do mar. Eis um exemplo de Virgílio:

Sunt lacrymae rerum et mentem mortalia tangunt

Um de Meredith:

Not till the fire is dying in the grate
Look we for any kinship with the stars

Ou este alexandrino de Lugones, cujo espanhol quer regressar ao latim:

El hombre numeroso de penas y de días.

Estes versos prosseguem na memória seu cambiante caminho.

No fim de tantos — e demasiados — anos de exercício da literatura, não professo uma estética. Por que acrescentar aos limites naturais que nos impõe o hábito os de uma teoria qualquer? As teorias, como as convicções de ordem política e religiosa, não passam de estímulos. Variam em cada escritor. Whitman teve razão ao negar a rima; essa negação teria sido uma insensatez no caso de Hugo.

Ao percorrer as provas deste livro, noto com certo desagrado que a cegueira ocupa um lugar lastimoso que não ocupa em minha vida. A cegueira é uma clausura, mas é também uma libertação, uma solidão propícia às invenções, uma chave e uma álgebra.

J. L. B.
Buenos Aires, junho de 1975

eu

Uma caveira, o coração secreto,
Os caminhos de sangue que não vejo,
Os túneis de um sonho, esse Proteu,
As vísceras, a nuca, o esqueleto.
Tudo isso sou eu. Incrivelmente
Sou também a memória de uma espada
E a de um solitário sol poente
Que se dispersa em ouro, em sombra, em nada.
Sou o que vê as proas lá do porto;
Sou os contados livros, as contadas
Gravuras pelo tempo fatigadas;
Sou o que inveja aquele que está morto.
Mais raro é ser o homem que entrelaça
Palavras num dos quartos de uma casa.

cosmogonia

Nem treva nem caos. A treva implora
Olhos que possam ver, como o ouvido
Têm o som e o silêncio requerido,
E o espelho, a forma que ali mora.
Nem o espaço nem o tempo. Afinal,
Sequer a deidade que premedita
O silêncio anterior à primordial
Noite do tempo, que será infinita.
O grande rio de Heráclito, o Obscuro,
Seu curso misterioso não empreendido,
Que do passado flui para o futuro,
Que do olvido flui para o olvido.
Algo que já padece. Algo que implora.
Depois a história universal. Agora.

o sonho

Quando os relógios da meia-noite prodigarem
Um tempo generoso,
Irei mais longe que os vogas-avante de Ulisses
À região do sonho, inacessível
À memória humana.
Dessa região imersa resgato restos
Que não consigo compreender:
Ervas de singela botânica,
Animais um pouco diferentes,
Diálogos com os mortos,
Rostos que na verdade são máscaras,
Palavras de linguagens muito antigas
E às vezes um horror incomparável
Ao que nos pode conceder o dia.
Serei todos ou ninguém. Serei o outro
Que sem saber eu sou, o que fitou
Esse outro sonho, minha vigília. E a julga,
Resignado e sorridente.

browning resolve ser poeta

Por estes rubros labirintos de Londres
descubro que escolhi
a mais curiosa das profissões humanas,
embora todas, a seu modo, o sejam.
Como os alquimistas
que procuraram a pedra filosofal
no fugitivo argento-vivo,
farei com que as comuns palavras
— cartas marcadas do taful, moeda da plebe —
rendam a magia que foi sua
quando Thor era o nume e o estrondo,
o trovão e a prece.
No dialeto de hoje
direi, por minha vez, coisas eternas;
tentarei não ser indigno
do grande eco de Byron.
Este pó que eu sou será invulnerável.
Se uma mulher compartilhar meu amor,
meu verso roçará a décima esfera dos céus concêntricos;
se uma mulher desdenhar meu amor,
farei de minha tristeza uma música,
um alto rio que continue ecoando no tempo.
Viverei de esquecer.
Serei o rosto que entrevejo e esqueço,
serei Judas, que aceita

a divina missão de ser traidor,
serei Caliban no lamaçal,
serei um soldado mercenário que morre
sem temor e sem fé,
serei Polícrates, que vê com espanto
o anel que o destino devolveu,
serei o amigo que me odeia.
O persa me dará o rouxinol e Roma a espada.
Máscaras, agonias, ressurreições,
vão destecer e tecer minha sorte
e algum dia serei Robert Browning.

inventário

É preciso escorar uma escada para subir. Falta-lhe um degrau.
O que podemos procurar no sótão
Senão o que amontoa a desordem?
Há cheiro de umidade.
O entardecer entra pelo quarto de passar.
As vigas do teto estão próximas e o soalho está gasto.
Ninguém se atreve a pôr os pés.
Há uma cama-de-vento desconjuntada.
Há umas ferramentas inúteis.
Ali está a cadeira de rodas do morto.
Há um pé de lâmpada.
Há uma rede paraguaia com borlas, desfiada.
Há aparelhos e papéis.
Há uma estampa do estado-maior de Aparicio Saravia.
Há um velho ferro a carvão.
Há um relógio de tempo imóvel, com o pêndulo quebrado.
Há uma moldura desdourada, sem tela.
Há um tabuleiro de papelão e umas peças desparceiradas.
Há um braseiro de dois pés.
Há um baú de couro.
Há um exemplar embolorado do *Livro dos mártires* de Foxe, em intrincada letra gótica.

Há uma fotografia que já pode ser de qualquer um.
Há uma pele rafada que foi de tigre.
Há uma chave que perdeu sua porta.
O que podemos procurar no sótão
Senão o que amontoa a desordem?
Ao esquecimento, às coisas do esquecimento, acabo de
 erigir este monumento,
Sem dúvida menos perdurável que o bronze e que com
 elas se confunde.

o bisão

Montanhoso, sombrio, indecifrável,
Vermelho como a brasa que se apaga,
Anda robusto e lento pela vaga
Solidão de seu páramo incansável.
A armada fronte sobranceia. Neste
Antigo touro de dormente ira,
Vejo os homens vermelhos do Oeste
E os perdidos homens de Altamira.
Penso depois que ignora o humano tempo,
Cujo espelho espectral é a memória.
O tempo não o toca nem a história
De seu decurso errante, sem intento.
Intemporal, inumerável, zero,
É o último bisão e o primeiro.

o suicida

Não restará na noite uma estrela.
Não restará a noite.
Morrerei, e comigo a soma
Do intolerável universo.
Apagarei as pirâmides, as medalhas,
Os continentes e os rostos.
Apagarei a acumulação do passado.
Farei da história pó, o pó em pó.
Estou mirando o último poente.
Ouço o último pássaro.
Lego o nada a ninguém.

ao rouxinol

Em que noite secreta da Inglaterra
Ou do constante Reno incalculável,
Perdida entre as noites de minhas noites,
Terá alcançado meu ignaro ouvido
Tua voz repleta de mitologias,
Rouxinol de Virgílio e dos persas?
Nunca te ouvi, talvez, mas minha vida
Une-se à tua, inseparavelmente.
Um espírito errante foi teu símbolo
Em um livro de enigmas. Já Marino
Te chamava de sereia dos bosques
E tu cantas na noite de Julieta
E na intrincada página latina
E entre os pinheirais daquele outro
Rouxinol da Judéia e da Alemanha,
Heine, o burlão, o afogueado, o triste.
Keats te ouviu por todos, para sempre.
Não deve haver um só entre os claros nomes
Que os povos te concedem sobre a terra
Que não queira ser digno de tua música,
Rouxinol dentre a sombra. O agareno
Sonhou-te arrebatado pelo êxtase,
O peito transpassado pelo espinho
Da celebrada rosa que enrubesces
Com teu sangue final. Assiduamente

Urdo na tarde vã este exercício,
Rouxinol das areias e dos mares,
Que na memória, exaltação e fábula,
Ardes de amor e morres melodioso.

sou

Sou o que sabe que não é menos vão
Que o vão observador que no espelho
De silêncio e cristal segue o reflexo
Ou o corpo (tanto faz) de seu irmão.
Sou, tácitos amigos, o que sabe
Que não há outra vingança que o olvido
Nem há outro perdão. Um deus ao ódio
Humano deu esta curiosa chave.
Sou o que, apesar de tão ilustres modos
De errar, não logrou decifrar o labirinto
Singular e plural, árduo e distinto,
Do tempo, que é de um e de todos.
Sou o que é ninguém nem foi espada
Numa guerra. Sou eco, olvido, nada.

quinze moedas

para Alicia Jurado

UM POETA ORIENTAL

Durante cem outonos divisei
Teu tênue disco.
Durante cem outonos divisei
Teu arco sobre as ilhas.
Durante cem outonos os meus lábios
Não foram menos silenciosos.

O DESERTO

O espaço sem tempo.
A lua é da cor da areia.
Agora, exatamente agora,
Morrem os homens do Metauro e de Trafalgar.

CHOVE

Em que ontem, em que pátios de Cartago,
Cai também esta chuva?

ASTÉRION

O ano me tributa meu pasto de homens
E na cisterna há água.
Em mim se estreitam os caminhos de pedra.
De que posso queixar-me?
Nos entardeceres
Pesa-me um pouco a cabeça de touro.

UM POETA MENOR

A meta é o esquecimento.
Eu cheguei antes.

GÊNESIS, 4,8

Foi no primeiro deserto.
Dois braços atiraram uma grande pedra.
Não houve um grito. Houve sangue.
Houve pela primeira vez a morte.
Já não me lembro se foi Abel ou Caim.

NORTÚMBRIA, 900 A.D.

Que antes do alvorecer o despojem os lobos;
A espada é o caminho mais curto.

MIGUEL DE CERVANTES

Cruéis estrelas e propícias estrelas
Presidiram a noite de minha gênese;
Devo às últimas o cárcere
Em que sonhei o *Quixote*.

O OESTE

O beco final com seu poente.
Inauguração do pampa.
Inauguração da morte.

ESTÂNCIA EL RETIRO

O tempo joga um xadrez sem peças
Ali no pátio. O rangido de uma rama
Rasga a noite. Lá fora a planície
Léguas de pó e sonho esparrama.
Sombras os dois, copiamos o que ditam
Outras sombras: Heráclito e Gautama.

O PRISIONEIRO

Uma lima.
A primeira das pesadas portas de ferro.
Um dia serei livre.

MACBETH

Nossos atos prosseguem seu caminho,
Que não conhece fim.
Matei meu rei para que Shakespeare
Urdisse sua tragédia.

ETERNIDADES

A serpente que cinge o mar e é o mar,
O repetido remo de Jasão, a jovem espada de Sigurd.
Só perduram no tempo as coisas
Que não foram do tempo.

E. A. P.

Os sonhos que sonhei. O poço e o pêndulo.
O homem das multidões. Ligéia...
Mas também este outro.

O ESPIÃO

Na pública luz das batalhas
Outros dão sua vida à pátria
E os recorda o mármore.
Eu vaguei obscuro por cidades que odeio.
Dei-lhe outras coisas.
Abjurei de minha honra,

Traí os que me acreditaram seu amigo,
Comprei consciências,
Abominei o nome da pátria,
Resignei-me à infâmia.

simón carbajal

Pelos campos de Antelo, anos 90,
Meu pai o conheceu. Trocaram, acaso,
Umas parcas palavras esquecidas.
Não recordava dele senão isso:
O dorso da escura mão esquerda
Cruzado de arranhões. Naquela estância
Cada qual cumpria seu destino:
Este era domador, tropeiro o outro,
Aquele um laçador como ninguém
E Simón Carbajal era o tigreiro.
Se um tigre depredava as malhadas,
Se o ouviam bramar na escuridão,
Carbajal o rastreava pelo monte.
Seguia com a faca e com os cães.
Por fim, dava com ele na espessura.
Açulava os cães. A amarela
Fera se arremessava sobre o homem
Que agitava no braço esquerdo o poncho,
Que era escudo e isca. O branco ventre
Ficava exposto. O animal sentia
Que o aço lhe entrava até a morte.
O duelo era fatal e era infinito.
Sempre estava matando o mesmo tigre
Imortal. Não te assombre demasiado
Seu destino. É o teu e é o meu,

Salvo que nosso tigre possui formas
Que mudam sem parar. Chama-se o ódio,
O amor, o acaso, cada momento.

de que nada se sabe

A lua ignora que é tranqüila e clara
E nem ao menos sabe que é a lua;
A areia, que é a areia. Não há uma
Coisa que saiba que sua forma é rara.
Tão alheias são as peças de marfim
Ao abstrato xadrez como a mão
Que as rege. Talvez o fado humano
De breves sortes e penas sem fim
Seja instrumento de Outro. Nós o ignoramos;
Dar-lhe nome de Deus não traz defesa.
Vãos também são o temor, a incerteza
E a truncada oração que iniciamos.
Que arco terá lançado esta seta
que sou? Que cume pode ser a meta?

brunanburh, 937 a.d.

Ninguém a teu lado.
Ontem à noite matei um homem na batalha.
Era brioso e alto, da clara estirpe de Anlaf.
A espada entrou no peito, um pouco à esquerda.
Rolou por terra e foi uma coisa,
Uma coisa do corvo.
Tua espera será inútil, mulher que nunca vi.
Nunca o devolverão as naves que fugiram
Sobre a água amarela.
Na hora da alvorada,
Tua mão, no sonho, irá buscá-lo.
Teu leito está frio.
Ontem à noite matei um homem em Brunanburh.

um cego

Não sei qual é o rosto que me mira,
Quando miro o rosto do espelho;
Não sei que velho espreita em seu reflexo
Com silenciosa e já cansada ira.
Lento em minha sombra, com a mão exploro
Meus invisíveis traços. Um lampejo
Me toca. Teu cabelo entrevejo,
Se ora de cinza ou ainda de ouro, ignoro.
Repito que o perdido foi somente
A inútil superfície das coisas.
O consolo é de Milton e é valente,
Mas penso ainda nas letras e nas rosas.
Penso que se me visse a face clara
Saberia quem sou na tarde rara.

1972

Temi que o porvir (que já declina)
Seria um profundo corredor de espelhos
Indistintos, ociosos e minguantes,
Um repetir sem fim de fatuidades,
E na penumbra que precede o sonho
Pedi a meus deuses, cujo nome ignoro,
Que algo ou alguém enviassem a meus dias.
Fizeram-no. É a Pátria. Meus ancestrais
Serviram-na com longas proscrições,
Com penúrias, com fome, com batalhas,
Aqui de novo está o formoso risco.
Não sou aquelas sombras tutelares
Que honrei com versos que não esquece o tempo.
Estou cego. Completei os setenta;
Não sou o uruguaio Francisco Borges
Que morreu com duas balas no peito,
Entre as agonias de outros homens,
Na fetidez de um hospital de sangue,
Mas hoje a Pátria profanada quer
Que com minha obscura pena de gramático,
Douta em nimiedades acadêmicas
E distante dos trabalhos da espada,
Congregue o grande rumor da epopéia
E exija meu lugar. Eu o estou fazendo.

elegia

Três muito antigos rostos me desvelam:
Um o Oceano, que falou com Cláudio,
Outro o Norte de aços ignorantes
E atrozes na aurora e no ocaso,
O terceiro é a morte, esse outro nome
Do incessante tempo que nos rói.
A carga secular dos ontens todos
Da história que já foi ou foi sonhada
Me aflige, pessoal como uma culpa.
Penso na nave ufana que devolve
Aos mares o corpo de Scyld Sceaving,
Que sob o céu reinou na Dinamarca;
Penso no alto lobo, com suas rédeas
De serpes, que deu ao barco incendiado
a brancura do deus formoso e morto;
Penso em piratas cuja carne humana
É dispersão e limo sob o peso
Dos mares que foram sua aventura;
Penso nas tumbas que os navegantes
Viram desde boreais Odisséias.
Penso em minha própria, a perfeita morte,
Sem a urna cinerária e sem a lágrima.

all our yesterdays

Quero saber de quem é meu passado.
De qual dos que já fui? Do genebrino
Que traçou algum hexâmetro latino
Pelos anos lustrais já apagado?
É do menino que buscou na inteira
Biblioteca do pai as pontuais
Curvaturas do mapa e as ferais
Formas que são o tigre e a pantera?
Ou daquele outro que empurrou uma porta
Atrás da qual um homem falecia
Para sempre, e beijou no branco dia
A face que se vai e a face morta?
Sou os que já não são. Inutilmente
Sou em meio à tarde essa perdida gente.

o desterrado
(1977)

Alguém percorre os caminhos de Ítaca
E não se lembra de seu rei, que foi a Tróia
Tantos anos atrás;
Alguém pensa nas terras herdadas
E no arado novo e no filho
E talvez seja feliz.
Nos confins do orbe eu, Ulisses,
Descendi à Casa de Hades
E vi a sombra do tebano Tirésias,
Que desatou o amor das serpentes,
E a sombra de Héracles,
Que mata sombras de leões pelos campos
E que também está no Olimpo.
Alguém hoje anda por Bolívar e Chile
E pode ser feliz ou não.
Quem me dera ser ele.

em memória de angélica

Quantas possíveis vidas terão ido
Com esta pobre e diminuta morte,
Quantas possíveis vidas que a sorte
Daria à memória ou ao olvido!
Quando eu morrer, morrerá um passado;
Com esta flor um futuro está morto
Nas águas que ignoram, um aberto
Futuro pelos astros arrasado.
Eu, como ela, morro de infinitos
Destinos que o acaso não me depara;
Busca minha sombra os desgastados mitos
De uma pátria que sempre mostrou a cara.
Um breve mármore vela sua memória;
Sobre nós vai crescendo, atroz, a história.

meus livros

Meus livros (que não sabem que eu existo)
São tão parte de mim como este rosto
De fontes grises e de grises olhos
Que inutilmente busco nos cristais
E que com a mão côncava percorro.
Não sem alguma lógica amargura
Penso que as palavras essenciais
Que me expressam se encontram nessas folhas
Que não sabem quem sou, não nas que escrevi.
Melhor assim. As vozes dos mortos
Vão me dizer para sempre.

talismãs

Um exemplar da primeira edição da *Edda Islandorum* de Snorri, impressa na Dinamarca.
Os cinco tomos da obra de Schopenhauer.
Os dois tomos das *Odisséias* de Chapman.
Uma espada que guerreou no deserto.
Uma cuia com um pé de serpentes que meu bisavô trouxe de Lima.
Um prisma de cristal.
Uns daguerreótipos esmaecidos.
Um globo terrestre de madeira que Cecilia Ingenieros me deu e que foi de seu pai.
Um bastão de cabo encurvado que andou pelas planícies da América, pela Colômbia e pelo Texas.
Vários cilindros de metal com diplomas.
A toga e o barrete de um doutorado.
Las empresas de Saavedra Fajardo, em perfumada encadernação espanhola.
A memória de certa manhã.
Linhas de Virgílio e de Frost.
A voz de Macedonio Fernández.
O amor ou o diálogo de uns poucos.
Certamente são talismãs, mas nada valem contra a sombra que não posso nomear, contra a sombra que não devo nomear.

a testemunha

Em seu sonho o homem vê o gigante
De um sonho sonhado na Bretanha,
Prepara o coração para a façanha
E crava a espora em Rocinante.
O vento faz girar as laboriosas
Aspas que o homem cinzento atacou.
Rola o rocim; a lança se quebrou
E é uma coisa a mais entre outras coisas.
Jaz sobre a terra o homem de armadura;
Tomba à vista do filho de um vizinho,
Que não conhecerá o fim da aventura
E que às Índias levará o destino.
Perdido nos confins de outra planura,
Dirá que foi um sonho o do moinho.

efialtes

Bem no fundo do sonho estão os sonhos. A cada
Noite quero perder-me nas águas obscuras
Que me lavam do dia, mas sob essas puras
Águas que nos concedem o penúltimo Nada
Pulsa na hora cinza o obsceno portento.
Pode ser um espelho com meu rosto distinto,
Pode ser a crescente prisão de um labirinto
Ou um jardim. O pesadelo sempre atento.
Seu horror não é deste mundo. Causa inominada
Alcança-me desde ontens de mito e de neblina;
A imagem detestada perdura na retina
E infama a vigília como a sombra infamada.
Por que brota de mim, quando o corpo repousa
E a alma fica só, esta insensata rosa?

o oriente

A mão de Virgílio que se demora
Sobre uma tela com frescor de água
E entretecidas formas e matizes
Que levaram a sua Roma as remotas
Caravanas do tempo e da areia.
Vai perdurar num verso das *Geórgicas*.
Nunca a havia visto. Hoje é a seda.
Num fim de tarde morre um judeu
Crucificado pelos negros cravos
Que o pretor ordenou, mas as pessoas
Das mais diversas gerações da terra
Não vão esquecer o sangue e a prece
E na colina os três homens últimos.
Sei de um mágico livro de hexagramas
Que marca os sessenta e quatro rumos
De nossa sorte de vigília e sonho.
Quanta invenção para povoar o ócio!
Sei de rios de areia e peixes de ouro
Que rege o Preste João nas regiões
Ulteriores ao Ganges e à Aurora
E do *haiku* que fixa numas poucas
Sílabas um instante, um eco, um êxtase;
Sei do gênio, fumaça encarcerada
Numa vasilha de cobre amarelado,
E do que foi prometido na treva.

Oh, mente que entesouras o incrível!
Caldéia, que primeiro viu os astros.
As altas naves lusitanas; Goa.
As vitórias de Clive, ontem suicida;
Kim e o lama vermelho que prosseguem
Para sempre no rumo que os salva.
O fino olor do chá, o olor do sândalo.
As mesquitas de Córdoba e do Aksa
E o tigre, delicado como o nardo.

Esse é meu Oriente. É o jardim que tenho
Para que tua memória não me afogue.

a cerva branca

De que agreste balada da verde Inglaterra,
De que lâmina persa, de que arcano local
Das noites e dos dias que nosso ontem encerra
Veio a cerva branca em meu sonho matinal?
Duraria um segundo. Vi-a cruzar o prado
E se perder no ouro de uma tarde ilusória,
Leve criatura feita de uma certa memória
E de um pouco de olvido, cerva de um só lado.
Os numes que dirigem este curioso mundo
Deixaram-me sonhar-te, mas não ser o teu dono;
Quem sabe num recanto do futuro profundo
Eu te encontre de novo, cerva branca de um sonho.
Eu também sou um sonho fugitivo que dura
Alguns dias mais que o sonho do prado e da brancura.

the unending rose

para Susana Bombal

Ao se cumprirem quinhentos anos da Hégira,
A Pérsia viu desde seus minaretes
A invasão das lanças do deserto
E Attar de Nishapur mirou uma rosa
E lhe disse com tácita palavra,
Como quem pensa, não como quem reza:
— Tua vaga esfera está em minha mão. O tempo
Nos encurva, os dois, e nos ignora
Em meio à tarde de um jardim perdido.
Teu leve peso é úmido no ar.
A incessante preamar de tua fragrância
Sobe a meu velho rosto que declina,
Mas sei que estás mais longe que o menino
Que te entreviu nas estampas de um sonho
Ou aqui neste jardim, certa manhã.
A brancura do sol pode ser tua
Ou o ouro da lua ou a vermelha
Firmeza da espada na vitória.
Sou cego e nada sei, porém prevejo
Que são mais os caminhos. Cada coisa
É infinitas coisas. Tu és música,
Firmamentos, palácios, rios e anjos,
Rosa profunda, ilimitada, íntima,
Que o Senhor mostrará a meus olhos mortos.

notas

brunanburh São as palavras de um saxão que se bateu na vitória alcançada pelos reis de Wessex sobre uma coalizão de escoceses, dinamarqueses e bretões, comandados por Anlaf (Olaf) da Irlanda. No poema há ecos da ode contemporânea que Tennyson tão admiravelmente traduziu.

elegia Scyld é o rei da Dinamarca cujo destino canta o exórdio da *Gesta de Beowulf*. O deus formoso e morto é Baldr, cujos sonhos premonitórios e cujo fim estão nas *Eddas*.

a cerva branca Os devotos de uma métrica rigorosa podem ler deste modo o último verso:

Um tempo mais que o sonho do prado e da brancura.

Devo esta variante a Alicia Jurado.

a moeda de ferro (1976)

prólogo

Bem completos os setenta anos aconselhados pelo Espírito, um escritor, por mais inepto que seja, já sabe certas coisas. A primeira, seus limites. Sabe com razoável esperança o que pode tentar e — isso sem dúvida é mais importante — o que lhe está proibido. Essa comprovação, talvez melancólica, aplica-se às gerações e ao homem. Creio que nosso tempo é incapaz da ode pindárica ou do laborioso romance histórico ou dos arrazoados em verso; creio, talvez com análoga ingenuidade, que ainda não exploramos inteiramente as possibilidades indefinidas do protéico soneto ou das estrofes livres de Whitman. Creio, também, que a estética abstrata é uma presumida ilusão ou um agradável tema para as longas noites do cenáculo ou uma fonte de estímulos e entraves. Se fosse una, a arte seria uma. Certamente não o é; desfrutamos com prazer similar Hugo e Virgílio, Robert Browning e Swinburne, os escandinavos e os persas. A música de ferro do saxão não nos agrada menos que as delicadezas morosas do simbolismo. Cada tema, por mais ocasional ou tênue que seja, impõe-nos uma estética peculiar. Cada palavra, ainda que esteja carregada de séculos, começa uma página em branco e compromete o futuro.

Quanto a mim... Sei que este livro de miscelâneas que o acaso foi me deixando ao longo de 1976, no ermo universitário de East Lansing e em meu recobrado país, não valerá nem muito mais nem muito menos que os volumes anteriores. Este módico vaticínio, que não nos custa nada admitir, depara-me uma espécie de impunidade. Posso permitir-me alguns caprichos, já que não me julgarão pelo texto, e sim pela imagem indefinida mas suficientemente precisa que se tem de mim. Posso transcrever as vagas palavras que ouvi em um sonho e denominá-las *Ein Traum*. Posso reescrever e talvez desvirtuar um soneto sobre Espinosa. Posso tentar aligeirar, mudando o acento prosódico, o verso decassílabo. Posso, enfim, entregar-me ao culto dos ancestrais e a esse outro culto que ilumina meu ocaso: a germanística da Inglaterra e da Islândia.

Não em vão fui gerado em 1899. Meus hábitos regressam àquele século e ao anterior e procurei não esquecer minhas remotas e já esmaecidas humanidades. O prólogo tolera a confidência; fui um conversador vacilante e um bom ouvinte. Não esquecerei os diálogos de meu pai, de Macedonio Fernández, de Alfonso Reyes e de Rafael Cansinos-Assens. Sei que sou totalmente indigno de opinar em matéria política, mas talvez me seja perdoado acrescentar que descreio da democracia, esse curioso abuso da estatística.

J. L. B.
Buenos Aires, 27 de julho de 1976

elegia da lembrança impossível

Que não daria eu pela memória
De uma rua de terra com muros baixos,
De um alto cavaleiro invadindo a alvorada
(Longo e surrado o poncho)
Em um dia qualquer sobre a planura,
Em um dia sem data.
Que não daria eu pela memória
De minha mãe contemplando a manhã
Na estância de Santa Irene,
Sem saber que seu nome ia ser Borges.
Que não daria eu pela memória
De haver combatido em Cepeda
E de ter visto Estanislao del Campo
Cumprimentando a primeira bala
Com a alegria da coragem.
Que não daria eu pela memória
De um portão de chácara secreta
Que meu pai empurrava toda noite,
Antes de se perder no sonho,
E que empurrou pela última vez
Em 14 de fevereiro de 38.
Que não daria eu pela memória
De umas barcas de Hengist
Zarpando da areia da Dinamarca
Para debelar uma ilha

Que ainda não era a Inglaterra.
Que não daria eu pela memória
(Que já tive e perdi)
De uma tela de ouro de Turner,
Extensa como a música.
Que não daria eu pela memória
De ter sido um ouvinte do Sócrates
Que, na tarde da cicuta,
Examinou serenamente o problema
Da imortalidade,
Alternando os mitos e as razões
Enquanto a morte azul ia subindo
Pelos seus pés já frios.
Que não daria eu pela memória
De que tivesses dito que me amavas
E de não adormecer até a aurora,
Perdido e feliz.

coronel suárez

Alto na aurora eleva-se o sombrio
Semblante de metal e melancolia.
Um cão se esgueira pelo meio-fio.
Não é mais noite e ainda não é dia.
Suárez fita o povoado e a planura
Ulterior, as estâncias, os potreiros,
Os rumos que fatigam os vaqueiros,
O paciente planeta que perdura.
Por trás do simulacro te imagino,
Oh, jovem capitão que foste o dono
Dessa batalha que torceu o destino:
Junín, resplandecente como um sonho.
Em um rincão do vasto Sul persiste
Essa alta coisa, vagamente triste.

o pesadelo

Sonho com um antigo rei. Metal
De ferro a coroa e morta a mirada.
Já não há rostos assim. A firme espada
Vai acatá-lo, como seu cão, leal.
Não sei se é da Nortúmbria ou da Noruega.
Sei que é do Norte. A barba densa,
Rubra, cobre seu peito. Não me dispensa
Um único olhar, sua mirada cega.
De que apagado espelho, de que nave
Dos mares que foram sua aventura
Terá surgido o homem cinza e grave
Que me impõe seu antanho e sua amargura?
Sei que me sonha e que me julga, altivo.
O dia entra na noite. Ele aqui, vivo.

a véspera

Milhares de partículas de areia,
Rios que ignoram o repouso, neve
Mais delicada que uma sombra, leve
Sombra de alguma folha, essa beira
Mansa de mar, a momentânea espuma,
Os antigos caminhos do bisonte
E da flecha fiel, um horizonte
E outro horizonte, os arrozais e a bruma,
O cume, os tranqüilos minerais,
O Orinoco, o intrincado jogo
Que urdem a terra, a água, o ar, o fogo,
As léguas de submissos animais
Vão afastar da minha a tua mão,
E a noite, a alba, o dia também vão...

uma chave em east lansing

para Judith Machado

Sou uma peça de limado aço.
Meu bordo irregular não é arbitrário.
Durmo meu vago sonho em um armário
Do qual não vejo, do chaveiro, um traço.
Há uma fechadura que me espera,
Apenas uma. A porta é de forjado
Ferro e firme cristal. Do outro lado
Encontra-se a casa, oculta e vera.
Altos entre a penumbra, os desertos
Espelhos vêem as noites e os dias
E as fotografias de alguns mortos
E o tênue ontem das fotografias.
Um dia desses vou empurrar a dura
Porta e farei girar a fechadura.

elegia da pátria

De ferro, não de ouro, foi a aurora.
Forjaram-na um porto e um deserto,
Mais uns tantos senhores e o aberto
Espaço elementar de ontem e agora.
Veio depois a guerra com o godo.
Sempre o valor e sempre a vitória.
O Brasil e o tirano. Aquela história
Desenfreada. O todo pelo todo.
Datas vermelhas dos aniversários,
Pompas do mármore, árduos monumentos
E pompas da palavra, parlamentos,
Centenários e sesquicentenários,
São apenas a cinza, a menor flama
Dos vestígios de uma antiga chama.

hilario ascasubi
(1807-1875)

Houve um dia a felicidade. O homem
Aceitava o amor e a batalha
Com o mesmo regozijo. A canalha
Sentimental não usurpara o nome
Do povo. Nessa aurora, hoje ultrajada,
Viveu Ascasubi e se bateu, cantando
Entre os gaúchos de sua pátria quando
Um lema os chamou à luta armada.
Foi muitos homens. Foi cantor e coro;
Pelo rio do tempo foi Proteu.
Foi soldado na azul Montevidéu;
Na Califórnia, buscador de ouro.
Foi sua a alegria de uma espada
Na manhã. Hoje somos noite e nada.

méxico

Quantas coisas iguais! O cavaleiro e o lhano,
A tradição de espadas, a prata e a caoba,
O piedoso benjoim que incensa a alcova
E esse latim decaído, o castelhano.
Quantas coisas diversas! Uma mitologia
De sangue que entretecem os fundos deuses mortos,
Os *nopales* que dão horror aos desertos
E o amor por uma sombra anterior ao dia.
Quantas coisas eternas! O pátio em que se espraia
A lenta e leve lua que ninguém vê, a ressequida
Violeta entre as páginas de Nájera esquecida,
O golpe da onda que regressa à praia.
O homem que em seu leito último se acomoda
Para esperar a morte. Ele quer tê-la, toda.

o peru

Da soma de coisas da terra ilimitada
Vislumbramos apenas uma que outra. A deslembrança
E o acaso nos despojam. Em meu tempo de criança,
O Peru foi a história por Prescott preservada.
Foi também aquela clara bacia de prata
Que pendeu do arção de uma sela e a cuia de mate
De prata com serpentes arqueadas e o embate
Dessas lanças que tecem a batalha escarlate.
Foi depois uma praia que desdoura o poente
E um sigilo de pátio, de gradil e de fonte,
E umas linhas de Eguren que passam levemente
E uma vasta relíquia de pedra sobre o monte.
Vivo, sou uma sombra que a Sombra ameaça;
Morrerei sem ter visto minha infindável casa.

a manuel mujica lainez

Isaac Luria declara que a eterna Escritura
Tem tantos sentidos como leitores. Cada
Versão é verdadeira e foi prefixada
Por Quem é o leitor, o livro e a leitura.
Tua versão da pátria, com seus faustos brilhantes,
Entra em minha vaga sombra como se entrasse o dia
E a ode zomba da Ode. (É apenas nostalgia
— Minha própria versão — de facas ignorantes
E de velha coragem.) Já estremece o Canto,
Já, a custo contidas pela prisão do verso,
Surgem as multidões do futuro e diverso
Reino que será teu, seu júbilo e seu pranto.
Manuel Mujica Lainez, algum dia tivemos
Uma pátria — recordas? — e os dois a perdemos.

o inquisidor

Podia ter sido um mártir. Fui um verdugo.
Purifiquei as almas com o fogo.
Para salvar a minha, busquei o rogo,
O cilício, as lágrimas e o jugo.
Nos autos-de-fé vi o que havia
Sentenciado minha língua. As piedosas
Fogueiras e as carnes dolorosas,
O fedor, o clamor e a agonia.
Morri. Esqueci quem padece,
Mas sei que este vil remordimento
É um crime que ao outro se acresce
E que os dois há de arrastar o vento
Do tempo, que é mais longo que os pecados
E que a contrição. Por mim esgotados.

o conquistador

Cabrera e Carbajal foram meus nomes.
A taça até a borra eu bebi.
Muitas vezes já morri e vivi.
Eu sou o Arquétipo. Eles, os homens.
Da Cruz e da Espanha fui o errante
Soldado. Pelas não trilhadas terras
De um continente infiel acendi guerras.
No duro Brasil fui o bandeirante.
Nem Cristo nem meu Rei nem o rubro ouro
Foram o incentivo do arroubo
Que amedrontou diversa e pagã gente.
De meus trabalhos foi razão a formosa
Espada e a contenda procelosa.
O resto não importa. Eu fui valente.

herman melville

Sempre o cercou o mar dos ancestrais,
Os saxões, que ao mar deram o nome
De *rota da baleia*, em que se juntam
As duas enormes coisas, a baleia
E os mares que longamente sulca.
Sempre foi seu o mar. Quando seus olhos
Viram em alto-mar as grandes águas,
Já o havia desejado e possuído
Naquele outro mar, que é da Escritura,
Ou então no dintorno dos arquétipos.
Homem, lançou-se aos mares do planeta
E às extenuantes singraduras
E conheceu o arpão avermelhado
Por Leviatã e a raiada areia
E o perfume das noites e da aurora
E o horizonte em que o acaso espreita
E a felicidade de ser valente
E o prazer, por fim, de avistar Ítaca.
Debelador do mar, pisou a terra
Firme que é a raiz das montanhas
E na qual marca um vago itinerário,
Quieta no tempo, a adormecida bússola.
Naquela herdada sombra dos pomares,
Melville cruza nas tardes New England
Mas o habita o mar. É o opróbrio

Do mutilado capitão do *Pequod*,
O mar indecifrável e as borrascas
E da brancura a abominação.
É o grande livro. É o azul Proteu.

o ingênuo

Cada aurora (nos dizem) maquina maravilhas
Capazes de torcer a mais firme fortuna;
Há pegadas humanas que mediram a lua
E a insônia devasta os anos e as milhas.
Espreitam no azul públicos pesadelos
que entenebrecem o dia. Não há no orbe uma
Coisa que não seja outra, ou contrária, ou nenhuma.
A mim só inquietam os espantos singelos.
Assombra-me que a chave tenha uma porta aberto,
Assombra-me que minha mão seja um fato certo,
Assombra-me que do grego a eleática seta
Instantânea não alcance a inalcançável meta,
Assombra-me que a espada cruel seja formosa,
E que a rosa tenha o perfume da rosa.

a lua

para María Kodama

Há tanta solidão nesse seu ouro.
A lua dessas noites não é a lua
Que viu o primeiro Adão. Os longos séculos
Da vigília humana cumularam-na
De antigo pranto. Olha-a. É teu espelho.

a johannes brahms

Eu, que sou um intruso no jardim
Que prodigaste à plural memória
Do futuro, ansiei cantar a glória
Que erigem teus violinos no azul sem fim.
Agora desisti. Para honrar-te
Não basta essa miséria que a gente
Usa chamar com presunção de arte.
Quem te honre há de ser nobre e valente.
Sou um covarde. Sou um triste. Nada
Poderá justificar esta ousadia
De cantar a magnífica alegria
   — Fogo e cristal — de tua alma enamorada.
Minha servidão é a palavra impura,
De um conceito e de um som é o rebento;
Nem símbolo nem espelho nem lamento,
Teu é o rio que foge e que perdura.

o fim

O filho velho, o homem sem história,
O órfão que podia ser o morto,
Esgota em vão o casarão deserto.
(Já foi dos dois e é hoje da memória.
Hoje *é* dos dois.) Sob a dura sorte,
Busca perdido o homem doloroso
A voz que foi sua voz. O milagroso
Não seria mais estranho que a morte.
Vão persegui-lo interminavelmente
As lembranças sagradas e triviais
Que são nosso destino, essas mortais
Memórias vastas como um continente.
Deus ou Talvez ou Ninguém, meu pedido
É sua infindável imagem, não o olvido.

a meu pai

Tu quiseste morrer inteiramente,
A carne e a grande alma. Tu pediste
Para entrar na outra sombra sem o triste
Lamento do medroso e do dolente.
Nós te vimos morrer com o tranqüilo
Ânimo de teu pai diante das balas.
A rubra guerra não te deu suas alas,
A lenta parca foi cortando o fio.
Nós te vimos morrer risonho e cego.
Nada esperavas ver do outro lado,
Mas tua sombra talvez tenha avistado
Os arquétipos que Platão, o Grego,
Sonhou e que me explicavas. Ninguém sabe
De que manhã o mármore é a chave.

a sorte da espada

A espada daquele Borges não lembra
Suas batalhas. A azul Montevidéu
Longamente sitiada por Oribe,
O Exército Grande, a almejada
E tão fácil vitória de Caseros,
O intrincado Paraguai, o tempo,
As duas balas que entraram no homem,
A água maculada pelo sangue,
Os *montoneros* lá no Entre Ríos,
O posto policial das três fronteiras,
O cavalo e as lanças do deserto,
San Carlos e Junín, a carga última...
Deus lhe deu resplendor e estava cega.
Deus lhe deu a epopéia. Estava morta.
Quieta feito planta, nada soube
Da vigorosa mão nem do estrondo
Nem de uma trabalhada empunhadura
Nem do metal marcado pela pátria.
É uma coisa a mais entre outras coisas
Que esquece a vitrina de um museu,
Um símbolo e a fumaça e uma forma
Curva e cruel e que ninguém mais olha.
Não sou, talvez, menos ignorante.

o remorso

Eu cometi o pior dos pecados
Possíveis a um homem. Não ter sido
Feliz. Que os glaciares do olvido
Me arrastem e me percam, despiedados.
Meus pais me engendraram para o jogo
Arriscado e esplêndido da vida,
Para a terra, a água, o ar, o fogo.
Frustrei-os. Não fui feliz. Cumprida
Não foi sua jovem vontade. Minha mente
Aplicou-se às simétricas jornadas
Da arte, que entretece nonadas.
Legaram-me valor. Não fui valente.
Não me abandona. Sempre está a meu lado
A sombra de ter sido um desditado.

991 a.d.

Quase todos acreditaram que a batalha, essa coisa viva e cambiante, tinha-os lançado contra o pinhal. Eram dez horas ou meio-dia. Homens do arado e do remo, dos árduos trabalhos da terra e de seu cansaço previsível, eram agora soldados. Nem o sofrimento dos outros nem o de sua própria carne lhes importavam. Wulfred, atravessado o ombro por um dardo, morreu a alguns passos dos pinheiros. Ninguém se apiedou do amigo, nenhum deles voltou a cabeça. Já na cerrada sombra das folhas, todos se deixaram cair, mas sem soltar os escudos e os arcos. Aidan, sentado, falou com lenta gravidade, como se pensasse em voz alta.

— Byrhtnoth, que foi nosso senhor, entregou o espírito. Sou agora o mais velho e talvez o mais forte. Não sei quantos invernos posso contar, mas seu tempo me parece menor que o que me separa desta manhã. Werferth dormia quando o toque do sino me despertou. Tenho o sono leve dos velhos. Da porta avistei as velas raiadas dos navegantes (os vikings), que já tinham lançado âncoras. Arreamos os cavalos da chácara e seguimos Byrhtnoth. À vista do inimigo, foram repartidas as armas e as mãos de muitos aprenderam o governo dos escudos e dos ferros. Da outra margem do rio, um mensageiro dos vikings pediu um tributo de argolas de ouro e nosso senhor respondeu que o pagaria com antigas espadas. A cheia do rio se interpunha entre os dois exércitos. Temíamos a guerra e a desejávamos, porque era inevitável. A minha direita estava Werferth e quase o atingiu uma flecha norueguesa.

Timidamente, Werferth o interrompeu:

— Tu a quebraste, pai, com o escudo.

Aidan prosseguiu:

— Três dos nossos defenderam a ponte. Os navegantes propuseram que os deixássemos atravessar o vau. Byrhtnoth deu-lhes sua vênia. Agiu assim, creio, porque estava ansioso pela batalha e para amedrontar os pagãos com a fé que havia posto em nossa coragem. Os inimigos cruzaram o rio, os escudos no alto, e pisaram o pasto da barranca. Depois veio o encontro de homens.

As pessoas o seguiam com atenção. Iam recordando os fatos que Aidan enumerava e que pareciam compreender só agora, quando uma voz os cunhava em palavras. Desde o amanhecer, tinham combatido pela Inglaterra e por seu dilatado império futuro e não sabiam disso. Werferth, que conhecia bem seu pai, suspeitou que algo se ocultava sob aquele pausado discurso.

Aidan continuou:

— Uns poucos fugiram e serão o escárnio do povo. De todos os que restamos aqui não há um único que não tenha matado um norueguês. Quando Byrhtnoth morreu, eu estava a seu lado. Não pediu a Deus que seus pecados fossem perdoados; sabia que todos os homens são pecadores. Agradeceu os dias de ventura que Este lhe havia deparado na terra e, sobretudo, o último: o de nossa batalha. A nós cabe merecer termos sido testemunhas de sua morte e das outras mortes e façanhas desta grande jornada. Conheço a melhor maneira de fazer isso. Iremos pelo atalho e arribaremos à aldeia antes dos vikings. Dos dois lados do caminho, emboscados, nós os receberemos com flechas. A longa guerra nos havia rendido; conduzi-os até aqui para descansar.

Levantara-se e era firme e alto, como convém a um saxão.

— E depois, Aidan? — disse um do grupo, o mais jovem.

— Depois nos matarão. Não podemos sobreviver a nosso senhor. Ele nos comandou esta manhã; agora as ordens são minhas. Não sofrerei que haja um covarde. Está dito.

Os homens foram se levantando. Alguém se queixou.

— Somos dez, Aidan — contou o rapaz.

Aidan prosseguiu com sua voz de sempre:

— Seremos nove. Werferth, meu filho, agora estou falando contigo. O que te ordenarei não é fácil. Tens de partir sozinho e nos deixar. Tens de renunciar à contenda, para que perdure o dia de hoje na memória dos homens. És o único capaz de salvá-lo. És o cantor, o poeta.

Werferth se ajoelhou. Era a primeira vez que seu pai lhe falava de seus versos. Disse com voz cortada:

— Pai, deixarás que teu filho seja tachado de covarde como os miseráveis que fugiram?

Aidan replicou:

— Já deste prova de não ser um covarde. Nós honraremos Byrhtnoth dando-lhe nossa vida; tu o honrarás guardando sua memória no tempo.

Virou-se para os outros e disse:

— Agora, atravessemos o bosque. Disparada a última flecha, lançaremos os escudos à batalha e sairemos com as espadas.

Werferth os viu perderem-se na penumbra do dia e das folhas, mas seus lábios já encontravam um verso.

einar tambarskelver

Heimskringla, I, 117

Odin ou o rubro Thor ou o Cristo Branco...
Pouco importam os nomes e seus deuses;
Não há outra obrigação que ser valente
E Einar o foi, duro caudilho de homens.
Era o primeiro arqueiro da Noruega
E destro no governo da espada
Azul e no de naves. Sua passagem
Pelo tempo deixou-nos a sentença
Que resplandece nas crestomatias.
Ele a disse no clamor da batalha
Em pleno mar. Já perdida a jornada,
Já aberto o estibordo à abordagem,
Um flechaço final partiu seu arco.
O rei lhe perguntou o que se quebrara
A suas costas e Einar Tambarskelver
Disse: "A Noruega, rei, entre tuas mãos".
Alguém resgatou séculos depois
A história na Islândia. Agora eu a traslado,
Tão longe desses mares e desse ânimo.

na islândia o alvorecer

Este é o alvorecer.
É anterior a suas mitologias e ao Cristo Branco.
Engendrará os lobos e a serpente
que também é o mar.
O tempo não o toca.
Engendrou os lobos e a serpente
que também é o mar.
Já viu partir a nave a ser lavrada
Com as unhas dos mortos.
É o cristal de sombra em que se mira
Deus, que não tem rosto.
É mais pesado que seus mares
e mais alto que o céu.
É um grande muro suspenso.
É o alvorecer na Islândia.

olaus magnus
(1490-1558)

O livro é de Olaus Magnus, o teólogo
Que não abjurou de Roma quando o Norte
Professou as doutrinas de John Wyclif,
De Hus e de Lutero. Desterrado
Do Setentrião, buscava pelas tardes
Da Itália algum consolo a seus males
E compôs a história de sua gente
Passando desde as datas até a fábula.
Uma vez, uma só, eu a tive
Entre as mãos. O tempo não apagou
O dorso de cansado pergaminho,
A escrita cursiva, as curiosas
Gravuras sobre o aço, as colunas
De seu douto latim. Houve esse toque.
Oh, ainda não lido e pressentido livro,
Tua bela condição de coisa eterna
Entrou uma tarde nas perpétuas águas
De Heráclito, que seguem me arrastando.

os ecos

Ultrajada a carne pela espada
De Hamlet, morre um rei da Dinamarca
Em seu alcácer de pedra, que domina
O mar de seus piratas. A memória
E o olvido entretecem uma fábula
De outro rei morto e de sua sombra. Saxo
Gramático recolhe essa cinza
Em sua *Gesta Danorum*. Alguns séculos
E o rei volta a morrer na Dinamarca
E ao mesmo tempo, curiosa magia,
Em um tablado em meio aos arrabaldes
De Londres. Sonhou-o William Shakespeare.
Eterna como o é o ato da carne
Ou como os cristais da alvorada
Ou como as figuras sobre a lua
É a morte do rei. Sonhou-a Shakespeare;
Prosseguirão os homens a sonhá-la
E agora é um dos hábitos do tempo
E um rito que executam nessa hora
Predestinada umas eternas formas.

umas moedas

GÊNESIS, 9,13

O arco do Senhor sulca a esfera
E nos bendiz. No grande arco puro
Encontram-se as bênçãos do futuro,
Mas também está o meu amor, que espera.

MATEUS, 27,9

A moeda caiu-me na oca mão.
Não pude com ela, embora fosse leve,
E deixei-a cair. Tudo foi em vão.
Disse o outro: Ainda faltam vinte e nove.

UM SOLDADO DE ORIBE

Sob a velha mão, o arco toca
De modo transversal a firme corda.
Um som se extingue. O homem não recorda
Que fez a mesma coisa noutra época.

baruch espinosa

Bruma de ouro, o ocidente alumbra
A janela. O assíduo manuscrito
Aguarda, já repleto de infinito.
Alguém fabrica Deus entre a penumbra.
Um homem engendra Deus. É um judeu
De tristes olhos e pele citrina;
O tempo o leva como o rio perdeu
Uma folha na água que declina.
Não importa. O feiticeiro insiste e lavra
Deus com geometria delicada;
De sua enfermidade, de seu nada,
Segue erigindo Deus com a palavra.
O mais pródigo amor lhe foi outorgado,
O amor que não espera ser amado.

para uma versão do *i ching*

Nosso futuro é tão irrevogável
Quanto o rígido ontem. Não há nada
Que não seja uma letra calada
Da eterna escritura indecifrável
Cujo livro é o tempo. Quem se demora
Longe de casa já voltou. A vida
É a senda futura e percorrida.
Nada nos diz adeus. Nada vai embora.
Não te rendas. A masmorra é escura,
A firme trama é de incessante ferro,
Porém em algum canto de teu encerro
Pode haver um descuido, a rachadura.
O caminho é fatal como a seta,
Mas Deus está à espreita entre a greta.

ein traum

Os três sabiam disso.
Ela era a companheira de Kafka.
Kafka a sonhara.
Os três sabiam disso.
Ele era o amigo de Kafka.
Kafka o sonhara.
Os três sabiam disso.
A mulher disse ao amigo:
Quero que esta noite me queiras.
Os três sabiam disso.
O homem lhe respondeu: Se pecarmos,
Kafka deixará de sonhar-nos.
Alguém soube disso.
Não havia mais ninguém na terra.
Kafka disse a si mesmo:
Agora que os dois partiram, fiquei sozinho.
Deixarei de sonhar-me.

juan crisóstomo lafinur
(1797-1824)

O volume de Locke, os dintéis,
A luz do pátio axadrezado e terso,
E a mão traçando, lenta, o verso:
"A pálida açucena aos lauréis".
Quando na tarde evoco ao acaso
Minha procissão de sombras, vejo espadas
Públicas e batalhas laceradas;
Com você, Lafinur, é outro o caso.
Vejo-o discutindo longamente
Com o meu pai sobre filosofia
E conjurando essa falaz teoria
De que há formas imutáveis na mente.
Do outro lado do espelho obscuro
Limando este esboço eu o figuro.

heráclito

Heráclito caminha pela tarde
De Éfeso. A tarde o abandonou,
Sem que sua vontade o decidisse,
Na margem de um rio silencioso
Cujo destino e cujo nome ignora.
Há um Jano de pedra e alguns álamos.
Olha-se no espelho fugitivo
E descobre e trabalha a sentença
Que gerações e gerações de homens
Não deixarão cair. Sua voz declara:
"Ninguém desce duas vezes às águas
Do mesmo rio". Detém-se. E então sente
Com o assombro de um horror sagrado
Que também ele é um rio e uma fuga.
Deseja recobrar essa manhã
E sua noite e a véspera. Não pode.
Repete a sentença. Vê-a impressa
Em futuros e claros caracteres
Em uma página qualquer de Burnet.
Heráclito não sabe grego. Jano,
O deus das portas, é um deus latino.
Heráclito sem ontem nem agora.
É um simples artifício que sonhou
Um homem cinza às margens do Red Cedar,

Um homem que entretece decassílabos
Para não pensar tanto em Buenos Aires
E nos rostos queridos. Falta um.

East Lansing, 1976

a clepsidra

Não de água, de mel, será a última
Gota da clepsidra. E a veremos
Resplandecer e mergulhar nas trevas,
Mas nela estarão as beatitudes
Que ao rubro Adão concedeu Alguém ou Algo:
O recíproco amor e teu perfume,
O ato de entender o universo,
Ao menos falazmente, aquele instante
Em que Virgílio dá com o hexâmetro,
E a água da sede e o pão da fome,
Leve no ar a delicada neve,
O tato do volume que buscamos
Em meio às indolentes prateleiras,
O gozo da espada na batalha,
O mar que livre sulcou a Inglaterra,
O alívio de ouvir após o silêncio
O esperado acorde, uma memória
Preciosa e esquecida, o cansaço,
O instante em que o sonho nos dispersa.

não és os outros

Não haverá de salvar-te o que deixaram
Escrito aqueles que teu medo implora;
Não és os outros e te vês agora
Centro do labirinto que tramaram
Os teus passos. Não te salva a agonia
De Jesus ou de Sócrates nem o forte
Siddhartha de ouro que aceitou a morte
Em um jardim, ao declinar o dia.
É pó também essa palavra escrita
Por tua mão ou o verbo pronunciado
Por tua boca. Não há lástima no Fado
E a noite de Deus é infinita.
Tua matéria é o tempo, o incessante
Tempo. Tu és todo solitário instante.

signos

para Susana Bombal

*Por volta de 1915, em Genebra, vi no terraço de um museu
um alto sino com caracteres chineses. Em 1976 escrevo
estas linhas:*

Indecifrado e só, eu sei que posso
ser na noite vazia uma prece
de bronze ou a sentença em que se cifra
o sabor de uma vida ou de uma tarde
ou o sonho de Chuang Tzu, que já conheces,
ou uma data trivial ou uma parábola
ou um vasto imperador, hoje umas sílabas,
ou o universo ou teu secreto nome
ou aquele enigma que indagaste em vão
no decorrer do tempo e de seus dias.
Posso ser tudo. Deixa-me na sombra.

a moeda de ferro

Aqui está a moeda de ferro. Interroguemos
As duas contrárias faces que serão a resposta
Da pertinaz pergunta que ninguém já se fez:
Por que um homem precisa que uma mulher o queira?
Vejamos. No orbe superior se entretecem
O firmamento quádruplo que sustenta o dilúvio
E as inalteráveis estrelas planetárias.
Adão, o jovem pai, e o jovem Paraíso.
A tarde e a manhã. Deus em cada criatura.
Nesse puro labirinto está o teu reflexo.
Lancemos outra vez essa moeda de ferro,
Que é também um espelho mágico. Seu reverso
É ninguém e nada e sombra e cegueira. És isso.
De ferro as duas faces ecoam em uníssono.
Tuas mãos e tua língua são infiéis testemunhas.
Deus é o inapreensível centro do anel.
Não exalta nem condena. Faz algo mais: esquece.
Caluniado de infâmia, por que não irão querer-te?
Sob a sombra do outro buscamos nossa sombra,
E no cristal do outro, nosso cristal recíproco.

notas

uns sonhos Certas páginas deste livro foram dons de sonhos. Uma, "Ein Traum", foi-me ditada certa manhã em East Lansing, sem que eu a entendesse e sem que me inquietasse sensivelmente; consegui transcrevê-la depois, palavra por palavra. Trata-se, é claro, de mera curiosidade psicológica ou, se o leitor for muito generoso, de uma inofensiva parábola do solipsismo. A visão do rei morto foi um pesadelo autêntico. "Heráclito" é uma variante involuntária d'"A busca de Averróis", que data de 1949.

herman melville "É o azul Proteu." A hipálage é de Ovídio e Ben Jonson a repete.

a sorte da espada Esta composição é o deliberado reverso de "Juan Muraña" e d'"O encontro", que datam de 1970.

991 a.d. É a data do combate de Maldon, famoso na Inglaterra pela balada que historiou a ação. Os milicianos de Essex, derrotados pelos vikings de Olaf Tryggvason, morreram combatendo sem esperança porque seu chefe já havia tombado e a honra o exigia. São muitos na breve epopéia os traços circunstanciais — totalmente alheios aos hábitos alegóricos da época — que prefiguram a técnica das ulteriores sagas da Islândia. Imaginei que o poeta era filho do caudilho saxão, o qual lhe ordenou que não se deixasse matar, para de algum modo salvar sua vida e para preservar a memória dessa jornada.

história
da
noite (1977)

inscrição

Pelos mares azuis dos atlas e pelos grandes mares do mundo. Pelo Tâmisa, pelo Ródano e pelo Arno. Pelas raízes de uma linguagem de ferro. Por uma pira sobre um promontório do Báltico, *helmum behongen*. Pelos noruegueses que atravessam o claro rio, os escudos no alto. Por uma nau da Noruega, que meus olhos não viram. Por uma velha pedra do Althing. Por uma curiosa ilha de cisnes. Por um gato em Manhattan. Por Kim e por seu lama escalando os joelhos da montanha. Pelo pecado de soberba do samurai. Pelo Paraíso em um muro. Pelo acorde que não ouvimos, pelos versos que não nos encontraram (seu número é o número da areia), pelo inexplorado universo. Pela memória de Leonor Acevedo. Por Veneza de cristal e crepúsculo.

Pela que você será; pela que talvez não entenderei.

Por todas essas coisas díspares, que talvez sejam, como pressentia Espinosa, meras figurações e facetas de uma única coisa infinita, dedico-lhe este livro, María Kodama.

J. L. B.
Buenos Aires, 23 de agosto de 1977

alexandria, 641 a.d.

Desde o primeiro Adão que viu a noite
E o dia e a figura de sua mão,
Fabularam os homens e gravaram
Em pedra ou em metal ou em pergaminho
Tudo o que cinge a terra ou plasma o sonho.
Aqui está seu lavor: a Biblioteca.
Dizem que os volumes que abarca
Ultrapassam o número dos astros
Ou os grãos de areia do deserto. O homem
Que quisesse esgotá-la perderia
A razão e os olhos temerários.
Aqui a memória pródiga dos séculos
Que foram, as espadas e os heróis,
Os lacônicos símbolos da álgebra,
O saber que perscruta os planetas
Que regem o destino, as virtudes
De ervas e de marfins talismânicos,
O verso em que perdura a carícia,
A ciência que decifra o solitário
Labirinto de Deus, a teologia,
A alquimia que busca o ouro no barro
E também as figurações do idólatra.
Declaram os infiéis que, se ardesse,
Arderia a história. Enganam-se.
As vigílias humanas engendraram

Os infinitos livros. Se de todos
Nenhum permanecesse, voltariam
A engendrar cada folha e cada linha,
Cada trabalho e cada amor de Hércules,
Cada lição de cada manuscrito.
No primeiro dos séculos da Hégira,
Eu, aquele Omar que dominou os persas
E que impõe o Islã por sobre a terra,
Ordeno a meus soldados que destruam
Pelo fogo essa vasta Biblioteca,
Que não perecerá. Louvados sejam
Deus, que não dorme, e Muhammad, Seu Apóstolo.

alhambra

Grata a voz da água
A quem abrumaram negras areias,
Grato à mão côncava
O mármore circular da coluna,
Gratos os finos labirintos da água
Entre os limoeiros,
Grata a música do *zéjel*,
Grato o amor e grata a prece
Dirigida a um Deus que está só,
Grato o jasmim.

Inútil o alfanje
Perante as longas lanças dos muitos,
Inútil ser o melhor.
Grato sentir ou pressentir, rei dolente,
Que tuas doçuras são adeuses,
Que te será negada a chave,
Que a cruz do infiel apagará a lua,
Que a tarde que olhas é a última.

Granada, 1976

metáforas d'*as mil e uma noites*

A primeira metáfora é o rio.
As grandes águas. O vívido cristal
Que guarda essas queridas maravilhas
Que foram do Islã e que são tuas
E minhas hoje. O todo-poderoso
Talismã que também é um escravo;
O gênio confinado na vasilha
De cobre pelo selo salomônico;
O juramento de um rei que entrega
Sua rainha de uma noite à justiça
De uma espada, a lua, que está só;
Aquelas mãos que se lavam com cinza;
As viagens de Simbad, esse Odisseu
Urgido pela sede de aventura,
Não castigado por um deus; a lâmpada;
Os símbolos que anunciam a Rodrigo
A conquista da Espanha pelos árabes;
O símio que revela que é um homem,
Num jogo de xadrez; o rei leproso;
As altas caravanas; a montanha
De pedra-ímã que espedaça a nave;
O *sheik* e a gazela; um orbe fluido
De formas que variam como nuvens,
Sujeitas ao arbítrio do Destino
Ou do Acaso, que são a mesma coisa;

O mendigo que pode ser um anjo
E a caverna que se chama Sésamo.
A segunda metáfora é a trama
De um tapete, que oferece ao olhar
Um caos de várias cores e de linhas
Irresponsáveis, acaso e vertigem,
Mas uma ordem secreta o governa.
Como aquele outro sonho, o Universo,
Esse Livro das Noites está feito
De cifras tutelares e de hábitos:
Os sete irmãos e as sete viagens,
O trio de cádis e os três desejos
De quem avistou essa Noite das Noites,
A negra cabeleira enamorada
Em que o amante vê três noites juntas,
Os três vizires e os três castigos,
E sobre as outras todas a primeira
E última cifra do Senhor; o Um.
A terceira metáfora é um sonho.
Agarenos e persas o sonharam
Nos portais do velado Oriente
Ou em vergéis que agora são do pó
E seguirão os homens a sonhá-lo
Até o último fim de sua jornada.
Como no paradoxo do eleata,
O sonho se desfaz em outro sonho
E este, em outro e em outros, que entretecem
Ociosos um ocioso labirinto.
No livro está o Livro. Sem sabê-lo,
Conta a rainha ao rei a já esquecida
História deles dois. Arrebatados

Pelo tumulto de antigas magias,
Desconhecem quem são. Seguem sonhando.
A quarta é a metáfora de um mapa
Daquela região indefinida, o Tempo,
De quanto medem as graduais sombras
E o perpétuo desgaste de alguns mármores
E os passos de diversas gerações.
Tudo. A voz e o eco, o que miram
As duas opostas faces do Bifronte,
Mundos de prata e mundos de ouro rubro
E a vigília demorada dos astros.
Dizem os árabes que ninguém consegue
Ler até o fim esse Livro das Noites.
As Noites são o Tempo, o que não dorme.
Segue a leitura enquanto morre o dia
E Xerazade te contará tua história.

alguém

Balkh Nishapur, Alexandria; não importa o nome.
Podemos imaginar um mercado, uma taberna, um pátio
de altos mirantes velados, um rio que repetiu os rostos
das gerações. Podemos imaginar também um jardim
empoeirado, porque o deserto não está longe. Formou-se
uma roda e um homem fala. Não nos é dado decifrar
(os reinos e os séculos são muitos) o vago turbante, os
olhos ágeis, a pele citrina e a voz áspera que articula
prodígios. Tampouco ele nos vê; somos muitos. Narra
a história do primeiro *sheik* e da gazela ou a daquele
Ulisses que foi chamado de Es-Sindibad do Mar.

    O homem fala e gesticula. Não sabe (outros
o saberão) que é da linhagem dos *confabulatores
nocturni*, dos rapsodos da noite, que Alexandre Bicorne
congregava para distração de suas vigílias. Não sabe
(nunca o saberá) que é nosso benfeitor. Acredita falar
para alguns poucos e algumas moedas e em um perdido
ontem entretece o livro d'*As mil e uma noites*.

caixa de música

Música do Japão. Avaramente
Da clepsidra se desprendem gotas
De lento mel ou de invisível ouro
Que no tempo repetem uma trama
Eterna e frágil, misteriosa e clara.
Temo que cada uma seja a última.
São um ontem que volta. De que templo,
De que leve jardim sobre a montanha,
De que vigílias ante um mar que ignoro,
De que recato da melancolia,
De que perdida e resgatada tarde
Chegam a mim, seu futuro remoto?
Não saberei. Não importa. Nessa música
Eu sou. Eu quero ser. Eu me dessangro.

o tigre

Ia e vinha, delicado e fatal, repleto de infinita energia, do outro lado das firmes barras e todos nós o olhávamos. Era o tigre dessa manhã, em Palermo, e o tigre do Oriente e o tigre de Blake e de Hugo e de Shere Khan, e os tigres que foram e que serão e também o tigre arquetípico, já que o indivíduo, em seu caso, é toda a espécie. Pensamos que era sanguinário e belo. Norah, uma menina, disse: "É feito para o amor".

leões

Nem o esplendor do cadencioso tigre
Nem do jaguar os signos prefixados
Nem do gato o sigilo. Dessa tribo
É o menos felino, e no entanto
Sempre os sonhos dos homens acendeu.
São os leões no ouro e no verso,
Em pátios do Islã e em evangelhos,
Vastos leões no orbe de Hugo,
São os leões da porta de Micenas,
Os leões que Cartago crucifica.
No violento cobre de Dürer
Pelas mãos de Sansão é destroçado.
É a metade da secreta esfinge
E a metade do grifo que nas côncavas
Grutas vai proteger o ouro da sombra.
O leão é um dos símbolos de Shakespeare.
Os homens o esculpiram com montanhas
E estamparam sua forma nas bandeiras
E o coroam rei por sobre os outros.
Com seus olhos de sombra, viu-o Milton
No quinto dia emergindo do barro,
Desatadas as patas dianteiras
E no alto a cabeça extraordinária.
Resplandece na roda do Caldeu

E as mitologias o prodigam.
Um animal que se parece a um cão
Come a presa que lhe oferece a fêmea.

endímion em latmos

Eu dormia no cimo e era belo
O meu corpo, que os anos consumiram.
Alto na noite helênica, o centauro
Demorava sua quádrupla carreira
Para espiar meu sono. Agradava-me
Dormir para sonhar e para o outro
Sonho lustral que elude a memória
E que nos purifica do gravame
De ser aquele que somos na terra.
Diana, a deusa que é também a lua,
Via-me adormecer sobre a montanha
E desceu lentamente até meus braços
Ouro e amor na esbraseada noite.
Eu apertava as pálpebras mortais,
Eu queria não ver o belo rosto
Profanado por meus lábios de pó.
Eu aspirei a fragrância da lua
E sua infinita voz disse meu nome.
Oh, essas puras faces que se buscam,
Oh, os rios do amor, os rios da noite,
Oh, o beijo humano e a tensão do arco.
Não sei quanto duraram minhas venturas;
Há coisas que não medem os racimos
Nem a flor nem a neve delicada.
As pessoas me evitam. Sentem medo

Do homem que foi amado pela lua.
Os anos se passaram. Um desalento
Dá horror a minha vigília. Eu me pergunto
Se esse tumulto de ouro na montanha
Foi verdadeiro ou não passou de um sonho.
Inútil repetir-me que a lembrança
De ontem e um sonho são iguais.
Minha solidão percorre os comuns
Caminhos dessa terra, mas eu sempre
Procuro na antiga noite dos numes
A indiferente, filha de Zeus, lua.

um escólio

No fim de vinte anos de trabalhos e de estranha aventura, Ulisses filho de Laertes volta a sua Ítaca. Com a espada de ferro e o arco executa a devida vingança. Atônita até o medo, Penélope não se atreve a reconhecê-lo e alude, para testá-lo, a um segredo que os dois compartilham, e apenas os dois: o de seu tálamo comum, que nenhum dos mortais pode mover, porque a oliveira com que foi lavrado o ata à terra. Esta é a história que se lê no livro vigésimo terceiro da *Odisséia*.

Homero não ignorava que as coisas devem ser ditas de maneira indireta. Tampouco o ignoravam seus gregos, cuja linguagem natural era o mito. A fábula do tálamo que é uma árvore é uma espécie de metáfora. A rainha soube que o desconhecido era o rei quando se viu em seus olhos, quando sentiu em seu amor que a encontrava o amor de Ulisses.

eu nem mesmo sou pó

Não quero ser quem sou. A avara sorte
Deparou-me o século XVII,
O pó e a rotina de Castela,
As coisas repetidas, a manhã
Que, prometendo o hoje, nos dá a véspera,
A conversa do padre e do barbeiro,
A solidão que vai deixando o tempo
E uma vaga sobrinha analfabeta.
Sou homem entrado em anos. Uma página
Casual me revelou não usadas vozes
Que me buscavam, Amadís e Urganda.
Vendi minhas terras e comprei os livros
Que historiam cabalmente as empresas:
O Graal, que recolheu o sangue humano
Que o Filho derramou para salvar-nos,
O ídolo de ouro de Maomé,
Os ferros, as ameias, as bandeiras
E também operações da magia.
Cavaleiros cristãos iam e vinham
Pelos reinos da terra, vindicando
A honra ultrajada ou impondo
Justiça com os gumes da espada.
Queira Deus que um enviado restitua
A nosso tempo esse exercício nobre.
Meus sonhos o divisam. Já o senti

Em minha triste carne celibatária.
Não sei ainda o seu nome. Eu, Quijano,
Serei esse paladino. E meu sonho.
Dentro da velha casa há uma adarga
Antiga e uma espada de Toledo
E uma lança e os livros verdadeiros
Que a meu braço prometem a vitória.
A meu braço? Meu rosto (que não vi)
Não projeta nenhum rosto no espelho.
Eu nem mesmo sou pó. Sou aquele sonho
Que entretece no sono e na vigília
O meu irmão e pai, capitão Cervantes,
Que militou nos mares de Lepanto
E soube algum latim e algo de árabe...
A fim de que eu possa sonhar o outro
Cuja verde memória será parte
Da existência do homem, eu te suplico:
Meu Deus, meu sonhador, segue a sonhar-me.

islândia

Que ventura para todos os homens,
Islândia dos mares, que existas.
Islândia da neve silenciosa e da água fervente.
Islândia da noite curvada em abóbada
sobre a vigília e o sono.
Ilha do dia branco que regressa,
jovem e mortal como Baldr.
Fria rosa, ilha secreta
que foste a memória da Germânia
e salvaste para nós
sua apagada, enterrada mitologia,
o anel que engendra nove anéis,
os altos lobos da selva de ferro
que irão devorar a lua e o sol,
a nave que Alguém ou Algo constrói
com as unhas dos mortos.
Islândia das crateras que esperam
e das tranqüilas malhadas.
Islândia das tardes imóveis
e dos homens fortes
que são agora marinheiros e barqueiros e párocos
e que ontem descobriram um continente.
Ilha dos cavalos de longa crina
que procriam sobre o pasto e a lava,
ilha da água repleta de moedas

e de não saciada esperança.
Islândia da espada e da runa,
Islândia da grande memória côncava
que não é uma nostalgia.

gunnar thorgilsson
(1816-1879)

A memória do tempo
Está cheia de espadas e de naves
E de pó de impérios
E de rumor de hexâmetros
E de altos cavalos de guerra
E de clamores e de Shakespeare.
Eu quero recordar aquele beijo
Com que tu me beijavas na Islândia.

um livro

Apenas uma coisa entre as coisas
Mas também uma arma. Foi forjada
Na Inglaterra, em 1604,
E carregada com um sonho. Encerra
Som e fúria e noite e escarlate.
Minha palma a sopesa. Quem diria
Que contém o inferno: as barbadas
Bruxas que são as parcas, os punhais
Que executam as leis da sombra,
E o ar delicado do castelo
Que vai ver-te morrer, a delicada
Mão capaz de ensangüentar os oceanos,
A espada e o clamor de uma batalha.

Esse tumulto silencioso dorme
No espaço de um daqueles livros
Da sossegada estante. Dorme e espera.

o jogo

Não se olhavam. Na penumbra compartilhada os dois estavam sérios e silenciosos.

Ele havia tomado sua mão esquerda e tirava e punha o anel de marfim e o anel de prata.

Depois lhe tomou a direita e tirou e pôs os dois anéis de prata e o anel de ouro com pedras duras.

Ela estendia alternadamente as mãos.

Isso durou algum tempo. Foram entrelaçando os dedos e juntando as palmas.

Procediam com lenta delicadeza, como se temessem equivocar-se.

Não sabiam que era necessário aquele jogo para que determinada coisa ocorresse, no futuro, em determinada região.

milonga do forasteiro

A história corre parelhas,
É sempre da mesma laia;
Contam-na em Buenos Aires
E na campanha uruguaia.

A prosa é sempre entre dois,
Um nativo e um forasteiro;
Sempre é de tarde. Na tarde
Está luzindo o luzeiro.

Nunca se olharam na cara,
Não voltarão a se ver;
Não disputam nem haveres
Nem o favor de uma mulher.

Disseram ao forasteiro
Que no pago há um valente.
Para prová-lo ele veio
E o procura entre a gente.

Convida-o com bons modos,
Não eleva a voz nem ameaça;
Entendem-se e vão saindo
Para não ofender a casa.

Já se cruzam os punhais,
Já se enredou a madeixa,
Já ficou tombado um homem
Que morre sem uma queixa.

Só nessa tarde se viram.
Não voltarão a se ver;
Não os moveu a cobiça
Nem o amor de uma mulher.

Não vale ser o mais destro,
Não vale ser o mais forte;
Sempre o que morre é aquele
Que veio em busca da morte.

Para essa prova viveram
Toda sua vida esses homens;
Já se apagaram os rostos,
Já vão se apagar os nomes.

o condenado

Uma das duas ruas que se cruzam pode ser a Andes ou a San Juan ou a Bermejo; tanto faz. No imóvel entardecer Ezequiel Tabares espera. Da esquina pode vigiar, sem que ninguém perceba, o portão aberto do cortiço, que fica a meia quadra. Não se impacienta, mas às vezes muda de calçada e entra no solitário armazém, onde o mesmo empregado lhe serve a mesma genebra, que não lhe queima a garganta e pela qual entrega uns cobres. Depois, volta a seu posto. Sabe que o Chengo não deve demorar a sair, o Chengo que lhe tirou a Matilde. Com a mão direita roça o pequeno volume do punhal que carrega na cava, sob o jaquetão. Faz tempo não se lembra da mulher; só pensa no outro. Sente a modesta presença dos quarteirões baixos: as janelas gradeadas, os terraços, os pátios de tijolos ou de terra. O homem continua vendo essas coisas. Sem que ele saiba, Buenos Aires cresceu a seu redor como uma planta que faz barulho. Não vê — lhe é proibido ver — as casas novas e os grandes ônibus desajeitados. As pessoas o atravessam e ele não sabe. Tampouco sabe que sofre um castigo. Está cheio de ódio.

Hoje, 13 de junho de 1977, os dedos da mão direita do *compadrito* morto Ezequiel Tabares, condenado a certos minutos de 1890, roçam em um eterno entardecer um punhal impossível.

buenos aires, 1899

O algibe. Lá no fundo a tartaruga.
E sobre o pátio a vaga astronomia
Do menino. Essa herdada prataria
Que se espelha no ébano. A fuga
Do tempo, que no início nunca passa.
Um dos sabres que serviu no deserto.
Um grave rosto militar e morto.
O tímido saguão. A velha casa.
Naquele pátio que foi dos escravos
A sombra da parreira, encurvada.
Um tresnoitado assovia na calçada.
No mealheiro dormem os centavos.
Nada. É somente pobre mediania
Que procuram o olvido e a elegia.

o cavalo

A planície que espera desde o princípio. Além dos últimos pessegueiros, junto às águas, um grande cavalo branco de olhos sonolentos parece encher a manhã.
O pescoço arqueado, como em uma gravura persa, e a crina e o rabo emaranhados. É ereto e firme e feito de longas curvas. Lembro-me da curiosa linha de Chaucer: *"a very horsely horse"*. Não há com que compará-lo e não está próximo, mas sabe-se que é muito alto.

Nada, a não ser o meio-dia.

Aqui e agora está o cavalo, mas há nele algo diferente, porque também é um cavalo em um sonho de Alexandre da Macedônia.

a gravura

Por que, ao fazer girar a fechadura,
Volta a meus olhos com assombro antigo
A gravura de um tártaro que enlaça
De seu cavalo um lobo da estepe?
A fera se revolve eternamente.
O ginete a observa. A memória
Me concede esta estampa de um livro
Cuja cor e cujo idioma ignoro.
Muitos anos já faz que não a vejo.
Às vezes sinto medo da memória.
Em suas côncavas grutas e palácios
(Disse Santo Agostinho) há tantas coisas.
O inferno e o céu ali se encontram.
Para o primeiro, basta o que encerra
O mais comum e tênue de teus dias
E qualquer pesadelo de tua noite;
Para o outro, basta o amor dos que amam,
Esse frescor da água na garganta
Da sede, a razão e seu exercício,
A polidez do ébano invariável
Ou — lua e sombra — o ouro de Virgílio.

things that might have been

Penso nas coisas que poderiam ter sido e não foram.
O tratado de mitologia saxônia que Beda não escreveu.
A obra inconcebível que a Dante foi dado entrever, talvez,
Já corrigido o último verso da *Comédia*.
A história sem a tarde da Cruz e sem a tarde da cicuta.
A história sem o rosto de Helena.
O homem sem os olhos, que nos depararam a lua.
Nas três jornadas de Gettysburg, a vitória do Sul.
O amor que não compartilhamos.
O dilatado império que os Vikings não quiseram fundar.
O orbe sem a roda ou sem a rosa.
O juízo de John Donne sobre Shakespeare.
O outro corno do Unicórnio.
A ave fabulosa da Irlanda, que está em dois lugares a
    um só tempo.
O filho que não tive.

o enamorado

Luas, marfins, instrumentos e rosas,
Linha de Dürer, lâmpadas, adiante
As nove cifras e o zero cambiante.
Devo fingir que essas coisas preciosas
Realmente existem e no passado foram
Persépolis e Roma e que a areia
Fina mediu a sorte da ameia
Que os séculos de ferro desmancharam.
Devo fingir as armas e a pira
Da epopéia e os pesados mares
Que corroem da terra os pilares.
Devo fingir que há outros. É mentira.
Somente tu és. Tu, minha desventura,
Minha ventura, inesgotável e pura.

g. a. bürger

Não consigo entender
por que me afetam deste modo as coisas
que ocorreram com Bürger
(suas duas datas estão na enciclopédia)
em uma das cidades da planície,
junto ao rio que tem uma só margem,
na qual cresce a palmeira, não o pinheiro.
Como todos os homens,
disse e ouviu mentiras,
foi traído e foi traidor,
agonizou de amor diversas vezes
e, depois da noite insone,
viu os cristais cinzentos da alvorada,
mas mereceu a grande voz de Shakespeare
(na qual estão as outras)
e a de Angelus Silesius de Breslau
e com falso descuido limou algum verso
no estilo de sua época.
Sabia que o presente não passa
de uma partícula fugaz do passado
e que estamos feitos de esquecimento:
sabedoria tão inútil
quanto os corolários de Espinosa
ou as magias do medo.
Na cidade junto ao rio imóvel,

uns dois mil anos depois da morte de um deus
(a história que relato é antiga),
Bürger está só e agora,
precisamente agora, lima alguns versos.

a espera

Antes que soe a urgente campainha
E abram a porta e entres, oh, esperada
Pela ansiedade, o universo tem
De ter executado uma infinita
Série de atos concretos. Ninguém pode
Computar a vertigem, essa soma
Do que se multiplica nos espelhos,
De sombras que se alongam e regressam,
De passos que divergem e convergem.
Não saberia a areia enumerá-los.
(Mede em meu peito o relógio de sangue
O temeroso tempo da espera.)

Antes que chegues,
Um monge tem de sonhar com uma âncora,
Um tigre tem de morrer em Sumatra,
Nove homens têm de morrer em Bornéu.

o espelho

Quando menino, eu temia que o espelho
Me mostrasse outro rosto ou uma cega
Máscara impessoal que ocultaria
Algo na certa atroz. Temi também
Que o silencioso tempo do espelho
Se desviasse do curso cotidiano
Dos horários do homem e hospedasse
Em seu vago extremo imaginário
Seres e formas e matizes novos.
(Não disse isso a ninguém, menino tímido.)
Agora temo que o espelho encerre
O verdadeiro rosto de minha alma,
Lastimada de sombras e de culpas,
O que Deus vê e talvez vejam os homens.

à frança

O frontispício do castelo advertia:
"Já estavas aqui antes de entrar
e quando saíres não saberás que ficas".
Diderot narra a parábola. Nela estão os meus dias,
meus muitos dias.
Desviaram-me outros amores
e a erudição vagabunda,
mas não deixei nunca de estar na França
e estarei na França quando a grata morte me chamar
em algum lugar de Buenos Aires.
Não direi a tarde e a lua; direi Verlaine.
Não direi o mar e a cosmogonia; direi o nome de Hugo.
Não a amizade, e sim Montaigne.
Não direi o fogo; direi Joana,
e as sombras que evoco não diminuem
uma série infinita.
Com que verso entraste em minha vida
como aquele jogral do Bastardo
que entrou cantando na batalha,
que entrou cantando a *Chanson de Roland*
e não viu o fim, mas pressentiu a vitória?
A firme voz rola século a século
e todas as espadas são Durendal.

manuel peyrou

Foi seu o exercício generoso
Da amizade genial. Era o irmão
A quem podemos, na hora adversa,
Confiar tudo ou, sem lhe dizer nada,
Deixá-lo adivinhar o que não quer
Confessar o orgulho. Agradecia
A variedade do orbe, os enigmas
Da curiosa condição humana,
O azul do tabaco pensativo,
Os diálogos que lindam com a alvorada,
O abstrato e heráldico xadrez,
Arabescos do acaso, os sabores
Agradáveis das frutas e das aves,
O café insone e o propício vinho
Que comemora e une. Um verso de Hugo
Podia arrebatá-lo. Eu vi isso.
Foi hábito de sua alma a nostalgia.
Gostava de viver entre o perdido,
Nessa mitologia dos punhais
De uma esquina do Sur ou de Palermo
Ou em terras que aos olhos de sua carne
Foram proibidas: a madura França
E a América do rifle e da aurora.
Na extensa manhã se entregava
À invenção de fábulas que o tempo

Não deixará esquecer e que conjugam
Aquela valentia que já fomos
E o sabor amargo do presente.
Depois foi declinando e se apagando.
Esta página não é uma elegia.
Não disse nem as lágrimas nem o mármore
Que prescrevem os cânones retóricos.
Entardece nos vidros. Simplesmente
Falamos hoje de um querido amigo
Que não pode morrer. Que não morreu.

the thing i am

Esqueci o meu nome. Não sou Borges
(Borges morreu em La Verde, ante as balas)
Nem Acevedo, sonhando uma batalha,
Nem meu pai, reclinado sobre o livro
Ou aceitando a morte na manhã,
Nem Haslam, decifrando os versículos
Da Escritura, longe de Northumberland,
Nem Suárez, o do ataque de lanças.
Sou apenas a sombra que projetam
Essas íntimas sombras intrincadas.
Sou sua memória, e sou também o outro
Que, como Dante e os homens todos,
Já esteve no raro Paraíso
E nos muitos Infernos necessários.
Sou a carne e o rosto que não vejo.
Sou no final do dia o resignado
Que dispõe de modo algo diverso
As palavras da língua castelhana
Para narrar as fábulas que esgotam
O que se chama de literatura.
Sou o que folheava enciclopédias,
O tardio escolar de fontes brancas
Ou cinza, prisioneiro de uma casa
Cheia de livros que não possuem letras,
Que na penumbra escande um temeroso

Hexâmetro aprendido junto ao Ródano,
O que quer pôr a salvo o orbe que foge
Do fogo e também das águas da Ira
Com um pouco de Fedro e de Virgílio.
O passado me acossa com imagens.
Sou a brusca memória da esfera
De Magdeburgo ou de duas letras rúnicas
Ou de um dístico de Angelus Silesius.
Sou o que não conhece outro consolo
Que recordar o tempo da ventura.
Às vezes sou a ventura imerecida.
Sou o que sabe não passar de um eco,
O que anseia morrer inteiramente.
Sou talvez o que tu és no sonho.
Sou a coisa que sou. Já disse Shakespeare.
Sou o que sobrevive aos covardes
E aos fátuos que já foi.

um sábado

Um homem cego em uma casa oca
Fatiga certos limitados rumos
E toca as paredes que se alongam
E o cristal das portas interiores
E as lombadas ásperas dos livros
Proibidos a seu amor e a apagada
Prataria que foi dos ancestrais
E as torneiras de água e as molduras
E umas vagas moedas e a chave.
Está só e não há ninguém no espelho.
Um ir-e-vir. A mão roça a borda
Da primeira estante. Sem querer,
Recostou-se na cama solitária
E sente que os atos que executa
Interminavelmente em seu crepúsculo
Obedecem a um jogo que não entende
E que dirige um deus indecifrável.
Em voz alta repete e cadenciosa
Fragmentos dos clássicos e ensaia
Variações de verbos e de epítetos
E bem ou mal escreve este poema.

as causas

Os poentes e as várias gerações.
Os dias e nenhum foi o primeiro.
A frescura da água na garganta
De Adão. O ordenado Paraíso.
O olho tentando decifrar a treva.
Os amores dos lobos na alvorada.
A palavra. O hexâmetro. O espelho.
A Torre de Babel e a soberba.
A lua que miravam os caldeus.
As areias inúmeras do Ganges.
Chuang Tzu e a borboleta que o sonha.
As douradas maçãs de certas ilhas.
Os passos do errante labirinto.
A tela infinita de Penélope.
Dos estóicos o tempo circular.
A moeda na boca de um morto.
O peso da espada na balança.
Cada gota de água na clepsidra.
As águias, os fastos, as legiões.
César na manhã clara da Farsália.
A sombra que as cruzes deixam na terra.
O xadrez e a álgebra do persa.
Os rastros de extensas migrações.
A conquista dos reinos pela espada.
A bússola incessante. O mar aberto.

O eco do relógio na memória.
O rei pelo machado justiçado.
O pó incalculável que foi exércitos.
A voz do rouxinol na Dinamarca.
A escrupulosa linha do calígrafo.
O rosto do suicida no espelho.
A carta do taful. O ouro ávido.
As formas de uma nuvem no deserto.
Cada arabesco do caleidoscópio.
Cada remordimento e cada lágrima.
Definiram-se todas essas coisas
Para que nossas mãos se encontrassem.

adão é tua cinza

A espada morrerá como o racimo.
O cristal não é mais frágil que a rocha.
As coisas são o seu porvir de pó.
É óxido o ferro. A voz, o eco.
Adão, o jovem pai, é tua cinza.
O último jardim será o primeiro.
O rouxinol e Píndaro são vozes.
A aurora é o reflexo do ocaso.
O micênio, a máscara de ouro.
O alto muro, a ultrajada ruína.
Urquiza, o que deixam os punhais.
O rosto que se olha no espelho
Não é o de ontem. A noite o consumiu.
O delicado tempo nos modela.

Que ventura ser a água invulnerável
Que corre na parábola de Heráclito
Ou o intrincado fogo, mas agora,
No demorado dia que não passa,
Sinto-me duradouro e desvalido.

história da noite

Ao longo de diversas gerações
os homens erigiram a noite.
Em seu começo era cegueira e sonho
e espinhos que laceram o pé desnudo
e o temor dos lobos.
Nunca saberemos quem forjou a palavra
para o intervalo de sombra
que cinde os dois crepúsculos;
nunca saberemos em que século foi cifra
do espaço de estrelas.
Outros engendraram o mito.
Transformaram-na em mãe das Parcas tranqüilas
que tecem o destino
e lhe sacrificavam ovelhas negras
e o galo que pressagia seu fim.
Doze casas lhe deram os caldeus;
infinitos mundos, o Pórtico.
Hexâmetros latinos a modelaram
e o terror de Pascal.
Luis de León nela encontrou a pátria
de sua alma estremecida.
Agora a sentimos inesgotável
como um antigo vinho
e ninguém pode contemplá-la sem vertigem

e o tempo a impregnou de eternidade.
E pensar que não existiria
sem esses tênues instrumentos, os olhos.

epílogo

Um fato qualquer — uma observação, uma despedida, um encontro, um desses curiosos arabescos em que se compraz o acaso — pode suscitar a emoção estética. A sorte do poeta é projetar essa emoção, que foi íntima, em uma fábula ou em uma cadência. A matéria de que dispõe, a linguagem, é, como afirma Stevenson, absurdamente inadequada. O que fazer com as gastas palavras — com os *Idola Fori* de Francis Bacon — e com alguns artifícios retóricos que estão nos manuais? À primeira vista, nada ou muito pouco. No entanto, basta uma página do próprio Stevenson ou uma linha de Sêneca para demonstrar que a empresa nem sempre é impossível. Para eludir a controvérsia, escolhi exemplos pretéritos; deixo ao leitor o vasto passatempo de procurar outras felicidades, talvez mais imediatas.

Um volume de versos não passa de uma sucessão de exercícios mágicos. O modesto feiticeiro faz o que pode com seus modestos meios. Uma conotação infausta, um tom errôneo, um matiz, podem quebrar o conjuro. Whitehead denunciou a falácia do dicionário perfeito: supor que para cada coisa existe uma palavra. Trabalhamos às cegas. O universo é fluido e cambiante; a linguagem, rígida.

De todos os livros que publiquei, o mais íntimo é este. É pródigo em referências livrescas; também prodigalizou-as Montaigne, inventor da intimidade. Cabe dizer o mesmo de Robert Burton, cuja inesgotável *Anatomy of*

Melancholy — uma das obras mais pessoais da literatura — é uma espécie de centão que não se concebe sem longas estantes. Como certas cidades, como certas pessoas, uma parte muito grata de meu destino foram os livros. Poderei repetir que a biblioteca de meu pai foi o fato capital de minha vida? A verdade é que nunca saí dela, como nunca saiu da sua Alonso Quijano.

J. L. B.
Buenos Aires, 7 de outubro de 1977

notas

inscrição *Helmum behongen* (*Beowulf*, verso 3139) quer dizer em anglo-saxão "exornada de elmos".

alexandria, 641 a.d. Omar, contra toda verossimilhança, fala dos trabalhos de Hércules. Não sei se cabe lembrar que é uma projeção do autor. A verdadeira data é 1976, não o primeiro século da Hégira.

o cavalo Devo corrigir uma citação. Chaucer (*The Squieres Tale*, 194) escreveu:

Therwith so horsly, and so quik of yë.

the thing i am Parolles, personagem subalterno de *All's Well That Ends Well*, sofre uma humilhação. Subitamente é iluminado pela luz de Shakespeare e diz as palavras:

> *Captain I'll be no more*
> *But I will eat and drink and sleep as soft*
> *As captain shall. Simply the thing I am*
> *Shall make me live.*

No penúltimo verso ouve-se o eco do tremendo nome Sou Aquele que Sou, que na versão inglesa se lê "*I am that I am*". (Buber entende que se trata de uma evasiva do Senhor, urdida para não entregar seu verdadeiro e secreto nome a Moisés.) Swift, nas vésperas de sua morte, errava louco e solitário de quarto em quarto, repetindo "*I am that I am*". Como o Criador, a criatura é o que é, ao menos de maneira adjetiva.

as causas Uns quinhentos anos antes da Era Cristã, alguém escreveu: "Chuang Tzu sonhou que era uma borboleta e não sabia, ao acordar, se era um homem que havia sonhado ser uma borboleta ou uma borboleta que agora sonhava ser um homem".

a cifra (1981)

inscrição

Da série de fatos inexplicáveis que são o universo ou o tempo, a dedicatória de um livro não é, certamente, o menos arcano. É definida como um dom, um presente. Salvo no caso da indiferente moeda que a caridade cristã deixa cair na palma do pobre, todo presente verdadeiro é recíproco. Quem dá não se priva daquilo que dá. Dar e receber são a mesma coisa.

Como todos os atos do universo, a dedicatória de um livro é um ato mágico. Caberia, ainda, defini-la como o modo mais grato e mais sensível de pronunciar um nome. Pronuncio agora seu nome, María Kodama. Quantas manhãs, quantos mares, quantos jardins do Oriente e do Ocidente, quanto Virgílio.

J. L. B.
Buenos Aires, 17 de maio de 1981

prólogo

O exercício da literatura pode nos ensinar a eludir equívocos, não a merecer acertos. Revela-nos nossas impossibilidades, nossos severos limites. Com o passar dos anos, compreendi que estou proibido de ensaiar a cadência mágica, a curiosa metáfora, a interjeição, a obra sabiamente governada ou de largo fôlego. Minha sina é o que se costuma chamar de poesia intelectual. A palavra é quase um oximoro; o intelecto (a vigília) pensa por meio de abstrações, a poesia (o sonho), por meio de imagens, de mitos ou de fábulas. A poesia intelectual deve entretecer a contento esses dois processos. Assim faz Platão em seus diálogos; assim também Francis Bacon, em sua enumeração dos ídolos da tribo, do mercado, da caverna e do teatro. O mestre do gênero é, em minha opinião, Emerson; também o ensaiaram, com diversa felicidade, Browning e Frost, Unamuno e, asseguram-me, Paul Valéry.

Admirável exemplo de uma poesia puramente verbal é a seguinte estrofe de Jaimes Freyre:

> *Peregrina paloma imaginária*
> *que avivas os últimos amores;*
> *alma de luz, de música e de flores,*
> *peregrina paloma imaginária.*

Não quer dizer nada e, à maneira da música, diz tudo.

Exemplo de poesia intelectual é aquela silva de Luis de León, que Poe sabia de cor:

Viver comigo quero,
gozar do bem que devo ao Céu anseio,
sem testemunha, austero,
de amor e ciúme, alheio,
de ódio, de esperança, de receio.

Não há uma única imagem. Não há uma única palavra bonita, com a duvidosa exceção de *testemunha*, que não seja uma abstração.

Estas páginas procuram, não sem alguma incerteza, uma via intermediária.

J. L. B.
Buenos Aires, 29 de abril de 1981

ronda

O Islã, que foi espadas
que desolaram o poente e a aurora
e um fragor de exércitos na terra
e uma revelação e uma disciplina
e a aniquilação dos ídolos
e a conversão de todas as coisas
em um terrível Deus, que está só,
e a rosa e o vinho do sufi
e a rimada prosa alcorânica
e rios que repetem minaretes
e o infinito idioma da areia
e esse outro idioma, a álgebra,
e esse vasto jardim, as Mil e Uma Noites,
e homens que comentaram Aristóteles
e dinastias que se tornaram nomes do pó
e Tamerlão e Omar, que destruíram,
é aqui, em Ronda,
na delicada penumbra da cegueira,
um côncavo silêncio de pátios,
um ócio do jasmim
e um tênue rumor de água, que conjurava
memórias de desertos.

o ato do livro

Entre os livros da biblioteca havia um, escrito em arábico, que um soldado adquiriu por algumas moedas no Alcaná de Toledo e que os orientalistas ignoram, exceto na versão castelhana. Esse livro era mágico e registrava, de maneira profética, os feitos e palavras de um homem desde a idade de cinqüenta anos até o dia de sua morte, que ocorreria em 1614.
    Ninguém encontrará aquele livro, que pereceu na famosa conflagração ordenada por um padre e um barbeiro, amigo pessoal do soldado, como se lê no sexto capítulo.
    O homem teve o livro nas mãos e nunca o leu, porém cumpriu minuciosamente o destino que o árabe sonhara e continuará a cumpri-lo, sempre, pois sua aventura já é parte da vasta memória dos povos.
    Será esta fantasia mais estranha que a predestinação do Islã que postula um Deus, ou que o livre-arbítrio, que nos dá a terrível potestade de escolher o inferno?

descartes

Sou o único homem sobre a terra e talvez não exista
  terra nem homem.
Talvez um deus me engane.
Talvez um deus tenha me condenado ao tempo, essa
  longa ilusão.
Sonho a lua e sonho meus olhos, que percebem a lua.
Sonhei a tarde e a manhã do primeiro dia.
Sonhei Cartago e as legiões que desolaram Cartago.
Sonhei Lucano.
Sonhei a colina do Gólgota e as cruzes de Roma.
Sonhei a geometria.
Sonhei o ponto, a linha, o plano e o volume.
Sonhei o amarelo, o azul e o vermelho.
Sonhei minha enfermiça infância.
Sonhei os mapas e os reinos e aquele duelo ao alvorecer.
Sonhei a inconcebível dor.
Sonhei minha espada.
Sonhei Elizabeth da Boêmia.
Sonhei a dúvida e a certeza.
Sonhei o dia de ontem.
Não tive ontem, talvez; talvez não tenha nascido.
Quem sabe eu sonhe ter sonhado.
Sinto um pouco de frio, um pouco de medo.
Sobre o Danúbio paira a noite.
Continuarei sonhando Descartes e a fé de seus pais.

as duas catedrais

Nessa biblioteca de Almagro Sur
compartilhamos a rotina e o tédio
e a vagarosa classificação dos livros,
segundo a ordem decimal de Bruxelas,
e me confiaste tua curiosa esperança
de escrever um poema que observasse
verso por verso, estrofe por estrofe,
todas as divisões e proporções
dessa remota catedral de Chartres
(que teus olhos de carne nunca viram)
e que fosse o coro e as naves,
e a abside, o altar e as torres.
Agora, Schiavo, estás morto.
Terás, do céu platônico, olhado
com risonha piedade
a clara catedral de erguida pedra
e tua secreta catedral tipográfica
e saberás que as duas,
a que erigiram as gerações da França
e a que urdiu tua sombra,
são cópias temporais e mortais
de um arquétipo inconcebível.

beppo

O gato branco e casto se contempla
no luzidio vidro do espelho
e não pode saber que essa brancura
e esses olhos de ouro nunca vistos
antes na casa são sua própria imagem.
Quem lhe dirá que o outro que o observa
é somente um sonho do espelho?
Digo-me que esses gatos harmoniosos,
o de cristal e o de sangue quente,
são simulacros que concede ao tempo
um arquétipo eterno. É o que afirma,
sombra também, Plotino nas *Enéadas*.
De que Adão anterior ao paraíso,
de que indecifrável divindade
somos, os homens, um espelho partido?

ao adquirir uma enciclopédia

Aqui a vasta enciclopédia de Brockhaus,
aqui os muitos e pesados volumes e o volume do atlas,
aqui a devoção pela Alemanha,
aqui os neoplatônicos e os gnósticos,
aqui o primeiro Adão e Adão de Bremen,
aqui o tigre e o tártaro,
aqui a esmerada tipografia e o azul dos mares,
aqui a memória do tempo e os labirintos do tempo,
aqui o erro e a verdade,
aqui a dilatada miscelânea que sabe mais que qualquer homem,
aqui a soma da longa vigília.
Aqui também os olhos que não servem, as mãos que não acertam, as ilegíveis páginas,
a vacilante penumbra da cegueira, as paredes que se afastam.
Aqui também, no entanto, um novo hábito,
deste antigo hábito, a casa,
uma gravitação e uma presença,
o amor misterioso pelas coisas
que nos ignoram e se ignoram.

aquele

Oh, dias consagrados ao inútil
empenho de esquecer a biografia
de um poeta menor do hemisfério
austral, a quem o fado ou os astros
deram um corpo que não deixa um filho
e a cegueira, que é penumbra e cárcere,
e a velhice, alvorecer da morte,
e o renome, que ninguém merece,
e o hábito de tecer decassílabos
e o velho amor pelas enciclopédias
e pelos finos mapas caligráficos
e pelo marfim tênue e a nostalgia
eterna do latim e fragmentárias
memórias de Edimburgo e de Genebra
e o esquecimento de datas e nomes
e o culto do Oriente, que os povos
do mesclado Oriente não compartem,
e vésperas de trêmula esperança
e o abuso da etimologia
e esse ferro das sílabas saxônias
e a lua, que sempre nos surpreende,
e esse mau costume, Buenos Aires,
e o sabor das uvas e da água
e do cacau, doçura mexicana,

e um relógio de areia e umas moedas
e que na tarde, igual a tantas outras,
resigna-se a estes versos.

eclesiastes, 1,9

Se passo a mão de leve sobre a fronte,
se afago as lombadas desses livros,
se o Livro das Noites reconheço,
se giro a terceira fechadura,
se me demoro no umbral incerto,
se uma dor incrível me atordoa,
se recordo a Máquina do Tempo,
se recordo o tapete do unicórnio,
se mudo a posição enquanto durmo,
se a memória me devolve um verso,
repito o ritual inumeráveis
vezes em meu assinalado rumo.
Não posso executar um ato novo,
teço e torno a tecer a mesma fábula,
repito um repetido decassílabo,
torno a dizer o que outros me disseram,
as mesmas coisas sinto, sempre à mesma
hora do dia ou da abstrata noite.
Noite após noite o mesmo pesadelo,
noite após noite o austero labirinto.
Sou o cansaço de um espelho imóvel
ou o pó de um museu.
Somente algo indesejado espero,

só espero esse dom, ouro da sombra,
essa virgem, a morte. (O castelhano
permite esta metáfora.)

duas formas da insônia

O que é a insônia?
 A pergunta é retórica; conheço muito bem a resposta.
 É temer e contar na alta noite as duras badaladas fatais, é ensaiar com inútil magia uma respiração regular, é o peso de um corpo que bruscamente muda de lado, é apertar as pálpebras, é um estado parecido com a febre e que certamente não é a vigília, é pronunciar fragmentos de parágrafos lidos há muitos anos,
é saber-se culpado de velar enquanto os outros dormem, é querer mergulhar no sono e não conseguir mergulhar no sono, é o horror de ser e de continuar sendo,
é a duvidosa aurora.
 O que é a longevidade?
 É o horror de existir em um corpo humano cujas faculdades declinam, é uma insônia que se mede por décadas e não com ponteiros de aço, é o peso de mares e pirâmides, de antigas bibliotecas e dinastias, das auroras que Adão contemplou, é não ignorar que estou condenado a minha carne, a minha detestada voz,
a meu nome, a uma rotina de lembranças, ao castelhano, que não sei manejar, à nostalgia do latim, que não sei,
a querer mergulhar na morte e não poder mergulhar na morte, a ser e continuar sendo.

the cloisters

De um lugar do reino da França
foram trazidos os cristais e a pedra
para construir na ilha de Manhattan
estes côncavos claustros.
Não são apócrifos.
São fiéis monumentos de uma nostalgia.
Uma voz americana nos diz
que paguemos pelo que quisermos,
porque toda essa fábrica é ilusória
e o dinheiro que nos foge das mãos
vai converter-se em cequins ou em fumaça.
Esta abadia é mais terrível
que a pirâmide de Gizé
ou que o labirinto de Cnossos,
porque é também um sonho.
Ouvimos o murmúrio da fonte,
mas essa fonte está no Patio de los Naranjos
ou no cantar *Der Asra*.
Ouvimos claras vozes latinas,
mas essas vozes ressoaram na Aquitânia
quando estava próximo o Islã.
Vemos nos tapetes
a ressurreição e a morte
do sentenciado e branco unicórnio,
porque o tempo deste lugar

não obedece a uma ordem.
Os louros que toco florescerão
quando Leif Ericsson avistar as areias da América.
Sinto certa vertigem.
Não estou acostumado à eternidade.

nota para um conto fantástico

Em Wisconsin ou no Texas ou no Alabama os meninos brincam de guerra e os dois lados são o Norte e o Sul. Eu sei (todos sabem) que a derrota possui uma dignidade que a ruidosa vitória não merece, mas também sei imaginar que esse brinquedo, que abrange mais de um século e um continente, um dia vai descobrir a arte divina de destecer o tempo ou, como disse Pietro Damiano, de modificar o passado.

Se isso acontecer, se no decurso desses prolongados jogos o Sul humilhar o Norte, o hoje gravitará sobre o ontem e os homens de Lee serão vencedores em Gettysburg nos primeiros dias de julho de 1863 e a mão de Donne poderá concluir seu poema sobre as transmigrações de uma alma e o velho fidalgo Alonso Quijano conhecerá o amor de Dulcinéia e os oito mil saxões de Hastings derrotarão os normandos, como antes derrotaram os noruegueses, e Pitágoras não reconhecerá em um pórtico de Argos o escudo que usou quando era Euforbo.

epílogo

Já cumprida a cifra desses passos
que te coube caminhar sobre a terra,
digo que morreste. Eu também morri.
Eu, que recordo a precisa noite
do ignorado adeus, hoje pergunto:
Que fim terão levado os dois rapazes
que pelos anos 20 deste século
procuravam, com ingênua fé platônica,
nos caminhos prolongados da noite
do Sur ou na guitarra de Paredes
ou em fábulas de esquina e de faca
ou na alvorada, em que ninguém tocou,
a secreta cidade de Buenos Aires?
Nos metais de Quevedo irmanados
e no amor do numeroso hexâmetro,
descobridor (quando todos nós éramos)
desse antigo instrumento, a metáfora,
Francisco Luis, do estudioso livro,
quem dera dividisses esta vã
tarde comigo, inexplicavelmente,
e me ajudasses a limar o verso.

buenos aires

Nasci em outra cidade que também se chamava Buenos Aires.
Recordo o ruído dos ferros do portão gradeado.
Recordo os jasmins e o algibe, coisas da nostalgia.
Recordo uma divisa rosada que um dia foi escarlate.
Recordo a ressolana e a sesta.
Recordo duas espadas cruzadas que serviram no deserto.
Recordo os lampiões de gás e o homem com o cajado.
Recordo o tempo generoso, as pessoas que chegavam sem avisar.
Recordo uma bengala de estoque.
Recordo o que vi e o que me contaram meus pais.
Recordo Macedonio, no canto de uma confeitaria do Once.
Recordo as carroças do interior no pó do Once.
Recordo o Almacén de la Figura na rua de Tucumán.
(Na esquina morreu Estanislao del Campo.)
Recordo um terceiro pátio, nunca alcançado, o pátio dos escravos.
Guardo memórias do pistolaço de Alem em uma carruagem fechada.
Naquela Buenos Aires, que me deixou, eu seria um estranho.
Sei que os únicos paraísos não proibidos ao homem são os paraísos perdidos.
Alguém quase idêntico a mim, alguém que não terá lido esta página,
lamentará as torres de cimento e o talado obelisco.

a prova

Do outro lado da porta certo homem
deixa tombar sua corrupção. É inútil
elevar esta noite uma prece
a seu curioso deus, que é três, dois, um,
acreditando-se imortal. Agora
ouve a profecia de sua morte
e sabe que é um animal assentado.
Tu és, irmão, esse homem. Agradeçamos
os vermes e o esquecimento.

hino

Esta manhã
há no ar o incrível aroma
das rosas do Paraíso.
Às margens do Eufrates
Adão descobre o frescor da água.
Uma chuva de ouro cai do céu;
é o amor de Zeus.
Salta do mar um peixe
e um homem de Agrigento vai lembrar
já ter sido esse peixe.
Em uma caverna cujo nome será Altamira
a mão sem rosto vai traçando a curva
de um lombo de bisão.
A lenta mão de Virgílio acaricia
a seda que trouxeram
do reino do Imperador Amarelo
as caravanas e as naves.
O primeiro rouxinol canta na Hungria.
Jesus vê na moeda o perfil de César.
Pitágoras revela a seus gregos
que a forma do tempo é a do círculo.
Em uma ilha do Oceano
os lebréus de prata perseguem os cervos de ouro.
Em uma bigorna forjam a espada
que será fiel a Sigurd.

Whitman canta em Manhattan.
Homero nasce em sete cidades.
Uma donzela captura agora
o unicórnio branco.
Todo o passado volta feito onda,
e essas antigas coisas reaparecem
porque uma mulher te deu um beijo.

a felicidade

Quem abraça uma mulher é Adão. A mulher é Eva.
Tudo acontece pela primeira vez.
Avistei uma coisa branca no céu. Dizem-me que é a lua,
mas o que posso fazer com uma palavra e uma mitologia...
As árvores dão-me um pouco de medo. São tão formosas.
Os mansos animais se aproximam para que eu lhes diga
  seu nome.
Os livros da biblioteca não têm letras. Quando os abro,
  surgem.
Ao folhear o atlas projeto a forma de Sumatra.
Quem acende um fósforo no escuro está inventando
  o fogo.
No espelho há outro à espreita.
Quem olha para o mar vê a Inglaterra.
Quem profere um verso de Liliencron já entrou na
  batalha.
Sonhei Cartago e as legiões que desolaram Cartago.
Sonhei a espada e a balança.
Louvado seja o amor em que não há possuidor nem
  possuída, mas dois que se entregam.
Louvado seja o pesadelo, por nos revelar que podemos
  criar o inferno.
Quem desce a um rio desce ao Ganges.
Quem olha um relógio de areia vê a dissolução de um
  império.

Quem brinca com um punhal pressagia a morte de César.
Quem dorme é todos os homens.
No deserto vi a jovem Esfinge, que acabam de lavrar.
Não há nada tão antigo sob o sol.
Tudo acontece pela primeira vez, porém de modo eterno.
Quem lê minhas palavras está inventando-as.

elegia

Sem que ninguém soubesse, nem o espelho,
chorou algumas lágrimas humanas.
Não pode imaginar que comemoram
todas as coisas que merecem lágrimas:
a beleza de Helena, que não viu,
o perdido correr do rio dos anos,
a mão de Jesus Cristo no madeiro
de Roma, as ruínas de Cartago,
o rouxinol do húngaro e do persa,
a breve sorte, a ansiedade que aguarda,
de marfim e de música Virgílio,
que cantou os trabalhos da espada,
as muitas configurações das nuvens
de cada novo e singular ocaso
e essa manhã que será uma tarde.
Do outro lado da porta certo homem
feito de solidão, de amor, de tempo,
acaba de chorar em Buenos Aires
todas as coisas.

blake

Onde estará a rosa que em tua mão
prodiga, sem saber, íntimos dons?
Não está na cor, porque a flor é cega,
nem na doce fragrância inesgotável,
nem no peso da pétala. Essas coisas
são alguns poucos e perdidos ecos.
A rosa verdadeira está bem longe.
Pode ser um pilar ou uma batalha
ou um firmamento de anjos ou um mundo
infinito, secreto e necessário,
ou o júbilo de um deus que não veremos
ou um planeta de prata em outro céu
ou um arquétipo horrível que não tem
a forma dessa rosa.

o fazedor

Somos o rio que invocaste, Heráclito.
Somos o tempo. Seu intangível curso
Arrasta os leões e as montanhas,
Pranteado amor, cinzas do deleite,
Insidiosa esperança interminável,
Vastos nomes de impérios que são pó,
Hexâmetros do grego e do romano,
Lúgubre um mar sob o poder da aurora,
O sono, em que pregustamos a morte,
As armas e o guerreiro, monumentos,
As duas faces de Jano que se ignoram,
Os labirintos de marfim que urdem
As peças de xadrez no tabuleiro,
A rubra mão de Macbeth que pode
Ensangüentar os mares, o secreto
Trabalho dos relógios entre as sombras,
Um incessante espelho que se fita
Em outro espelho, e ninguém para vê-los,
Lâminas aceradas, letra gótica,
Uma barra de enxofre em um armário,
Pesadas badaladas da insônia,
Auroras e poentes e crepúsculos,
Ecos, ressaca, areia, líquen, sonhos.
Não passo de imagens que o acaso
Vai embaralhando e que nomeia o tédio.

Com elas, mesmo cego e alquebrado,
Hei de lavrar o verso incorruptível
E (é meu dever) salvar-me.

yesterdays

Da estirpe de pastores protestantes
e de soldados sul-americanos
que opuseram ao godo e às lanças
do deserto seu pó incalculável,
sou e não sou. Minha verdadeira estirpe
é a voz, que ainda ouço, de meu pai,
comemorando música de Swinburne,
e os grandes volumes que folheei,
folheei e não li, e que me bastam.
Sou o que me contaram os filósofos.
O acaso ou o destino, esses dois nomes
de algo secreto que ignoramos,
prodigaram-me pátrias: Buenos Aires,
Nara, onde passei uma única noite,
Genebra, as duas Córdobas, a Islândia...
Sou o côncavo sonho solitário
em que me perco ou em que tento perder-me,
a servidão de ambos os crepúsculos,
as antigas manhãs e a vez primeira
que vi o mar ou a lua ignara,
sem seu Virgílio e sem seu Galileu.
Sou cada instante de meu longo tempo,
cada noite de insônia escrupulosa,
cada separação e cada véspera.
Sou a memória errônea da gravura

que no quarto ainda existe e que meus olhos,
hoje apagados, viram claramente:
O Cavaleiro, a Morte e o Demônio.
Sou aquele outro que olhou o deserto
e que em sua eternidade ainda olha.
Sou um espelho, um eco. O epitáfio.

a trama

Nesse segundo pátio
a torneira periódica goteja,
fatal como a morte de César.
As duas são peças de uma trama que envolve
o círculo sem princípio nem fim,
a âncora do fenício,
o lobo e o cordeiro primigênios,
a data de minha morte
e o teorema perdido de Fermat.
Essa trama de ferro
os estóicos conceberam de um fogo
que morre e que renasce feito Fênix.
E a grande árvore das causas
e dos ramificados efeitos;
em suas folhas estão Roma e Caldéia
e o que divisam as faces de Jano.
O universo é um de seus nomes.
Ninguém jamais o viu
e homem algum pode ver outra coisa.

milonga de juan muraña

Terei cruzado com ele
Em uma esquina casual.
Eu um menino, ele um homem.
Nem soube que era o tal.

Não sei por que em minha prece
Esse antigo me acompanha.
Sei que minha sina é salvar
A memória de Muraña.

Há quem não tenha virtude.
Ele ao menos teve a sua.
Foi o homem mais valente
Que já viram o sol e a lua.

Nunca faltou ao respeito.
Não gostava de brigar.
Porém, em caso de avença,
Só atirava pra matar.

Como cão, fiel ao caudilho,
Servia nas eleições.
Sofreu muita ingratidão,
A pobreza e as prisões.

Homem capaz de lutar
Preso ao outro por um laço,
Homem que soube enfrentar
Com faca qualquer balaço.

Recordava-o Carriego
E eu o recordo agora.
Mais vale pensar nos outros,
Quando se aproxima a hora.

andrés armoa

Os anos deixaram-lhe algumas palavras em guarani, que ele sabe usar quando a ocasião requer, mas que não poderia traduzir sem certo trabalho.

Os outros soldados o aceitam, mas alguns (não todos) sentem que há algo de estranho nele, como se fosse herege ou infiel ou sofresse de algum mal.

Esta rejeição o aborrece menos que o interesse dos recrutas.

Não é de beber, mas aos sábados costuma ficar um pouco alto.

Tem o hábito do mate, que de algum modo povoa a solidão.

As mulheres não o desejam e ele não as procura.

Tem um filho em Dolores. Faz anos que nada sabe dele, a modo de gente simples, que não escreve.

Não é homem de muita conversa, mas costuma contar, sempre com as mesmas palavras, aquela longa marcha de tantas léguas de Junín a San Carlos. Talvez ele a conte com as mesmas palavras porque as saiba de cor e já tenha esquecido os fatos.

Não tem um catre. Dorme sobre os arreios e desconhece o pesadelo.

Tem a consciência tranqüila. Limitou-se a cumprir ordens.

Goza da confiança de seus chefes.

É o degolador.

Perdeu a conta das vezes que viu o alvorecer no deserto.

Perdeu a conta das gargantas, mas não se esquecerá da primeira e dos esgares do índio puelche.

Nunca será promovido. Não deve chamar a atenção.

Em sua província foi domador. Agora é incapaz de ginetear um bagual, mas gosta dos cavalos e os entende.

É amigo de um índio.

o terceiro homem

Dedico este poema
(por ora aceitemos esta palavra)
ao terceiro homem que cruzou comigo anteontem
   à noite,
não menos misterioso que o de Aristóteles.
Saí no sábado.
A noite estava cheia de gente;
houve sem dúvida um terceiro homem,
como houve um quarto e um primeiro.
Não sei se nos olhamos;
ele ia pela Paraguay, eu ia pela Córdoba.
Estas palavras quase o geraram;
nunca saberei seu nome.
Sei que há um sabor que ele prefere.
Sei que contemplou lentamente a lua.
Não é impossível que esteja morto.
Lerá o que escrevo agora e não saberá
que me refiro a ele.
No secreto futuro
podemos ser rivais que se respeitam
ou amigos que se estimam.
Realizei um ato irreparável,
estabeleci um vínculo.
Neste mundo cotidiano,
que se parece tanto

ao livro d'*As mil e uma noites*,
não há um único ato que não corra o risco
de ser uma operação da magia,
não há um único fato que não possa ser o primeiro
de uma série infinita.
Pergunto-me que sombras não irão lançar
estas ociosas linhas.

nostalgia do presente

Naquele exato momento, disse o homem a si mesmo:
Que não daria eu pela ventura
de estar a teu lado na Islândia
sob o grande dia imóvel
e de compartilhar o agora
como se compartilha uma música
ou o gosto de uma fruta.
Naquele exato momento,
o homem estava junto dela na Islândia.

o ápice

Não haverá de salvar-te o que deixaram
Escrito aqueles que teu medo implora;
Não és os outros e te vês agora
Centro do labirinto que tramaram
Os teus passos. Não te salva a agonia
De Jesus ou de Sócrates nem o forte
Siddhartha de ouro que aceitou a morte
Em um jardim, ao declinar o dia.
É pó também essa palavra escrita
Por tua mão ou o verbo pronunciado
Por tua boca. Não há lástima no Fado
E a noite de Deus é infinita.
Tua matéria é o tempo, o incessante
Tempo. Tu és todo solitário instante.

poema

ANVERSO

Dormias. Eu te acordo.
A ampla manhã defronta a ilusão de um princípio.
Já havias esquecido Virgílio. Aí estão os hexâmetros.
Ofereço-te muitas coisas.
As quatro raízes do grego: a terra, a água, o fogo, o ar.
Um único nome de mulher.
A amizade da lua.
Os tons claros do atlas.
O esquecimento, que purifica.
A memória que escolhe e redescobre.
O hábito que nos ajuda a sentir que somos imortais.
A esfera e os ponteiros que parcelam o inapreensível tempo.
O perfume do sândalo.
As dúvidas a que chamamos, não sem alguma vaidade, metafísica.
A curva da bengala que tua mão aguarda.
O gosto das uvas e do mel.

REVERSO

Acordar aquele que dorme
é um ato simples e cotidiano
que poderia fazer-nos tremer.
Acordar aquele que dorme
é impor a outro o interminável
cárcere do universo,
de seu tempo sem ocaso nem aurora.
É revelar-lhe que é alguém ou algo
que está sujeito a um nome que o divulga
e a um cúmulo de ontens.
É inquietar sua eternidade.
É saturá-lo de séculos e estrelas.
É restituir ao tempo outro Lázaro
saturado de memória.
É infamar a água do Letes.

o anjo

Que o homem não seja indigno do Anjo
cuja espada o protege
desde que o gerou aquele Amor
que move o sol e outras estrelas
até o Último Dia em que ressoe
o trovão na trombeta.
Que não o arraste a vermelhos bordéis
nem aos palácios que erigiu a soberba
nem às tavernas insensatas.
Que não se entregue à súplica
nem ao ultraje do pranto
nem à fabulosa esperança
nem às pequenas magias do medo
nem ao simulacro do histrião;
o Outro o observa.
Que lembre que jamais estará só.
Ou no público dia ou na sombra,
o incessante espelho o confirma;
que não macule seu cristal uma lágrima.

Senhor, que até o fim de meus dias sobre a Terra
eu não desonre o Anjo.

o sonho

A noite nos impõe sua tarefa
mágica. Destecer o universo,
as infinitas ramificações
de efeitos e de causas, que se perdem
na vertigem sem fundo que é o tempo.
A noite quer que esta noite esqueças
teu nome, teus ancestrais e seu sangue,
cada palavra humana e cada lágrima,
o que a vigília pôde te ensinar,
o ponto ilusório dos geômetras,
a linha, o plano, o cubo, a pirâmide,
o cilindro, a esfera, o mar, as ondas,
tua face sobre a fronha, o frescor
do lençol estreado, os jardins,
os impérios, os Césares e Shakespeare
e o que é mais difícil, o que amas.
Curiosamente, uma pílula pode
riscar o cosmos e erigir o caos.

um sonho

Em um deserto lugar do Irã há uma não muito alta torre de pedra, sem porta nem janela. No único quarto (que tem um chão de terra e a forma do círculo) há uma mesa de madeira e um banco. Nessa cela circular, um homem que se parece comigo escreve em caracteres que não compreendo um longo poema sobre um homem que em outra cela circular escreve um poema sobre um homem que em outra cela circular... O processo não tem fim e ninguém poderá ler o que os prisioneiros escrevem.

inferno, v, 129

Deixam cair o livro, pois já sabem
que são os personagens desse livro.
(Serão de outro, o maior,
porém o que isso pode importar...)
São agora Paolo e Francesca,
não dois amigos que dividem
o sabor de uma fábula.
Olham-se com incrédula maravilha.
Suas mãos não se tocam.
Descobriram o único tesouro;
encontraram um ao outro.
Não traem Malatesta,
porque a traição pede um terceiro
e só existem eles dois no mundo.
São Paolo e Francesca
e também a rainha e seu amante
e todos os amantes que existiram
desde aquele Adão e sua Eva
sobre o pasto do Paraíso.
Um livro, um sonho lhes revela
que são formas de um sonho já sonhado
nas terras da Bretanha.
Outro livro fará com que os homens
(sonhos também) os sonhem.

correr ou ser

Corre no céu o Reno? Há uma forma
universal do Reno, um arquétipo,
que invulnerável a esse outro Reno, o tempo,
dura e perdura num eterno Agora
e é origem do Reno que, na Alemanha,
segue seu curso, enquanto dito o verso?
Isso é o que conjecturam os platônicos;
isso Guilherme de Occam não aprovou.
Disse que Reno (sua etimologia
é *rinan* ou correr) não é nada além
de um arbitrário epíteto que os homens
conferem à fuga secular da água,
das geleiras até a última areia.
É bem possível. Que outros decidam.
Eu só serei, insisto, aquela série
de brancos dias e de negras noites
que amaram, que cantaram e que leram
padecendo de medo e de esperança,
ou haverá um outro, o eu secreto,
cuja ilusória imagem, hoje extinta,
interroguei no ansioso espelho?
Do outro lado da morte talvez saiba
se fui uma palavra ou fui alguém.

a fama

Ter visto Buenos Aires crescer, crescer e declinar.
Lembrar o pátio de terra e a parreira, o átrio e o algibe.
Ter herdado o inglês, ter interrogado o saxão.
Professar o amor ao alemão e a nostalgia do latim.
Ter conversado em Palermo com um velho assassino.
Agradecer o xadrez e o jasmim, os tigres e o hexâmetro.
Ler Macedonio Fernández com a voz que foi sua.
Conhecer as ilustres incertezas que são a metafísica.
Ter honrado espadas e sensatamente desejar a paz.
Não ser cobiçoso de ilhas.
Não ter saído de minha biblioteca.
Ser Alonso Quijano sem me atrever a ser Dom Quixote.
Ter ensinado o que não sei a quem saberá mais do que eu.
Agradecer os dons da lua e de Paul Verlaine.
Ter urdido um ou outro decassílabo.
Ter voltado a contar velhas histórias.
Ter disposto no dialeto de nosso tempo cinco ou seis metáforas.
Ter eludido subornos.
Ser cidadão de Genebra, de Montevidéu, de Austin e (como
  todos os homens) de Roma.
Ser devoto de Conrad.
Ser essa coisa que ninguém pode definir: argentino.
Ser cego.
Nenhuma dessas coisas é estranha e seu conjunto me depara
  uma fama que não consigo compreender.

os justos

Um homem que cultiva seu jardim, como queria Voltaire.
O que agradece que na terra exista música.
O que descobre com prazer uma etimologia.
Dois empregados que em um café do Sur jogam um silencioso xadrez.
O ceramista que premedita uma cor e uma forma.
O tipógrafo que compõe bem esta página, que talvez não lhe agrade.
Uma mulher e um homem que lêem os tercetos finais de certo canto.
O que afaga um animal adormecido.
O que justifica ou quer justificar um mal que lhe fizeram.
O que agradece que na terra exista Stevenson.
O que prefere que os outros estejam certos.
Essas pessoas, que se desconhecem, estão salvando o mundo.

o cúmplice

Crucificam-me e eu devo ser a cruz e os cravos.
Passam-me o cálice e eu devo ser a cicuta.
Enganam-me e eu devo ser a mentira.
Incendeiam-me e eu devo ser o inferno.
Devo louvar e agradecer cada instante do tempo.
Meu alimento é todas as coisas.
O peso preciso do universo, a humilhação, o júbilo.
Devo justificar aquilo que me fere.
Não importa minha ventura ou desventura.
Sou o poeta.

o espião

Na pública luz das batalhas
outros dão sua vida à pátria
e os recorda o mármore.
Eu vaguei obscuro por cidades que odeio.
Dei-lhe outras coisas.
Abjurei de minha honra,
traí os que me acreditaram seu amigo,
comprei consciências,
abominei o nome da pátria.
Resigno-me à infâmia.

o deserto

Antes de adentrarem o deserto
os soldados beberam longamente da água do poço.
Hiérocles entornou sobre a terra
a água de seu cântaro e disse:
"Se havemos de entrar no deserto,
já estou no deserto.
Se a sede vai me abrasar,
que me abrase já".
Esta é uma parábola.
Antes de me abismarem no inferno
os lictores do deus concederam que eu olhasse uma rosa.
Essa rosa é agora meu tormento
no obscuro reino.
Um homem foi deixado pela mulher.
Resolveram fingir um último encontro.
O homem disse:
"Se devo entrar na solidão,
já estou só.
Se a sede vai me abrasar,
que me abrase já".
Esta é outra parábola.
Ninguém na terra
tem a coragem de ser aquele homem.

o bastão de laca

Foi descoberto por María Kodama. Apesar de sua autoridade e firmeza, é curiosamente leve. Quem o percebe o espreita; quem o espreita não o esquece.
    Observo-o. Sinto que é parte daquele império, infinito no tempo, que erigiu sua muralha para construir um recinto mágico.
    Observo-o. Penso naquele Chuang Tzu que sonhou que era uma borboleta e que não sabia, ao acordar, se era um homem que sonhara ser uma borboleta ou uma borboleta que agora sonhava ser um homem.
    Observo-o. Penso no artesão que trabalhou o bambu e o vergou para que minha mão direita pudesse ajustar-se bem ao punho.
    Não sei se ainda vive ou se está morto.
    Não sei se é taoísta ou budista ou se interroga o livro dos sessenta e quatro hexagramas.
    Nunca nos veremos.
    Está perdido entre novecentos e trinta milhões.
    Existe, no entanto, um liame entre nós.
    Não é impossível que Alguém tenha premeditado este vínculo.
    Não é impossível que o universo precise deste vínculo.

a certa ilha

Como te invocar, delicada Inglaterra?
É evidente que não devo ensaiar
nem a pompa nem o fragor da ode,
alheia a teu pudor.
Não falarei de teus mares, que são o Mar,
nem do império que te impôs, ilha íntima,
o desafio dos outros.
Mencionarei em voz baixa alguns símbolos:
Alice, que foi um sonho do Rei Vermelho,
que foi um sonho de Carroll, hoje um sonho,
o sabor do chá e dos doces,
um labirinto no jardim,
um relógio de sol,
um homem com saudade (que não diz a ninguém que
    tem saudade)
do Oriente e das solidões glaciais
que Coleridge não viu
e que cifrou em palavras precisas,
o murmúrio da chuva, que não muda,
a neve sobre as faces,
a sombra da estátua de Samuel Johnson,
o eco do alaúde que perdura,
ainda que ninguém mais possa ouvi-lo,
o vidro de um espelho refletindo
o olhar cego de Milton,

a incessante vigília de uma bússola
e o *Livro dos mártires*,
a crônica de obscuras gerações
nas páginas finais de uma Bíblia,
o pó sob o mármore,
o sigilo da aurora.
Aqui estamos os dois, ilha secreta.
Ninguém nos ouve.
Entre os dois crepúsculos
partilharemos em silêncio coisas queridas.

o *go*

Hoje, 9 de setembro de 1978,
tive na palma da mão um pequeno disco
dos trezentos e sessenta e um necessários
para o jogo astrológico do *go*,
esse outro xadrez do Oriente.
É mais antigo que a mais antiga escrita
e o tabuleiro é um mapa do universo.
Suas variações pretas e brancas
esgotarão o tempo.
Nele os homens podem se perder,
como no amor e no dia.
Hoje, 9 de setembro de 1978,
eu, que desconheço tantas coisas,
sei que agora ignoro mais uma,
e agradeço a meus numes
esta revelação de um labirinto
que nunca será meu.

shinto

Quando nos desalenta o infortúnio,
por instantes nos salvam
as aventuras ínfimas
da atenção ou da memória:
o sabor de uma fruta, o sabor da água,
esse rosto que um sonho nos devolve,
os jasmins inaugurais de novembro,
o anseio infinito de uma bússola,
o livro que julgávamos perdido,
o pulso de um hexâmetro,
a breve chave que nos abre uma casa,
o aroma da biblioteca ou do sândalo,
aquele antigo nome de uma rua,
as cores de um mapa,
uma etimologia imprevista,
a lisura de uma unha lixada,
a data que buscávamos,
contar as doze escuras badaladas,
uma brusca dor física.

Oito milhões são as divindades do Shinto
que viajam pela terra, secretas.
Esses modestos numes só nos tocam,
tocam-nos e nos deixam.

o forasteiro

No santuário há uma espada.
Sou o segundo sacerdote do templo. Jamais a vi.
Outras comunidades adoram um espelho de metal
   ou uma pedra.
Creio que escolheram essas coisas porque um dia foram
   estranhas.
Falo com liberdade; o Shinto é o mais leve dos cultos.
O mais leve e o mais antigo.
Guarda escritas tão arcaicas que já estão quase
   em branco.
Um cervo ou uma gota de orvalho poderiam
   professá-lo.
Diz que devemos fazer o bem, mas não fundou
   uma ética.
Não declara que o homem tece seu *karma*.
Não quer intimidar com castigos nem subornar com
   prêmios.
Seus fiéis podem aceitar a doutrina de Buda ou a de
   Jesus.
Adora o Imperador e os mortos.
Sabe que depois da morte cada homem é um deus que
   ampara os seus.
Sabe que depois da morte cada árvore é um deus que
   ampara as árvores.
Sabe que o sal, a água e a música podem nos purificar.

Sabe que são legião as divindades.
Esta manhã visitou-nos um velho poeta peruano.
 Era cego.
No átrio compartilhamos a aragem do jardim e o cheiro
 da terra úmida e o canto de aves ou de deuses.
Mediante um intérprete, quis lhe explicar nossa fé.
Não sei se me entendeu.
Os rostos ocidentais são máscaras que não se deixam
 decifrar.
Disse-me que ao voltar ao Peru lembraria nosso diálogo
 em um poema.
Não sei se o fará.
Não sei se voltaremos a nos ver.

dezessete *haiku*

1

Algo disseram
a tarde e a montanha.
Já me fugiu.

2

A vasta noite
não passa agora
de um aroma.

3

É ou não é
o sonho que esqueci
antes da aurora?

4

Calam as cordas.
A música sabia
tudo o que sinto.

5

Já não me alegram
as amendoeiras do horto.
São tua lembrança.

6

Obscuramente
livros, lâminas, chaves
seguem minha sina.

7

Desde esse dia
não movi mais as peças
no tabuleiro.

8

Deserto adentro
acontece a aurora.
Alguém já sabe.

9

A ociosa espada
sonha com suas batalhas.
Outro é meu sonho.

10

O homem morreu.
A barba ainda não sabe.
Crescem as unhas.

11

Esta é a mão
que por vezes tocava
em teus cabelos.

12

Sob o alpendre
o espelho não repete
mais do que a lua.

13

Sob essa lua
a sombra que se alonga
é uma só.

14

É um império
essa luz que se apaga
ou um pirilampo?

15

A lua nova.
Ela também a olha
de uma outra porta.

16

Longe um gorjeio.
O rouxinol não sabe
que é teu consolo.

17

A velha mão
segue inscrevendo versos
no esquecimento.

nihon

Divisei, em páginas de Russell, a doutrina dos conjuntos, a *Mengenlehre*, que postula e explora os vastos números que um homem imortal não atingiria, mesmo que esgotasse suas eternidades contando, e cujas dinastias imaginárias têm como cifras as letras do alfabeto hebraico. Nesse delicado labirinto não me foi dado penetrar.

Divisei, em definições, axiomas, proposições e corolários, a infinita substância de Espinosa, que consta de infinitos atributos, entre os quais estão o espaço e o tempo, de modo que, se pronunciamos ou pensamos uma palavra, ocorrem paralelamente infinitos fatos em infinitos orbes inconcebíveis. Nesse delicado labirinto não me foi dado penetrar.

Em montanhas que preferem, como Verlaine, o matiz à cor, na escritura que exerce a insinuação e ignora a hipérbole, em jardins onde a água e a pedra não importam menos do que a relva, em tigres pintados por gente que nunca viu um tigre e nos oferece, quase, um arquétipo, no caminho da honra, o *bushido*, em uma nostalgia de espadas, de pontes, manhãs e santuários, em uma música que beira o silêncio, em tuas multidões a meia-voz, divisei tua superfície, oh, Japão. Nesse delicado labirinto...

À guarnição de Junín chegavam, por volta de 1870,

índios puelches que nunca tinham visto uma porta, uma aldrava de bronze ou uma janela. Viam e tocavam essas coisas, não menos estranhas para eles do que para nós Manhattan, e voltavam a seu deserto.

a cifra

A amizade silenciosa da lua
(citando mal Virgílio) te acompanha
desde aquela dispersa hoje no tempo
noite ou entardecer em que teus vagos
olhos a decifraram para sempre
em um jardim ou um pátio que são pó.
Para sempre? Eu sei que alguém, um dia,
irá dizer-te verdadeiramente:
"Não voltarás a ver a clara lua.
Já esgotaste a inalterável
soma de vezes que te dá o destino.
Inútil abrir todas as janelas
do mundo. É tarde. Não a encontrarás".
Vivemos descobrindo e esquecendo
esse suave hábito da noite.
Olha-a bem. Quem sabe seja a última.

algumas notas

as duas catedrais A filosofia e a teologia, imagino, são duas espécies da literatura fantástica. Duas espécies esplêndidas. De fato, o que são as noites de Xerazade, ou o homem invisível, ao lado da infinita substância, dotada de infinitos atributos, de Baruch Espinosa ou dos arquétipos platônicos? A estes me referi neste poema, assim como em "Correr ou ser" e em "Beppo". Lembro, de passagem, que certas escolas da China se perguntaram se existe um arquétipo, um *li*, da poltrona e outro da poltrona de bambu. O leitor curioso pode consultar *A Short History of Chinese Philosophy* (Macmillan, 1948), de Fung Yu-Lan.

aquele Esta composição, como quase todas as outras, abusa da enumeração caótica. Desta figura, que com tanta felicidade Walt Whitman prodigalizou, só posso dizer que deve parecer um caos, uma desordem, e ser intimamente um cosmos, uma ordem.

eclesiastes, 1,9 No versículo de referência, alguns viram uma alusão ao tempo circular dos pitagóricos. Creio que tal conceito é totalmente estranho aos hábitos do pensamento hebraico.

andrés armoa O leitor deve imaginar que sua história ocorre na província de Buenos Aires, em mil oitocentos e setenta e tantos.

o terceiro homem Esta página, cujo tema são os secretos vínculos que unem todos os seres do mundo, é basicamente igual à que se chama "O bastão de laca".

os conjurados (1985)

inscrição

Escrever um poema é ensaiar uma espécie de magia menor. O instrumento dessa magia, a linguagem, é bastante misterioso. Nada sabemos de sua origem. Só sabemos que se ramifica em idiomas e que cada um deles consta de um indefinido e cambiante vocabulário e de um número indefinido de possibilidades sintáticas. Com esses inapreensíveis elementos compus este livro. (No poema, a cadência e o ambiente de uma palavra podem pesar mais que o sentido.)

É seu este livro, María Kodama. Será preciso que lhe diga que esta inscrição compreende os crepúsculos, os cervos de Nara, a noite que está só e as povoadas manhãs, as ilhas compartilhadas, os mares, os desertos e os jardins, o que perde o esquecimento e o que a memória transforma, a alta voz do muezim, a morte de Hawkwood, os livros e as lâminas?

Só podemos dar o que já demos. Só podemos dar o que já é do outro. Neste livro estão as coisas que sempre foram suas. Que mistério é uma dedicatória, uma entrega de símbolos!

J. L. B.

prólogo

A ninguém pode assombrar o fato de o primeiro dos elementos, o fogo, não ser profuso no livro de um homem de oitenta e tantos anos. Uma rainha, na hora da morte, diz que é fogo e ar; eu costumo sentir que sou terra, cansada terra. Continuo, entretanto, escrevendo. Que outra sorte me resta, que outra bela sorte me resta? A ventura de escrever não se mede pelas virtudes ou fraquezas da escrita. Toda obra humana é perecível, afirma Carlyle, não sua execução.

Não professo nenhuma estética. Cada obra confia a seu escritor a forma que procura: o verso, a prosa, o estilo barroco ou o simples. As teorias podem ser admiráveis estímulos (recordemos Whitman), mas também podem gerar monstros ou meras peças de museu. Recordemos o monólogo interior de James Joyce ou o sumamente importuno Polifemo.

No decorrer dos anos tenho observado que a beleza, como a felicidade, é freqüente. Não se passa um dia em que não estejamos, por um instante, no paraíso. Não há poeta, por mais medíocre que seja, que não tenha escrito o melhor verso da literatura, e também os mais infelizes. A beleza não é privilégio de alguns nomes ilustres. Seria muito improvável que este livro, que compreende umas quarenta composições, não entesourasse uma única linha secreta, digna de acompanhar-te até o fim.

Neste livro há muitos sonhos. Esclareço que foram dons da noite ou, mais precisamente, da aurora, não ficções deliberadas. Atrevi-me apenas a acrescentar um ou outro traço circunstancial, desses que nosso tempo exige, a partir de Defoe.

Dito este prólogo em uma de minhas pátrias, Genebra.

J. L. B.
9 de janeiro de 1985

cristo na cruz

Cristo na cruz. Os pés tocam a terra.
Os três madeiros têm a mesma altura.
Cristo não está no meio. É o terceiro.
A negra barba pende sobre o peito.
O rosto não é o rosto das estampas.
É áspero e judeu. Eu não o vejo,
mas irei procurá-lo até o dia
último de meus passos sobre a terra.
O homem alquebrado sofre e cala.
A coroa de espinhos o castiga.
Não o alcança o escárnio da plebe
que viu sua agonia tantas vezes.
A sua ou a de outro. Tanto faz.
Cristo na cruz. Desordenadamente
pensa no reino que talvez o espere,
pensa em uma mulher que não foi sua.
Não lhe é dado ver a teologia,
nem a Trindade indecifrável, os gnósticos,
as catedrais, a navalha de Occam,
a púrpura, a mitra, a liturgia,
a conversão de Guthrum pela espada,
a Inquisição e o sangue dos mártires,
as atrozes Cruzadas, Joana d'Arc,
o Vaticano que abençoa exércitos.
Sabe que não é um deus e que é um homem

que morre com o dia. Não lhe importa.
Importa-lhe o cruel ferro dos cravos.
Não é um romano. Não é um grego. Geme.
Deixou-nos esplêndidas metáforas
e uma doutrina do perdão que pode
anular o passado. (Essa sentença
foi escrita por um irlandês num cárcere.)
A alma busca o fim, precipitada.
Escureceu um pouco. Já está morto.
Anda uma mosca pela carne quieta.
De que me vale que aquele homem
tenha sofrido, se eu sofro agora?

Kyoto, 1984

doomsday

Será quando a trombeta ressoar, como escreve São João,
    o Teólogo.
Foi em 1757, segundo o testemunho de Swedenborg.
Foi em Israel quando a loba cravou na cruz a carne de
    Cristo, mas não só nesse tempo.
Acontece em cada pulsação de teu sangue.
Não há um instante que não possa ser a cratera do
    Inferno.
Não há um instante que não possa ser a água do Paraíso.
Não há um instante que não esteja carregado como uma
    arma.
A cada instante podes ser Caim ou Siddhartha, a
    máscara ou o rosto.
A cada instante pode revelar-te seu amor Helena de
    Tróia.
A cada instante o galo pode ter cantado três vezes.
A cada instante a clepsidra deixa cair a última gota.

césar

Aqui, o que deixaram os punhais.
Aqui esse homem morto, um coitado
de nome César. Já lhe haviam crivado
a carne de crateras os metais.
Aqui a atroz, aqui essa detida
máquina usada ontem para a glória,
para escrever e realizar a história
e para a plena fruição da vida.
Aqui também o outro, o prudente
imperador que declinou lauréis,
que comandou batalhas e baixéis
e que regeu oriente e poente.
Aqui também o outro, o que virá,
cuja ampla sombra o orbe inteiro será.

tríade

O alívio que César deve ter sentido na manhã da Farsália, ao pensar: É hoje a batalha.

O alívio que Carlos I deve ter sentido ao ver a aurora no cristal e pensar: Hoje é o dia do patíbulo, da coragem e do machado.

O alívio que tu e eu sentiremos no instante que precede a morte, quando a sorte livrar-nos do triste hábito de ser alguém e do peso do universo.

a trama

As migrações que o historiador, guiado pelas fortuitas relíquias da cerâmica e do bronze, tenta fixar no mapa e que não compreenderam os povos que as realizaram.
As divindades da alvorada que não deixaram nem um ídolo, nem um símbolo.
O sulco do arado de Caim.
O orvalho na relva do Paraíso.
Os hexagramas que um imperador descobriu na carapaça de uma das tartarugas sagradas.
As águas que não sabem que são o Ganges.
O peso de uma rosa em Persépolis.
O peso de uma rosa em Bengala.
Os rostos vestidos pela máscara que uma vitrina guarda.
O nome da espada de Hengist.
O último sonho de Shakespeare.
A pena que traçou a curiosa linha: *"He met the Nightmare and her name he told"*.
O primeiro espelho, o primeiro hexâmetro.
As páginas que leu um homem cinza e que lhe revelaram que podia ser Dom Quixote.
Um ocaso cujo vermelho perdura em um vaso de Creta.
Os brinquedos de um menino que se chamava Tibério Graco.

O anel de ouro de Polícrates que o Fado rejeitou.
Não há uma só dessas coisas perdidas que não projete agora uma longa sombra e que não determine o que fazes hoje ou o que farás amanhã.

relíquias

O hemisfério austral. Sob sua álgebra
de estrelas ignoradas por Ulisses,
um homem busca e seguirá buscando
as relíquias daquela epifania
a ele concedida, há tantos anos,
do outro lado de uma numerada
porta de hotel, junto do eterno Tâmisa,
que flui como flui esse outro rio,
o tênue tempo elementar. A carne
esquece seus pesares e venturas.
O homem espera e sonha. Vagamente
resgata circunstâncias triviais.
Um nome de mulher, uma brancura,
um corpo já sem rosto, a penumbra
de uma tarde sem data, o chuvisco,
umas flores de cera sobre um mármore
e as paredes, cor-de-rosa pálido.

são os rios

Somos o tempo. Somos a famosa
parábola de Heráclito, o Obscuro.
Somos a água, não o diamante duro,
a que se perde, não a remansosa.
Somos o rio e também aquele grego
que se olha no rio. Seu reflexo
varia na água do espelho perplexo,
no cristal, feito o fogo, sem sossego.
Somos o inútil rio prefixado,
rumo a seu mar. A sombra o tem cercado.
Tudo nos disse adeus, tudo nos deixa.
Na moeda a memória não perdura.
E no entanto algo ainda dura,
e no entanto algo ainda se queixa.

a jovem noite

As lustrais águas dessa noite já me absolvem
das cores variadas, das variadas formas.
As aves e os astros no jardim já exaltam
o regresso almejado das antigas normas
do sonho e da sombra. A sombra já selou
os espelhos que imitam a ficção das coisas.
Melhor o disse Goethe: "O próximo se afasta".
Essas quatro palavras cifram todo o crepúsculo.
No jardim as rosas deixam de ser as rosas
e querem ser a Rosa.

a tarde

As tardes que serão e as que têm sido
são uma só, inconcebivelmente.
São um claro cristal, só e dolente,
inacessível ao tempo e a seu olvido.
São os espelhos dessa tarde eterna
que em um secreto céu se entesoura.
Naquele céu estão o peixe, a aurora,
a balança, a espada e a cisterna.
Um arquétipo, e todos. Assim Plotino
em seus livros (são nove) nos descreve;
bem pode ser que nossa vida breve
seja um fugaz reflexo do divino.
A casa a tarde elementar devassa.
A de ontem, a de hoje, a que não passa.

elegia

Teu é agora, Abramowicz, o singular gosto da morte, a ninguém negado, que a mim será oferecido nesta casa ou do outro lado do mar, às margens de teu Ródano, que flui fatalmente como se fosse esse outro e mais antigo Ródano, o Tempo. Tua será também a certeza de que o Tempo se esquece de seus ontens e de que nada é irreparável, ou a contrária certeza de que os dias nada podem apagar e de que não há um ato, ou sonho, que não projete uma sombra infinita. Genebra julgava-te um homem de leis, um homem de doutrinas e de causas, mas em cada palavra, em cada silêncio, eras um poeta. Talvez estejas folheando neste momento livros bem diversos, que não escreveste mas que planejavas e descartavas e que para nós justificam-te e, de algum modo, são. Durante a primeira guerra, enquanto os homens se matavam, sonhamos os dois sonhos que se chamaram Laforgue e Baudelaire. Descobrimos as coisas que todos os jovens descobrem: o ignorante amor, a ironia, o desejo de ser Raskolnikov ou o príncipe Hamlet, as palavras e os poentes. As gerações de Israel estavam em ti quando me disseste sorrindo: *"Je suis très fatigué. J'ai quatre mille ans"*. Isso aconteceu na Terra; é inútil conjecturar a idade que terás no céu.

Não sei se ainda és alguém, não sei se estás me ouvindo.

Buenos Aires, 14 de janeiro de 1984

abramowicz

Esta noite, não distante do cume da colina de Saint Pierre, uma valorosa e venturosa música grega acaba de revelar-nos que a morte é mais inverossímil que a vida e que, portanto, a alma perdura quando seu corpo é caos. Isso quer dizer que María Kodama, Isabelle Monet e eu não somos três, como ilusoriamente acreditávamos. Somos quatro, já que tu também estás conosco, Maurice. Com vinho tinto brindamos a tua saúde. Não fazia falta tua voz, não fazia falta o toque de tua mão nem tua memória. Estavas ali, silencioso e por certo sorridente, ao perceber que nos assombrava e nos maravilhava esse fato tão notório de que ninguém pode morrer. Estavas ali, ao nosso lado, e contigo as multidões dos que dormem com seus pais, conforme lemos nas páginas de tua Bíblia. Contigo estavam as multidões das sombras que beberam no fosso diante de Ulisses e também Ulisses e também todos os que foram ou que imaginaram os que foram. Todos estavam ali, e também meus pais e também Heráclito e Yorick. Como pode morrer uma mulher ou um homem ou uma criança, que foram tantas primaveras e tantas folhas, tantos livros e tantos pássaros e tantas manhãs e noites?

Esta noite posso chorar como um homem, posso sentir que por minhas faces as lágrimas escorrem, porque sei que na terra não há uma única coisa que seja mortal e que não projete sua sombra. Esta noite disseste-me sem palavras, Abramowicz, que devemos entrar na morte como quem entra em uma festa.

fragmentos de uma tabuinha de barro decifrada por edmund bishop em 1867

... É a hora sem sombra. Melkart, o Deus, rege do auge do meio-dia o mar de Cartago. Aníbal é a espada de Melkart.

As três fangas de anéis de ouro dos romanos que pereceram em Apúlia, seis vezes mil, arribaram ao porto.

Quando o outono estiver nos racimos, terei ditado o verso final.

Louvado seja Baal, Deus de muitos céus, louvada seja Tanith, a face de Baal, que deram a vitória a Cartago e que me fizeram herdar a vasta língua púnica, que será a língua do orbe, e cujos caracteres são talismânicos.

Não morri na batalha como meus filhos, que foram capitães na batalha e que não enterrarei, mas ao longo das noites lavrei o cantar das duas guerras e da exultação.

Nosso é o mar. O que sabem do mar os romanos?

Tremem os mármores de Roma; ouviram o rumor dos elefantes de guerra.

No fim de quebrantados pactos e de mentirosas palavras, condescendemos com a espada.

Tua é a espada agora, romano; tu a tens cravada no peito.

Cantei a púrpura de Tiro, que é nossa mãe. Cantei os trabalhos daqueles que descobriram o alfabeto e sulcaram os mares. Cantei a pira da clara rainha. Cantei os remos e os mastros e as árduas tormentas...

Berna, 1984

elegia de um parque

Perdeu-se o labirinto. E perderam-se
todos os eucaliptos ordenados,
os toldos do verão e a vigília
do incessante espelho, repetindo
cada expressão de cada rosto humano,
cada fugacidade. O relógio
parado, a entrelaçada madressilva,
o coreto, as frívolas estátuas,
da tarde o outro lado, o gorjeio,
o mirante e o ócio de uma fonte
são coisas do passado. Do passado?
Se não houve início nem haverá fim,
se nos aguarda uma soma infinita
de brancos dias e de negras noites,
já somos o passado que seremos.
Somos o tempo, o rio indivisível,
somos Uxmal, Cartago e a apagada
muralha do romano e o perdido
parque que comemoram estes versos.

a soma

Ante a cal de uma parede que nada
nos impede de ver como infinita
um homem assentou-se e premedita
traçar com rigorosa pincelada
na alva parede o universo cabal:
portas, balanças, tártaros, jacintos,
anjos e bibliotecas, labirintos,
âncoras, o infinito, o zero, Uxmal.
Povoa de formas a parede. A sorte,
que curiosos dons reparte a gosto,
permite-lhe dar fim a sua porfia.
No momento preciso de sua morte
descobre que essa vasta algaravia
de linhas é a imagem de seu rosto.

alguém sonha

O que terá sonhado o Tempo até agora, que é, como
todos os agoras, o ápice? Sonhou a espada, cujo melhor
lugar é o verso. Sonhou e lavrou a sentença, que pode
simular a sabedoria. Sonhou a fé, sonhou as atrozes
Cruzadas. Sonhou os gregos que descobriram o diálogo
e a dúvida. Sonhou a aniquilação de Cartago pelo
fogo e pelo sal. Sonhou a palavra, entorpecido e rígido
símbolo. Sonhou a felicidade que tivemos ou que agora
sonhamos que tivemos. Sonhou a primeira manhã
de Ur. Sonhou o misterioso amor da bússola. Sonhou
a proa do norueguês e a proa do português. Sonhou
a ética e as metáforas do mais estranho dos homens,
aquele que morreu uma tarde em uma cruz. Sonhou o
sabor da cicuta na língua de Sócrates. Sonhou esses dois
curiosos irmãos, o eco e o espelho. Sonhou o livro, esse
espelho que sempre nos revela outra face. Sonhou o
espelho em que Francisco López Merino e sua imagem
se viram pela última vez. Sonhou o espaço. Sonhou a
música, que pode prescindir do espaço. Sonhou a arte
da palavra, ainda mais inexplicável que a da música,
porque inclui a música. Sonhou uma quarta dimensão
e a fauna singular que a habita. Sonhou o número
da areia. Sonhou os números transfinitos, aos quais
não se chega contando. Sonhou o primeiro que ouviu
no trovão o nome de Thor. Sonhou as faces opostas

de Jano, que não vão se ver por nada. Sonhou a lua e
os dois homens que caminharam pela lua. Sonhou o
poço e o pêndulo. Sonhou Walt Whitman, que decidiu
ser todos os homens, como a divindade de Espinosa.
Sonhou o jasmim, que não pode saber que o sonham.
Sonhou as gerações das formigas e as gerações
dos reis. Sonhou a vasta rede que tecem todas
as aranhas do mundo. Sonhou o arado e o martelo,
o câncer e a rosa, as badaladas da insônia e o xadrez.
Sonhou a enumeração que os tratadistas chamam
de caótica e que, de fato, é cósmica, porque todas as
coisas estão unidas por vínculos secretos. Sonhou
minha avó Frances Haslam na guarnição de Junín,
a um passo das lanças do deserto, lendo sua Bíblia
e seu Dickens. Sonhou que nas batalhas os tártaros
cantavam. Sonhou a mão de Hokusai, traçando uma
linha que logo será uma onda. Sonhou Yorick, que
vive para sempre em algumas palavras do ilusório
Hamlet. Sonhou os arquétipos. Sonhou que durante
os verões, ou em um céu anterior aos verões, há uma
única rosa. Sonhou os rostos de teus mortos, que agora
são desbotadas fotografias. Sonhou a primeira manhã
de Uxmal. Sonhou o ato da sombra. Sonhou as cem
portas de Tebas. Sonhou os passos do labirinto. Sonhou
o nome secreto de Roma, que era sua verdadeira
muralha. Sonhou a vida dos espelhos. Sonhou os
signos que traçará o escriba sentado. Sonhou uma
esfera de marfim que guarda outras esferas. Sonhou o
caleidoscópio, grato aos ócios do enfermo e do menino.
Sonhou o deserto. Sonhou a aurora que espreita.
Sonhou o Ganges e o Tâmisa, que são nomes da água.

Sonhou mapas que Ulisses não teria compreendido. Sonhou Alexandre da Macedônia. Sonhou o muro do Paraíso, que deteve Alexandre. Sonhou o mar e a lágrima. Sonhou o cristal. Sonhou que Alguém o sonha.

alguém sonhará

O que sonhará o indecifrável futuro? Sonhará que Alonso Quijano pode ser Dom Quixote sem deixar sua aldeia e seus livros. Sonhará que uma véspera de Ulisses pode ser mais pródiga que o poema que narra seus trabalhos. Sonhará gerações humanas que não reconhecerão o nome de Ulisses. Sonhará sonhos mais precisos que a vigília de hoje. Sonhará que poderemos fazer milagres e que não os faremos, porque será mais real imaginá-los. Sonhará mundos tão intensos que a voz de uma única de suas aves poderia matar-te. Sonhará que o esquecimento e a memória podem ser atos voluntários, não agressões ou dádivas do acaso. Sonhará que veremos com todo o corpo, como queria Milton desde a sombra desses suaves orbes, os olhos. Sonhará um mundo sem a máquina e sem essa dolente máquina, o corpo. A vida não é um sonho, mas pode chegar a ser um sonho, escreve Novalis.

sherlock holmes

Não saiu de uma mãe nem soube de ascendentes.
De Adão e de Quijano o caso é igual, decerto.
Está feito de acaso. Imediato ou ao perto,
regem-no os vaivéns de leitores diferentes.

Não é um erro pensar que nasce no momento
em que o vê aquele outro que dirá sua história
e que perece em cada eclipse da memória
de nós que o sonhamos. É mais oco que o vento.

Casto, nada sabe do amor. Foi seu intento.
Esse homem tão viril renunciou à arte
de amar. Em Baker Street vive sozinho e à parte.
Também é alheio a essa outra arte, o esquecimento.

Sonhou-o um irlandês, que não lhe teve afeto
e que tentou matá-lo, ao que parece. Em vão.
Vai prosseguindo o homem só, lupa na mão,
sua estranha sorte instável de algo incompleto.

Não cultiva amizades, no entanto abençoa
a devoção ao outro, que foi seu evangelista
e que de seus milagres consignou a lista.
Vive de modo cômodo: em terceira pessoa.

Não vai mais ao banheiro. Tampouco visitava
esse retiro Hamlet, morto na Dinamarca
sem saber quase nada sobre essa comarca
da espada e do mar, do arco e da aljava.

(*Omnia sunt plena Jovis*. Do mesmo modo, à vera,
diremos desse justo que nome dá aos versos
que sua inconstante sombra percorre os diversos
domínios em que foi parcelada a esfera.)

Atiça na lareira as abrasadas ramas
ou extermina nos páramos um desses cães do inferno.
Esse alto cavalheiro não sabe que é eterno.
Resolve ninharias e repete epigramas.

Chega-nos de uma Londres de gás e de neblina,
da Londres que se sabe capital de um império
que pouco lhe interessa, a Londres de mistério
tranqüilo, que não quer perceber que já declina.

Não nos maravilhemos. Depois da agonia,
o fado ou o acaso (que são a mesma coisa)
depara a cada um essa sorte curiosa
de ser ecos ou formas que morrem dia a dia.

Que morrem até um dia final em que o olvido,
que é a meta comum, esqueça-nos de todo.
Antes que nos alcance, brinquemos com o lodo
de ser durante um tempo, de ser e de ter sido.

Dos bons costumes que nos restam um é pensar
tarde após tarde em Sherlock Holmes. A morte
e a sesta são outros. Também é nossa sorte
convalescer em um jardim ou a lua contemplar.

um lobo

Furtivo e cinza na penumbra última,
vai deixando suas pegadas na margem
deste rio sem nome que lhe saciou
a sede da garganta e cujas águas
não repetem estrelas. Esta noite
o lobo é uma sombra que está só
e que procura a fêmea e sente frio.
É o último lobo da Inglaterra.
Odin e Thor sabem disso. Em sua alta
casa de pedra um rei deliberou
acabar com os lobos. Já forjado
foi o sólido ferro de tua morte.
Lobo saxão, inutilmente geraste.
Não basta ser cruel. Tu és o último.
Mil anos adiante um homem velho
vai sonhar-te na América. De nada
pode servir-te esse futuro sonho.
Estás cercado de homens que seguiram
pela floresta os rastros que deixaste,
furtivo e cinza na penumbra última.

midgarthormr

Sem fim o mar. Sem fim o peixe, a verde
serpente cosmogônica que encerra,
verde serpente e verde mar, a terra,
como ela circular. A boca morde
o rabo que de longe vem, estendido
desde o outro extremo. O forte grilho
que nos envolve é tempestades, brilho,
reflexos de reflexos, sombra e ruído.
É também a anfisbena. Eternamente
fitam-se, sem horror, os muitos olhos.
Cada cabeça fareja crassamente
os ferros dessa guerra e seus espólios.
Sonhado foi na Islândia. O desmedido
oceano, temeroso, tem-no avistado;
retornará com o barco amaldiçoado,
com unhas de defuntos construído.
Alta será sua sombra inexplicável
por sobre a terra pálida no dia
de altos lobos e esplêndida agonia
desse crepúsculo que é inominável.
Sua imaginária imagem nos desdoura.
Em pesadelo o vi, a alva vindoura.

nuvens (I)

Não haverá uma só coisa que não seja
uma nuvem. São assim as catedrais
de vasta pedra e bíblicos cristais
que o tempo arruma, e a *Odisséia*, sobeja
e cambiante como o mar. Há algo distinto
cada vez que a abrimos. Refletido
no espelho teu rosto é desconhecido,
e o dia é um duvidoso labirinto.
Somos os que se vão. A numerosa
nuvem que se dissipa no poente
é nossa imagem. Incessantemente
a rosa se transforma em outra rosa.
És nuvem, és oceano, és olvido.
E és também o que terás perdido.

nuvens (II)

Pelo ar andam plácidas montanhas
ou cordilheiras trágicas, sombreadas,
que escurecem o dia. São as chamadas
nuvens. As formas soem ser estranhas.
Shakespeare observou uma. Parecia
um dragão. Essa nuvem de uma tarde
em sua palavra resplandece e arde
e nós ainda a vemos, todavia.
Que são as nuvens? Uma arquitetura
do acaso? Talvez sejam requisito
de Deus para a criação de Seu infinito
invento, fios de Sua trama obscura.
Talvez não seja a nuvem menos vã
que o homem que a contempla na manhã.

on his blindness

Com o passar dos anos me rodeia
uma constante névoa refulgente
que aos poucos reduz todo o existente
a algo informe e sem cor. Quase a uma idéia.
A vasta noite elementar e o dia
cheio de gente são essa neblina
de luz incerta e fiel que não declina
e que espreita na aurora. Gostaria
de ver um rosto algum dia. Ignoro
a inexplorada enciclopédia, o prazer
de livros que minha mão sabe ler,
as altas aves e as luas de ouro.
Aos outros todos resta o universo;
a minha penumbra, o hábito do verso.

o fio da fábula

O fio que a mão de Ariadne deixou na mão de Teseu (na
outra estava a espada) para que este adentrasse o labirinto
e descobrisse o centro, o homem com cabeça de touro ou,
como quer Dante, o touro com cabeça de homem,
e o matasse e pudesse, já executada a proeza, destecer as
redes de pedra e voltar para ela, para seu amor.
  As coisas aconteceram assim. Teseu não podia saber
que do outro lado do labirinto estava o outro labirinto,
o do tempo, e que em algum lugar prefixado estava Medéia.
  O fio se perdeu; o labirinto perdeu-se, também. Agora
nem sequer sabemos se nos rodeia um labirinto, um secreto
cosmos, ou um caos fortuito. Nosso belo dever é imaginar
que há um labirinto e um fio. Nunca daremos com o fio;
talvez o encontremos para perdê-lo em um ato de fé,
em uma cadência, no sonho, nas palavras que se chamam
filosofia ou na pura e simples felicidade.

Cnossos, 1984

posse do ontem

Sei que perdi tantas coisas que não poderia contá-las,
e que essas perdas, agora, são o que é meu. Sei que perdi
o amarelo e o preto e penso nessas impossíveis cores
como não pensam os que vêem. Meu pai morreu e está
sempre a meu lado. Quando quero escandir versos de
Swinburne, eu o faço, dizem-me, com sua voz. Só o que
morreu é nosso, só é nosso o que perdemos. Ílion se foi,
mas Ílion perdura no hexâmetro que a pranteia. Israel
se foi quando era uma antiga nostalgia. Todo poema,
com o tempo, é uma elegia. São nossas as mulheres
que nos deixaram, não mais sujeitos à véspera, que é
angústia, e aos alarmes e terrores da esperança. Não há
outros paraísos senão os paraísos perdidos.

enrique banchs

Um homem cinza. O destino incerto
fez com que não o amasse a companheira;
essa história é uma história corriqueira,
mas de tudo que há sob a lua, decerto,
é a que lhe dói mais. Terá pensado
em tirar a própria vida. Não sabia
que essa espada, esse fel, essa agonia,
eram o talismã que lhe foi dado
para alcançar a página que deve
viver além dessa mão que a escreve
e do alto cristal de catedrais.
Cumprido seu labor, obscuramente
foi um homem que se perde entre a gente
e que nos deixou coisas imortais.

sonho sonhado em edimburgo

Antes do alvorecer sonhei um sonho que me deixou perturbado e que tentarei ordenar.

Teus antepassados te geram. Na outra fronteira dos desertos há salas de aula empoeiradas ou, se preferirem, depósitos empoeirados, e nessas salas ou depósitos há fileiras paralelas de quadros-negros cujo comprimento se mede por léguas ou por léguas de léguas e nos quais alguém traçou com giz letras e números. Ignora-se quantos quadros-negros há ao todo, mas entende-se que são muitos e que alguns estão abarrotados e outros quase vazios. As portas das paredes são corrediças, à maneira do Japão, e são feitas de um metal oxidado. O edifício inteiro é circular, mas é tão imenso que de fora não se percebe nele a menor curvatura e o que se vê é uma reta. Os estreitos quadros-negros são mais altos que um homem e quase alcançam o teto de gesso, que é esbranquiçado ou cinza. No canto esquerdo do quadro-negro há primeiro palavras e depois números. As palavras ordenam-se verticalmente, como em um dicionário. A primeira é *Aar*, o rio de Berna. Seguem-na os algarismos arábicos, cuja cifra é indefinida mas certamente não infinita. Indicam o número exato de vezes que verás aquele rio, o número exato de vezes que o descobrirás no mapa, o número exato de vezes que sonharás com ele. A última palavra talvez seja *Zwingli*, e fica muito longe. Em outro desmedido quadro-negro está inscrita *neverness*, e ao lado dessa estranha palavra há agora uma cifra. Todo o decurso de tua vida está nesses signos.

Não há um segundo que não esteja roendo uma série. Esgotarás a cifra que corresponde ao sabor do gengibre e continuarás vivendo. Esgotarás a cifra que corresponde à lisura do cristal e continuarás vivendo alguns dias. Esgotarás a cifra das pulsações a ti determinadas e então estarás morto.

as folhas do cipreste

Tenho um único inimigo. Nunca saberei como conseguiu entrar em minha casa, na noite de 14 de abril de 1977. Foram duas as portas que abriu: a pesada porta da rua e a de meu exíguo apartamento. Acendeu a luz e despertou-me de um pesadelo que não recordo, mas no qual havia um jardim. Sem erguer a voz, ordenou que eu me levantasse e me vestisse imediatamente. Havia decidido minha morte, e o local destinado à execução ficava um pouco longe. Mudo de assombro, obedeci. Era menos alto que eu, porém mais robusto, e o ódio concedera-lhe sua força. Não havia mudado com o passar dos anos; apenas uns poucos fios de prata nos cabelos escuros. Animava-o uma espécie de negra felicidade. Sempre me detestara e agora ia me matar. O gato Beppo fitava-nos de sua eternidade, mas nada fez para salvar-me. Tampouco o tigre de cerâmica azul que há em meu quarto, nem os feiticeiros e gênios dos volumes d'*As mil e uma noites*. Quis que algo me acompanhasse. Pedi a ele que me deixasse levar um livro. Escolher a Bíblia teria sido por demais evidente. Dos doze tomos de Emerson minha mão apanhou um, ao acaso. Para não fazer barulho, descemos pela escada. Contei cada degrau. Notei que evitava tocar-me, como se o contato pudesse contaminá-lo.

Na esquina da Charcas com a Maipú, diante do cortiço, aguardava um cupê. Com um gesto cerimonioso que

significava uma ordem, fez com que eu subisse primeiro.
O cocheiro já conhecia nosso destino e fustigou o cavalo.
A viagem foi muito lenta e, como é de supor, silenciosa.
Temi (ou esperei) que também fosse interminável. A
noite era de lua e serena e sem um sopro de ar. Não
havia vivalma nas ruas. De cada lado da carruagem
as casas baixas, que eram todas iguais, traçavam uma
guarda. Pensei: Já estamos no Sur. Alto na sombra, vi
o relógio de uma torre; no grande disco luminoso não
havia nem algarismos nem ponteiros. Não atravessamos,
que eu saiba, uma única avenida. Eu não tinha medo,
nem mesmo medo de ter medo, nem mesmo medo de
ter medo de ter medo, à infinita maneira dos eleatas,
mas, quando a portinhola se abriu e tive de descer,
quase caí. Subimos por uma escadaria de pedra. Havia
canteiros singularmente lisos e eram muitas as árvores.
Levou-me ao pé de uma delas e ordenou-me que me
deitasse na grama, de costas, com os braços em cruz.
Nessa posição, divisei uma loba romana e soube onde
estávamos. A árvore de minha morte era um cipreste.
Involuntariamente, repeti a linha famosa: "*Quantum
lenta solent inter viburna cupressi*".

    Lembrei que *lenta*, nesse contexto, quer dizer
"flexível", mas nada tinham de flexíveis as folhas de
minha árvore. Eram iguais, rígidas e lustrosas e de
matéria morta. Em cada uma havia um monograma.
Senti asco e alívio. Soube que um grande esforço podia
salvar-me. Salvar-me e talvez perdê-lo, já que, habitado
pelo ódio, não tinha notado o relógio nem os galhos
monstruosos. Soltei meu talismã e agarrei a grama com
as mãos. Vi pela primeira e última vez o fulgor do aço.

Acordei; minha mão esquerda tocava a parede de meu quarto.

Que pesadelo estranho, pensei, e não demorei a mergulhar no sono.

No dia seguinte, descobri que na estante havia um vazio; faltava o volume de Emerson, que permanecera no sonho. Dez dias depois, disseram-me que meu inimigo saíra de casa certa noite e que não voltara. Nunca voltará. Encerrado em meu pesadelo, continuará descobrindo com horror, sob a lua que não vi, a cidade de relógios em branco, de árvores falsas que não podem crescer e quem sabe que outras coisas mais.

cinza

Um quarto de hotel, igual a todos.
A hora sem metáfora, a sesta
que nos dissolve e perde. O frescor
da água elementar pela garganta.
A névoa tenuemente luminosa
que circunda os cegos, noite e dia.
O endereço de alguém, talvez, já morto.
A dispersão do sono e dos sonhos.
A nossos pés um vago Reno ou Ródano.
Um mal-estar que já passou. Essas coisas
demasiado inconspícuas para o verso.

haydée lange

As naves de alto bordo, as azuis
espadas que partiram da Noruega,
de tua Noruega, e arruinaram mares
e deixaram ao tempo e a seus dias
os epitáfios de umas pedras rúnicas,
o cristal de um espelho que te aguarda,
teus olhos que fitavam outras coisas,
a moldura da imagem que não vejo,
a grade de um jardim perto do ocaso,
um traço de Inglaterra em tua palavra,
o hábito de Sandburg, uns gracejos,
as batalhas de Bancroft e de Kohler
em uma tela silenciosa e lúcida,
as noites partilhadas. Essas coisas,
sem te nomear, nomeiam.

outro fragmento apócrifo

Um dos discípulos do mestre queria falar a sós com ele, mas não se atrevia. O mestre lhe disse:
— Dize-me que desgosto te oprime.
O discípulo replicou:
— Falta-me coragem.
O mestre disse:
— Eu te dou a coragem.
A história é muito antiga, mas uma tradição, que é bem possível não ser apócrifa, conservou as palavras que esses homens disseram, nas fronteiras do deserto e da aurora.
Disse o discípulo:
— Há três anos cometi um grande pecado. Os outros não sabem disso, mas eu sei, e não posso olhar sem horror para minha mão direita.
Disse o mestre:
— Todos os homens pecaram. Não é de homens não pecar. Quem olhar com ódio para um homem já o matou em seu coração.
— Há três anos, em Samaria, matei um homem.
O mestre guardou silêncio, mas seu rosto alterou-se e o discípulo pôde temer sua ira. Disse por fim:
— Há dezenove anos, em Samaria, eu gerei um homem. Já te arrependeste do que fizeste.
Disse o discípulo:

— Sim. Minhas noites são de oração e pranto. Quero que me dês teu perdão.

Disse o mestre:

— Ninguém pode perdoar, nem mesmo o Senhor. Se julgassem um homem por seus atos, não há quem não fosse merecedor do inferno e do céu. Tens certeza de ser ainda aquele homem que matou seu irmão?

Disse o discípulo:

— Já não entendo a ira que me fez desnudar o aço.

Disse o mestre:

— Costumo falar por parábolas para que a verdade fique gravada nas almas, mas falarei contigo como um pai fala com seu filho. Eu não sou aquele homem que pecou; tu não és aquele assassino, e não há razão alguma para que continues sendo seu escravo. Os deveres de todo homem te competem: ser justo e ser feliz. Tu mesmo tens de salvar-te. Se algo restou de tua culpa, eu a carregarei.

O restante daquele diálogo se perdeu.

a longa busca

Anterior ao tempo ou fora do tempo (ambas as locuções são vãs) ou em um lugar que não é do espaço, há um animal invisível, e talvez diáfano, que nós, homens, procuramos e que nos procura.

Sabemos que não pode ser medido. Sabemos que não pode ser contado, porque as formas que o cifram são infinitas.

Há aqueles que o procuraram em um pássaro, que é feito de pássaros; há aqueles que o procuraram em uma palavra ou nas letras dessa palavra; há aqueles que o procuraram, e o procuram, em um livro anterior ao árabe em que foi escrito, e mesmo a todas as coisas; há quem o procure na sentença Sou Aquele que Sou.

Como as formas universais da escolástica ou os arquétipos de Whitehead, costuma descer fugazmente. Dizem que mora nos espelhos e que quem se olha O olha. Há quem o veja ou entreveja na bela memória de uma batalha ou em cada paraíso perdido.

Conjectura-se que seu sangue pulsa em teu sangue, que todos os seres o geraram e foram gerados por ele e que basta inverter uma clepsidra para medir sua eternidade.

Espreita nos crepúsculos de Turner, no olhar de uma mulher, na antiga cadência do hexâmetro, na ignorante aurora, na lua do horizonte ou da metáfora.

Elude-nos de segundo em segundo. A sentença do romano se gasta, as noites roem o mármore.

da diversa andaluzia

Quantas coisas. Lucano que amoeda
o verso, e o que à sentença dá início.
A mesquita e o arco. O bulício
da água do Islã pela alameda.
Os touros de uma tarde. A bravia
música que é também delicada.
A boa tradição de fazer nada.
Os cabalistas da judiaria.
Rafael da noite e das prolongadas
mesas da amizade. Góngora de ouro.
Das Índias o cobiçoso tesouro.
As naves, os escudos, as adagas.
Quantas vozes e quanta bizarria
e uma só palavra. Andaluzia.

góngora

Marte, a guerra. Febo, o sol. Netuno,
o mar que já não podem ver meus olhos
porque o deus o apaga. Tais espólios
já desterraram Deus, que é Três e é Uno,
de meu desperto coração. O fado
impõe-me essa curiosa idolatria.
Cercado estou pela mitologia.
Nada posso, por Virgílio encantado.
Virgílio e o latim. Fiz com que cada
estrofe fosse um árduo labirinto
de entretecidas vozes, um recinto
proibido ao vulgo, que é, apenas, nada.
Vejo no tempo que foge uma seta
rígida e um cristal nessa corrente
e pérolas na lágrima dolente.
Tal é o meu estranho ofício de poeta.
Que me importam as troças ou o renome?
Troquei em ouro o cabelo, que está vivo.
Quem me dirá se no secreto arquivo
de Deus estão as letras de meu nome?

Quero voltar às coisas humildosas:
a água, o pão, o cântaro, umas rosas...

todos os ontens, um sonho

Ninharias. O nome de Muraña,
certa mão afinando uma guitarra,
uma voz já pretérita que narra
para a tarde uma perdida façanha
de bordel ou de átrio, uma porfia,
dois ferros, já ferrugem, que brigaram
deixando alguém tombado me bastaram
para erigir uma mitologia.
Uma mitologia ensangüentada
que agora é o ontem. A sábia história
das aulas não é menos ilusória
do que essa mitologia do nada.
O passado é argila que o presente
lavra à vontade. Interminavelmente.

pedras e chile

Já cruzei tantas vezes essa esquina.
Nem consigo lembrá-las. Mais distante
que o Ganges me parece o levante
ou o poente em que existiram. Da sina
os reveses não contam. Já são parte
dessa dócil argila, meu passado,
que o tempo esfuma ou que maneja a arte
e que áugure algum tem decifrado.
Houve, talvez, na treva uma espada,
ou, quem sabe, uma rosa. Entretecidas
sombras guardam-nas hoje em suas guaridas.
A cinza é tudo que me resta. Nada.
Das máscaras que fui já absolvido,
serei na morte meu total olvido.

milonga do infiel

Lá do deserto chegou
em seu azulão o infiel.
Era um puelche dos toldos
de Pincén ou de Catriel.

Ele e o cavalo eram um,
um e não dois eram, a sós.
Montado em pêlo o guiava
com o assovio ou a voz.

Havia em seu toldo uma lança
que afiava, caprichoso;
de pouco serve uma lança
contra o fuzil vantajoso.

Sabia curar com palavras;
não faz isso quem o queira.
Sabia os rumos que levam
até a secreta fronteira.

De terra adentro ele vinha
e a terra adentro voltou;
a ninguém contou, talvez,
o que de estranho encontrou.

Nunca vira uma porta,
essa coisa tão humana
e tão antiga, nem um pátio
nem o algibe e a roldana.

Não sabia que detrás
das paredes há aposentos
com sua cama-de-vento,
seu banco e outros inventos.

Não o assustou ver seu rosto
no espelho repetido;
foi essa a primeira vez
em que se viu refletido.

Os dois índios só se olharam,
nem trocaram gatimonha.
Um deles — qual? — olhava o outro
como quem sonha que sonha.

Saber-se vencido e morto
não o assustaria, decerto;
chamamos a sua história
de Conquista do Deserto.

milonga do morto

Eu sonhei nesta casa,
paredes, portas, que tais.
Deus permite que os homens
sonhem com coisas reais.

Eu o sonhei mar afora
em longes ilhas glaciais.
Que nos digam o restante
a tumba e os hospitais.

Uma de tantas províncias
do interior foi sua terra.
(Não convém nem que se saiba
que morre gente na guerra.)

Tiraram-no do quartel,
colocaram em suas mãos
as armas e o mandaram
para morrer com os irmãos.

Com suma prudência agiu-se,
o discurso foi prolixo.
Entregaram-lhes a um só tempo
o rifle e o crucifixo.

Ouviu vazias arengas
de vazios generais.
Viu o que nunca tinha visto,
o sangue nos areais.

Ouviu vivas e ouviu morras,
ouviu o clamor da gente.
Ele só queria saber
se era ou não era valente.

Soube disso no momento
em que se abria a ferida.
Disse a si "Não tive medo",
quando o abandonou a vida.

Sua morte, um trunfo secreto.
Ninguém fique admirado
de que eu sinta inveja e dó
desse homem e de seu fado.

1982

Um amontoado de pó formou-se no fundo da estante, atrás da fileira de livros. Meus olhos não o vêem. É uma teia de aranha para meu tato.

É uma parte ínfima da trama que chamamos de história universal ou de processo cósmico. É parte da trama que abarca estrelas, agonias, migrações, navegações, luas, pirilampos, vigílias, cartas de baralho, bigornas, Cartago e Shakespeare.

Também são parte da trama esta página, que não chega a ser um poema, e o sonho que sonhaste ao alvorecer e que já esqueceste.

Há um fim na trama? Schopenhauer a acreditava tão insensata como os rostos ou os leões que vemos nas configurações de uma nuvem. Há um fim da trama? Esse fim não pode ser ético, já que a ética é uma ilusão dos homens, não das inescrutáveis divindades.

Talvez o amontoado de pó não seja menos útil para a trama que as naus que carregam um império ou que o perfume do nardo.

juan lópez e john ward

Coube-lhes por sorte uma época estranha.

O planeta tinha sido dividido em diversos países, cada um provido de lealdades, de queridas memórias, de um passado sem dúvida heróico, de direitos, de agravos, de uma mitologia peculiar, de próceres de bronze, de aniversários, de demagogos e de símbolos. Essa divisão, cara aos cartógrafos, auspiciava as guerras.

López nascera na cidade junto do rio imóvel; Ward, nos arredores da cidade pela qual caminhou Father Brown. Estudara castelhano para ler o *Quixote*.

O outro professava o amor a Conrad, que lhe fora revelado numa sala de aula da rua Viamonte.

Talvez tenham sido amigos, mas viram-se uma única vez frente a frente, em umas ilhas muitíssimo famosas, e cada um dos dois foi Caim, e cada um, Abel.

Foram enterrados juntos. A neve e a decomposição conhecem-nos.

O fato que narro se passou em um tempo que não podemos entender.

os conjurados

No centro da Europa estão conspirando.
O episódio data de 1291.
Trata-se de homens de diversas estirpes, que professam diversas religiões e que falam em diversos idiomas.
Tomaram a estranha decisão de ser razoáveis.
Resolveram esquecer suas diferenças e acentuar suas afinidades.
Foram soldados da Confederação e depois mercenários, porque eram pobres e tinham o hábito da guerra e não ignoravam que todas as empresas do homem são igualmente vãs.
Foram Winkelried, que crava no peito as lanças inimigas para que seus companheiros avancem.
São um cirurgião, um pastor ou um procurador, mas também são Paracelso e Amiel e Jung e Paul Klee.
No centro da Europa, nas terras altas da Europa, cresce uma torre de razão e de firme fé.
Os cantões agora são vinte e dois. O de Genebra, o último, é uma de minhas pátrias.
Amanhã serão todo o planeta.
Talvez o que digo não seja verdadeiro; oxalá seja profético.

Foram reunidos aqui os livros originais
que compõem este voume

elogio de la sombra (1969)

juan, I, 14

No será menos un enigma esta hoja
que las de Mis libros sagrados
ni aquellas otras que repiten
las bocas ignorantes,
creyéndolas de un hombre, no espejos
oscuros del Espíritu.
Yo que soy el Es, el Fue y el Será,
vuelvo a condescender al lenguaje,
que es tiempo sucesivo y emblema.
Quien juega con un niño juega con algo
cercano y misterioso;
yo quise jugar con Mis hijos.
Estuve entre ellos con asombro y ternura.
Por obra de una magia
nací curiosamente de un vientre.
Viví hechizado, encarcelado en un cuerpo
y en la humildad de un alma.
Conocí la memoria,
esa moneda que no es nunca la misma.
Conocí la esperanza y el temor,
esos dos rostros del incierto futuro.
Conocí la vigilia, el sueño, los sueños,
la ignorancia, la carne,
los torpes laberintos de la razón,
la amistad de los hombres,
la misteriosa devoción de los perros.
Fui amado, comprendido, alabado y pendí de una cruz.
Bebí la copa hasta las heces.
Vi por Mis ojos lo que nunca había visto:
la noche y sus estrellas.
Conocí lo pulido, lo arenoso, lo desparejo, lo áspero,
el sabor de la miel y de la manzana,
el agua en la garganta de la sed,
el peso de un metal en la palma,

la voz humana, el rumor de unos pasos sobre la hierba,
el olor de la lluvia en Galilea,
el alto grito de los pájaros.
Conocí también la amargura.
He encomendado esta escritura a un hombre cualquiera;
no será nunca lo que quiero decir,
no dejará de ser su reflejo.
Desde Mi eternidad caen estos signos.
Que otro, no el que es ahora su amanuense, escriba el poema.
Mañana seré un tigre entre los tigres
y predicaré Mi ley a su selva,
o un gran árbol en Asia.
A veces pienso con nostalgia
en el olor de esa carpintería.

heráclito

El segundo crepúsculo.
La noche que se ahonda en el sueño.
La purificación y el olvido.
El primer crepúsculo.
La mañana que ha sido el alba.
El día que fue la mañana.
El día numeroso que será la tarde gastada.
El segundo crepúsculo.
Ese otro hábito del tiempo, la noche.
La purificación y el olvido.
El primer crepúsculo...
El alba sigilosa y en el alba
la zozobra del griego.
¿Qué trama es ésta
del será, del es y del fue?
¿Qué río es éste
por el cual corre el Ganges?
¿Qué río es éste cuya fuente es inconcebible?

¿Qué río es éste
que arrastra mitologías y espadas?
Es inútil que duerma.
Corre en el sueño, en el desierto, en un sótano.
El río me arrebata y soy ese río.
De una materia deleznable fui hecho, de misterioso tiempo.
Acaso el manantial está en mí.
Acaso de mi sombra
surgen, fatales e ilusorios, los días.

cambridge

Nueva Inglaterra y la mañana.
Doblo por Craigie.
Pienso (ya lo he pensado)
que el nombre Craigie es escocés
y que la palabra crag es de origen celta.
Pienso (ya lo he pensado)
que en este invierno están los antiguos inviernos
de quienes dejaron escrito
que el camino está prefijado
y que ya somos del Amor o del Fuego.
La nieve y la mañana y los muros rojos
pueden ser formas de la dicha,
pero yo vengo de otras ciudades
donde los colores son pálidos
y en las que una mujer, al caer la tarde,
regará las plantas del patio.
Alzo los ojos y los pierdo en el ubicuo azul.
Más allá están los árboles de Longfellow
y el dormido río incesante.
Nadie en las calles, pero no es un domingo.
No es un lunes,
el día que nos depara la ilusión de empezar.
No es un martes,

el día que preside el planeta rojo.
No es un miércoles,
el día de aquel dios de los laberintos
que en el Norte fue Odín.
No es un jueves,
el día que ya se resigna al domingo. No es un viernes,
el día regido por la divinidad que en las selvas
entreteje los cuerpos de los amantes.
No es un sábado.
No está en el tiempo sucesivo
sino en los reinos espectrales de la memoria.
Como en los sueños
detrás de las altas puertas no hay nada,
ni siquiera el vacío.
Como en los sueños,
detrás del rostro que nos mira no hay nadie.
Anverso sin reverso,
moneda de una sola cara, las cosas.
Esas miserias son los bienes
que el precipitado tiempo nos deja.
Somos nuestra memoria,
somos ese quimérico museo de formas inconstantes,
ese montón de espejos rotos.

new england, 1967

Han cambiado las formas de mi sueño;
ahora son laterales casas rojas
y el delicado bronce de las hojas
y el casto invierno y el piadoso leño.
Como en el día séptimo, la tierra
es buena. En los crepúsculos persiste
algo que casi no es, osado y triste,
un antiguo rumor de Biblia y guerra.
Pronto (nos dicen) llegará la nieve

y América me espera en cada esquina,
pero siento en la tarde que declina
el hoy tan lento y el ayer tan breve.
Buenos Aires, yo sigo caminando
por tus esquinas, sin por qué ni cuándo.

Cambridge, 1967

james joyce

En un día del hombre están los días
del tiempo, desde aquel inconcebible
día inicial del tiempo, en que un terrible
Dios prefijó los días y agonías
hasta aquel otro en que el ubicuo río
del tiempo terrenal torne a su fuente,
que es lo Eterno, y se apague en el presente,
el futuro, el ayer, lo que ahora es mío.
Entre el alba y la noche está la historia
universal. Desde la noche veo
a mis pies los caminos del hebreo,
Cartago aniquilada, Infierno y Gloria.
Dame, Señor, coraje y alegría
para escalar la cumbre de este día.

Cambridge, 1968

the unending gift

Un pintor nos prometió un cuadro.
Ahora, en New England, sé que ha muerto. Sentí, como otras
   veces, la tristeza de comprender que somos como un sueño.
   Pensé en el hombre y en el cuadro perdidos.
(Sólo los dioses pueden prometer, porque son inmortales.)

Pensé en un lugar prefijado que la tela no ocupará.

Pensé después: si estuviera ahí, sería con el tiempo una cosa más, una cosa, una de las vanidades o hábitos de la casa; ahora es ilimitada, incesante, capaz de cualquier forma y cualquier color y no atada a ninguno.

Existe de algún modo. Vivirá y crecerá como una música y estará conmigo hasta el fin. Gracias, Jorge Larco.

(También los hombres pueden prometer, porque en la promesa hay algo inmortal.)

mayo 20, 1928

Ahora es invulnerable como los dioses.

Nada en la tierra puede herirlo, ni el desamor de una mujer, ni la tisis, ni las ansiedades del verso, ni esa cosa blanca, la luna, que ya no tiene que fijar en palabras.

Camina lentamente bajo los tilos; mira las balaustradas y las puertas, no para recordarlas.

Ya sabe cuántas noches y cuántas mañanas le faltan.

Su voluntad le ha impuesto una disciplina precisa. Hará determinados actos, cruzará previstas esquinas, tocará un árbol o una reja, para que el porvenir sea tan irrevocable como el pasado.

Obra de esa manera para que el hecho que desea y que teme no sea otra cosa que el término final de una serie.

Camina por la calle 49; piensa que nunca atravesará tal o cual zaguán lateral.

Sin que lo sospecharan, se ha despedido ya de muchos amigos.

Piensa lo que nunca sabrá, si el día siguiente será un día de lluvia.

Se cruza con un conocido y le hace una broma. Sabe que este episodio será, durante algún tiempo, una anécdota.

Ahora es invulnerable como los muertos.

En la hora fijada, subirá por unos escalones de mármol. (Esto perdurará en la memoria de otros.)

Bajará al lavatorio; en el piso ajedrezado el agua borrará muy
    pronto la sangre. El espejo lo aguarda.
Se alisará el pelo, se ajustará el nudo de la corbata (siempre
     fue un poco dandy, como cuadra a un joven poeta)
    y tratará de imaginar que el otro, el del cristal, ejecuta los
    actos y que él, su doble, los repite. La mano no le temblará
    cuando ocurra el último. Dócilmente, mágicamente,
    ya habrá apoyado el arma contra la sien.
Así, lo creo, sucedieron las cosas.

laberinto

No habrá nunca una puerta. Estás adentro
Y el alcázar abarca el universo
Y no tiene ni anverso ni reverso
Ni externo muro ni secreto centro.
No esperes que el rigor de tu camino
Que tercamente se bifurca en otro,
Tendrá fin. Es de hierro tu destino
Como tu juez. No aguardes la embestida
Del toro que es un hombre y cuya extraña
Forma plural da horror a la maraña
De interminable piedra entretejida.
No existe. Nada esperes. Ni siquiera
En el negro crepúsculo la fiera.

el laberinto

Zeus no podría desatar las redes
de piedra que me cercan. He olvidado
los hombres que antes fui; sigo el odiado
camino de monótonas paredes
que es mi destino. Rectas galerías
que se curvan en círculos secretos

al cabo de los años. Parapetos
que ha agrietado la usura de los días.
En el pálido polvo he descifrado
rastros que temo. El aire me ha traído
en las cóncavas tardes un bramido
o el eco de un bramido desolado.
Sé que en la sombra hay Otro, cuya suerte
es fatigar las largas soledades
que tejen y destejen este Hades
y ansiar mi sangre y devorar mi muerte.
Nos buscamos los dos. Ojalá fuera
éste el último día de la espera.

ricardo güiraldes

Nadie podrá olvidar su cortesía;
Era la no buscada, la primera
Forma de su bondad, la verdadera
Cifra de un alma clara como el día.
No he de olvidar tampoco la bizarra
Serenidad, el fino rostro fuerte,
Las luces de la gloria y de la muerte,
La mano interrogando la guitarra.
Como en el puro sueño de un espejo
(Tú eres la realidad, yo su reflejo)
Te veo conversando con nosotros
En Quintana. Ahí estás, mágico y muerto.
Tuyo, Ricardo, ahora es el abierto
Campo de ayer, el alba de los potros.

el etnógrafo

El caso me lo refirieron en Texas, pero había acontecido en
otro estado. Cuenta con un solo protagonista, salvo que en

toda historia los protagonistas son miles, visibles e invisibles, vivos y muertos. Se llamaba, creo, Fred Murdock. Era alto a la manera americana, ni rubio ni moreno, de perfil de hacha, de muy pocas palabras. Nada singular había en él, ni siquiera esa fingida singularidad que es propia de los jóvenes. Naturalmente respetuoso, no descreía de los libros ni de quienes escriben los libros. Era suya esa edad en que el hombre no sabe aún quién es y está listo a entregarse a lo que le propone el azar: la mística del persa o el desconocido origen del húngaro, las aventuras de la guerra o el álgebra, el puritanismo o la orgía. En la universidad le aconsejaron el estudio de las lenguas indígenas. Hay ritos esotéricos que perduran en ciertas tribus del oeste; su profesor, un hombre entrado en años, le propuso que hiciera su habitación en una reserva, que observara los ritos y que descubriera el secreto que los brujos revelan al iniciado. A su vuelta, redactaría una tesis que las autoridades del instituto darían a la imprenta. Murdock aceptó con alacridad. Uno de sus mayores había muerto en las guerras de la frontera; esa antigua discordia de sus estirpes era un vínculo ahora. Previó, sin duda, las dificultades que lo aguardaban; tenía que lograr que los hombres rojos lo aceptaran como uno de los suyos. Emprendió la larga aventura. Más de dos años habitó en la pradera, entre muros de adobe o a la intemperie. Se levantaba antes del alba, se acostaba al anochecer, llegó a soñar en un idioma que no era el de sus padres. Acostumbró su paladar a sabores ásperos, se cubrió con ropas extrañas, olvidó los amigos y la ciudad, llegó a pensar de una manera que su lógica rechazaba. Durante los primeros meses de aprendizaje tomaba notas sigilosas, que rompería después, acaso para no despertar la suspicacia de los otros, acaso porque ya no las precisaba. Al término de un plazo prefijado por ciertos ejercicios, de índole moral y de índole física, el sacerdote le ordenó que fuera recordando sus sueños y que se los confiara al clarear el día. Comprobó que en las noches de luna llena soñaba con bisontes. Confió estos sueños repetidos a su maestro; éste acabó por revelarle su doctrina secreta. Una mañana, sin haberse despedido de nadie, Murdock se fue.

En la ciudad, sintió la nostalgia de aquellas tardes iniciales de la pradera en que había sentido, hace tiempo, la nostalgia de la ciudad. Se encaminó al despacho del profesor y le dijo que sabía el secreto y que había resuelto no revelarlo.

— ¿Lo ata su juramento? — preguntó el otro.

— No es ésa mi razón — dijo Murdock —. En esas lejanías aprendí algo que no puedo decir.

— ¿Acaso el idioma inglés es insuficiente? — observaría el otro.

— Nada de eso, señor. Ahora que poseo el secreto, podría enunciarlo de cien modos distintos y aun contradictorios. No sé muy bien cómo decirle que el secreto es precioso y que ahora la ciencia, nuestra ciencia, me parece una mera frivolidad.

Agregó al cabo de una pausa:

— El secreto, por lo demás, no vale lo que valen los caminos que me condujeron a él. Esos caminos hay que andarlos.

El profesor le dijo con frialdad:

— Comunicaré su decisión al Consejo. ¿Usted piensa vivir entre los indios?

Murdock le contestó:

— No. Tal vez no vuelva a la pradera. Lo que me enseñaron sus hombres vale para cualquier lugar y para cualquier circunstancia.

sTal fue en esencia el diálogo.

Fred se casó, se divorció y es ahora uno de los bibliotecarios de Yale.

a cierta sombra, 1940

Que no profanen tu sagrado suelo, Inglaterra,
El jabalí alemán y la hiena italiana.
Isla de Shakespeare, que tus hijos te salven
Y también tus sombras gloriosas.
En esta margen ulterior de los mares
Las invoco y acuden
Desde el innumerable pasado,

Con altas mitras y coronas de hierro,
Con Biblias, con espadas, con remos,
Con anclas y con arcos.
Se ciernen sobre mí en la alta noche
Propicia a la retórica y a la magia
Y busco la más tenue, la deleznable,
Y le advierto: oh, amigo,
El continente hostil se apresta con armas
A invadir tu Inglaterra,
Como en los días que sufriste y cantaste.
Por el mar, por la tierra y por el aire convergen los ejércitos.
Vuelve a soñar, De Quincey.
Teje para baluarte de tu isla
Redes de pesadillas.
Que por sus laberintos de tiempo
Erren sin fin los que odian.
Que su noche se mida por centurias, por eras, por pirámides,
Que las armas sean polvo, polvo las caras,
Que nos salven ahora las indescifrables arquitecturas
Que dieron horror a tu sueño.
Hermano de la noche, bebedor de opio,
Padre de sinuosos períodos que ya son laberintos y torres,
Padre de las palabras que no se olvidan,
¿Me oyes, amigo no mirado, me oyes
A través de esas cosas insondables
Que son los mares y la muerte?

las cosas

El bastón, las monedas, el llavero,
La dócil cerradura, las tardías
Notas que no leerán los pocos días
Que me quedan, los naipes y el tablero,
Un libro y en sus páginas la ajada
Violeta, monumento de una tarde

Sin duda inolvidable y ya olvidada,
El rojo espejo occidental en que arde
Una ilusoria aurora. ¡Cuántas cosas,
Limas, umbrales, atlas, copas, clavos,
Nos sirven como tácitos esclavos,
Ciegas y extrañamente sigilosas!
Durarán más allá de nuestro olvido;
No sabrán nunca que nos hemos ido.

rubaiyat

Torne en mi voz la métrica del persa
A recordar que el tiempo es la diversa
Trama de sueños ávidos que somos
Y que el secreto Soñador dispersa.

Torne a afirmar que el fuego es la ceniza,
La carne el polvo, el río la huidiza
Imagen de tu vida y de mi vida
Que lentamente se nos va de prisa.

Torne a afirmar que el arduo monumento
Que erige la soberbia es como el viento
Que pasa, y que a la luz inconcebible
De Quien perdura, un siglo es un momento.

Torne a advertir que el ruiseñor de oro
Canta una sola vez en el sonoro
Ápice de la noche y que los astros
Avaros no prodigan su tesoro.

Torne la luna al verso que tu mano
Escribe como torna en el temprano
Azul a tu jardín. La misma luna
De ese jardín te ha de buscar en vano.

Sean bajo la luna de las tiernas
Tardes tu humilde ejemplo las cisternas,
En cuyo espejo de agua se repiten
Unas pocas imágenes eternas.

Que la luna del persa y los inciertos
Oros de los crepúsculos desiertos
Vuelvan. Hoy es ayer. Eres los otros
Cuyo rostro es el polvo. Eres los muertos.

pedro salvadores

a Juan Murchison

Quiero dejar escrito, acaso por primera vez, uno de los hechos más raros y más tristes de nuestra historia. Intervenir lo menos posible en su narración, prescindir de adiciones pintorescas y de conjeturas aventuradas es, me parece, la mejor manera de hacerlo.

    Un hombre, una mujer y la vasta sombra de un dictador son los tres personajes. El hombre se llamó Pedro Salvadores; mi abuelo Acevedo lo vio, días o semanas después de la batalla de Caseros. Pedro Salvadores, tal vez, no difería del común de la gente, pero su destino y los años lo hicieron único. Sería un señor como tantos otros de su época. Poseería (nos cabe suponer) un establecimiento de campo y era unitario. El apellido de su mujer era Planes; los dos vivían en la calle Suipacha, no lejos de la esquina del Temple. La casa en que los hechos ocurrieron sería igual a las otras: la puerta de calle, el zaguán, la puerta cancel, las habitaciones, la hondura de los patios. Una noche, hacia 1842, oyeron el creciente y sordo rumor de los cascos de los caballos en la calle de tierra y los vivas y mueras de los jinetes. La mazorca, esta vez no pasó de largo. Al griterío sucedieron los repetidos golpes, mientras los hombres derribaban la puerta, Salvadores pudo correr la mesa del comedor, alzar la alfombra y ocultarse en el sótano. La mujer puso la mesa en su lugar. La mazorca irrumpió; venían a llevárselo a Salvadores. La mujer declaró que éste había huido a Montevideo. No le creyeron; la azotaron, rompieron toda la vajilla celeste, registraron la casa, pero no se les ocurrió levantar la alfombra. A la medianoche se fueron, no sin haber jurado volver.

Aquí principia verdaderamente la historia de Pedro Salvadores. Vivió nueve años en el sótano. Por más que nos digamos que los años están hechos de días y los días de horas y que nueve años es un término abstracto y una suma imposible, esa historia es atroz. Sospecho que en la sombra que sus ojos aprendieron a descifrar, no pensaba en nada, ni siquiera en su odio ni en su peligro. Estaba ahí, en el sótano. Algunos ecos de aquel mundo que le estaba vedado le llegarían desde arriba: los pasos habituales de su mujer, el golpe del brocal y del balde, la pesada lluvia en el patio. Cada día, por lo demás, podía ser el último.

La mujer fue despidiendo a la servidumbre, que era capaz de delatarlos. Dijo a todos los suyos que Salvadores estaba en la Banda Oriental. Ganó el pan de los dos cosiendo para el ejército. En el decurso de los años tuvo dos hijos; la familia la repudió, atribuyéndolos a un amante. Después de la caída del tirano, le pedirían perdón de rodillas.

¿Qué fue, quién fue, Pedro Salvadores? ¿Lo encarcelaron el terror, el amor, la invisible presencia de Buenos Aires y, finalmente, la costumbre? Para que no la dejara sola, su mujer le daría inciertas noticias de conspiraciones y de victorias. Acaso era cobarde y la mujer lealmente le ocultó que ella lo sabía. Lo imagino en su sótano, tal vez sin un candil, sin un libro. La sombra lo hundiría en el sueño. Soñaría, al principio, con la noche tremenda en que el acero buscaba la garganta con las calles abiertas, con la llanura. Al cabo de los años no podría huir y soñaría con el sótano. Sería, al principio un acosado, un amenazado; después no lo sabremos nunca, un animal tranquilo en su madriguera o una suerte de oscura divinidad.

Todo esto hasta aquel día del verano de 1852 en que Rosas huyó. Fue entonces cuando el hombre secreto salió a la luz del día; mi abuelo habló con él. Fofo y obeso, estaba del color de la cera y no hablaba en voz alta. Nunca le devolvieron los campos que le habían sido confiscados; creo que murió en la miseria.

Como todas las cosas, el destino de Pedro Salvadores nos parece un símbolo de algo que estamos a punto de comprender.

a israel

¿Quién me dirá si estás en el perdido
Laberinto de ríos seculares
De mi sangre, Israel? ¿Quién los lugares
Que mi sangre y tu sangre han recorrido?
No importa. Sé que estás en el sagrado
Libro que abarca el tiempo y que la historia
Del rojo Adán rescata y la memoria
Y la agonía del Crucificado.
En ese libro estás, que es el espejo
De cada rostro que sobre él se inclina
Y del rostro de Dios, que en su complejo
Y arduo cristal, terrible se adivina.
Salve, Israel, que guardas la muralla
De Dios, en la pasión de tu batalla.

israel

Un hombre encarcelado y hechizado,
un hombre condenado a ser la serpiente
que guarda un oro infame,
un hombre condenado a ser Shylock,
un hombre que se inclina sobre la tierra
y que sabe que estuvo en el Paraíso,
un hombre viejo y ciego que ha de romper

las columnas del templo,
un rostro condenado a ser una máscara,
un hombre que a pesar de los hombres
es Spinoza y el Baal Shem y los cabalistas,
un hombre que es el Libro,
una boca que alaba desde el abismo
la justicia del firmamento,
un procurador o un dentista
que dialogó con Dios en una montaña,
un hombre condenado a ser el escarnio,
la abominación, el judío,
un hombre lapidado, incendiado
y ahogado en cámaras letales,
un hombre que se obstina en ser inmortal
y que ahora ha vuelto a su batalla,
a la violenta luz de la victoria,
hermoso como un león al mediodía.

junio, 1968

En la tarde de oro
o en una serenidad cuyo símbolo
podría ser la tarde de oro,
el hombre dispone los libros
en los anaqueles que aguardan
y siente el pergamino, el cuero, la tela
y el agrado que dan
la previsión de un hábito
y el establecimiento de un orden.
Stevenson y el otro escocés, Andrew Lang,
reanudarán aquí, de manera mágica,
la lenta discusión que interrumpieron
los mares y la muerte
y a Reyes no le desagradará ciertamente
la cercanía de Virgilio.

(Ordenar bibliotecas es ejercer,
de un modo silencioso y modesto,
el arte de la crítica.)
El hombre que está ciego,
sabe que ya no podrá descifrar
los hermosos volúmenes que maneja
y que no le ayudarán a escribir
el libro que lo justificará ante los otros,
pero en la tarde que es acaso de oro
sonríe ante el curioso destino
y siente esa felicidad peculiar
de las viejas cosas queridas.

el guardián de los libros

Ahí están los jardines, los templos y la justificación de los
    templos,
La recta música y las rectas palabras,
Los sesenta y cuatro hexagramas,
Los ritos que son la única sabiduría
Que otorga el Firmamento a los hombres,
El decoro de aquel emperador
Cuya serenidad fue reflejada por el mundo, su espejo,
De suerte que los campos daban sus frutos
Y los torrentes respetaban sus márgenes,
El unicornio herido que regresa para marcar el fin,
Las secretas leyes eternas,
El concierto del orbe;
Esas cosas o su memoria están en los libros
Que custodio en la torre.

Los tártaros vinieron del Norte
En crinados potros pequeños;
Aniquilaron los ejércitos
Que el Hijo del Cielo mandó para castigar su impiedad,

Erigieron pirámides de fuego y cortaron gargantas,
Mataron al perverso y al justo,
Mataron al esclavo encadenado que vigila la puerta,
Usaron y olvidaron a las mujeres
Y siguieron al Sur,
Inocentes como animales de presa,
Crueles como cuchillos.
En el alba dudosa
El padre de mi padre salvó los libros.
Aquí están en la torre donde yazgo,
Recordando los días que fueron de otros,
Los ajenos y antiguos.

En mis ojos no hay días. Los anaqueles
Están muy altos y no los alcanzan mis años.
Leguas de polvo y sueño cercan la torre.
¿A qué engañarme?
La verdad es que nunca he sabido leer,
Pero me consuelo pensando
Que lo imaginado y lo pasado ya son lo mismo
Para un hombre que ha sido
Y que contempla lo que fue la ciudad
Y ahora vuelve a ser el desierto.
¿Qué me impide soñar que alguna vez
Descifré la sabiduría
Y dibujé con aplicada mano los símbolos?
Mi nombre es Hsiang. Soy el que custodia los libros,
Que acaso son los últimos,
Porque nada sabemos del Imperio
Y del Hijo del Cielo.
Ahí están en los altos anaqueles,
Cercanos y lejanos a un tiempo,
Secretos y visibles como los astros.
Ahí están los jardines, los templos.

los gauchos

Quién les hubiera dicho que sus mayores vinieron por un mar, quién les hubiera dicho lo que son un mar y sus aguas.
Mestizos de la sangre del hombre blanco, lo tuvieron en poco, mestizos de la sangre del hombre rojo, fueron sus enemigos.
Muchos no habrán oído jamás la palabra gaucho, o la habrán oído como una injuria.
Aprendieron los caminos de las estrellas, los hábitos del aire y del pájaro, las profecías de las nubes del Sur y de la luna con un cerco.
Fueron pastores de la hacienda brava, firmes en el caballo del desierto que habían domado esa mañana, enlazadores, marcadores, troperos, hombres de la partida policial, alguna vez matreros; alguno, el escuchado, fue el payador.
Cantaba sin premura, porque el alba tarda en clarear, y no alzaba la voz.
Había peones tigreros; amparado en el poncho el brazo izquierdo, el derecho sumía el cuchillo en el vientre del animal, abalanzado y alto.
El diálogo pausado, el mate y el naipe fueron las formas de su tiempo.
A diferencia de otros campesinos, eran capaces de ironía.
Eran sufridos, castos y pobres. La hospitalidad fue su fiesta.
Alguna noche los perdió el pendenciero alcohol de los sábados.
Morían y mataban con inocencia.
No eran devotos, fuera de alguna oscura superstición, pero la dura vida les enseñó el culto del coraje.
Hombres de la ciudad les fabricaron un dialecto y una poesía de metáforas rústicas.
Ciertamente no fueron aventureros, pero un arreo los llevaba muy lejos y más lejos las guerras.
No dieron a la historia un solo caudillo. Fueron hombres de López, de Ramírez, de Artigas, de Quiroga, de Bustos, de Pedro Campbell, de Rosas, de Urquiza, de aquel Ricardo López Jordán que hizo matar a Urquiza, de Peñaloza y de Saravia.
No murieron por esa cosa abstracta, la patria, sino por un patrón casual, una ira o por la invitación de un peligro.
Su ceniza está perdida en remotas regiones del continente, en repúblicas de cuya historia nada supieron, en campos de batalla, hoy famosos.

Hilario Ascasubi los vio cantando y combatiendo.
Vivieron su destino como en un sueño, sin saber quiénes eran o qué eran.
Tal vez lo mismo nos ocurre a nosotros.

acevedo

Campos de mis abuelos y que guardan
Todavía su nombre de Acevedo,
Indefinidos campos que no puedo
Del todo imaginar. Mis años tardan
Y no he mirado aún esas cansadas
Leguas de polvo y patria que mis muertos
Vieron desde el caballo, esos abiertos
Caminos, sus ocasos y alboradas.
La llanura es ubicua. Los he visto
En Iowa, en el Sur, en tierra hebrea,
En aquel saucedal de Galilea
Que hollaron los humanos pies de Cristo.
No los perdí. Son míos. Los poseo
En el olvido, en un casual deseo.

invocación a joyce

Dispersos en dispersas capitales,
solitarios y muchos,
jugábamos a ser el primer Adán
que dio nombre a las cosas.
Por los vastos declives de la noche
que lindan con la aurora,
buscamos (lo recuerdo aún) las palabras
de la luna, de la muerte, de la mañana
y de los otros hábitos del hombre.
Fuimos el imagismo, el cubismo,
los conventículos y sectas

que las crédulas universidades veneran.
Inventamos la falta de puntuación,
la omisión de mayúsculas,
las estrofas en forma de paloma
de los bibliotecarios de Alejandría.
Ceniza, la labor de nuestras manos
y un fuego ardiente nuestra fe.
Tú, mientras tanto, forjabas
en las ciudades del destierro,
en aquel destierro que fue
tu aborrecido y elegido instrumento,
el arma de tu arte,
erigías tus arduos laberintos,
infinitesimales e infinitos,
admirablemente mezquinos,
más populosos que la historia.
Habremos muerto sin haber divisado
la biforme fiera o la rosa
que son el centro de tu dédalo,
pero la memoria tiene sus talismanes,
sus ecos de Virgilio,
y así en las calles de la noche perduran
tus infiernos espléndidos,
tantas cadencias y metáforas tuyas,
los oros de tu sombra.
Qué importa nuestra cobardía si hay en la tierra
un solo hombre valiente,
qué importa la tristeza si hubo en el tiempo
alguien que se dijo feliz,
qué importa mi perdida generación,
ese vago espejo,
si tus libros la justifican.
Yo soy los otros. Yo soy todos aquellos
que ha rescatado tu obstinado rigor.
Soy los que no conoces y los que salvas.

israel, 1969

Temí que en Israel acecharía
con dulzura insidiosa
la nostalgia que las diásporas seculares
acumularon como un triste tesoro
en las ciudades del infiel, en las juderías,
en los ocasos de la estepa, en los sueños,
la nostalgia de aquellos que te anhelaron,
Jerusalén, junto a las aguas de Babilonia.
¿Qué otra cosa eras, Israel, sino esa nostalgia,
sino esa voluntad de salvar,
entre las inconstantes formas del tiempo,
tu viejo libro mágico, tus liturgias,
tu soledad con Dios?
No así. La más antigua de las naciones
es también la más joven.
No has tentado a los hombres con jardines,
con el oro y su tedio
sino con el rigor, tierra última.
Israel les ha dicho sin palabras:
olvidarás quién eres.
Olvidarás al otro que dejaste.
Olvidarás quién fuiste en las tierras
que te dieron sus tardes y sus mañanas
y a las que no darás, tu nostalgia.
Olvidarás la lengua de tus padres y aprenderás la lengua del Paraíso.
Serás un israelí, serás un soldado.
Edificarás la patria con ciénagas; la levantarás con desiertos.
Trabajará contigo tu hermano, cuya cara no has visto nunca.
Una sola cosa te prometemos:
tu puesto en la batalla.

dos versiones de *ritter, tod und teufel*

I

Bajo el yelmo quimérico el severo
Perfil es cruel como la cruel espada
Que aguarda. Por la selva despojada
Cabalga imperturbable el caballero.
Torpe y furtiva, la caterva obscena
Lo ha cercado: el Demonio de serviles
Ojos, los laberínticos reptiles
Y el blanco anciano del reloj de arena.
Caballero de hierro, quien te mira
Sabe que en ti no mora la mentira
Ni el pálido temor. Tu dura suerte
Es mandar y ultrajar. Eres valiente
Y no serás indigno ciertamente,
Alemán, del Demonio y de la Muerte.

II

Los caminos son dos. El de aquel hombre
De hierro y de soberbia, y que cabalga,
Firme en su fe, por la dudosa selva
Del mundo, entre las befas y la danza
Inmóvil del Demonio y de la Muerte,
Y el otro, el breve, el mío. ¿En qué borrada
Noche o mañana antigua descubrieron
Mis ojos la fantástica epopeya,
El perdurable sueño de Durero,
El héroe y la caterva de sus sombras
Que me buscan, me acechan y me encuentran?
A mí, no al paladín, exhorta el blanco
Anciano coronado de sinuosas
Serpientes. La clepsidra sucesiva
Mide mi tiempo, no su eterno ahora.

Yo seré la ceniza y la tiniebla;
Yo, que partí después, habré alcanzado
Mi término mortal; tú, que no eres,
Tú, caballero de la recta espada
Y de la selva rígida, tu paso
Proseguirás mientras los hombres duren.
Imperturbable, imaginario, eterno.

buenos aires

¿Qué será Buenos Aires?
Es la Plaza de Mayo a la que volvieron, después de haber guerreado en el continente, hombres cansados y felices.
Es el dédalo creciente de luces que divisamos desde el avión y bajo el cual están la azotea, la vereda, el último patio, las cosas quietas.
Es el paredón de la Recoleta contra el cual murió, ejecutado, uno de mis mayores.
Es un gran árbol de la calle Junín que, sin saberlo, nos depara sombra y frescura.
Es una larga calle de casas bajas, que pierde y transfigura el poniente.
Es la Dársena Sur de la que zarpaban el Saturno y el Cosmos.
Es la vereda de Quintana en la que mi padre, que había estado ciego, lloró, porque veía las antiguas estrellas.
Es una puerta numerada, detrás de la cual, en la oscuridad, pasé diez días y diez noches, inmóvil, días y noches que son en la memoria un instante.
Es el jinete de pesado metal que proyecta desde lo alto su serie cíclica de sombras.
Es el mismo jinete bajo la lluvia.
Es una esquina de la calle Perú, en la que Julio César Dabove nos dijo que el peor pecado que puede cometer un hombre es engendrar un hijo y sentenciarlo a esta vida espantosa.
Es Elvira de Alvear, escribiendo en cuidadosos cuadernos una larga novela, que al principio estaba hecha de palabras y al fin de vagos rasgos indescifrables.

Es la mano de Norah, trazando el rostro de una amiga que es también el de un ángel.

Es una espada que ha servido en las guerras y que es menos un arma que una memoria.

Es una divisa descolorida o un daguerrotipo gastado, cosas que son del tiempo.

Es el día en que dejamos a la una mujer y el día en que una mujer nos dejó.

Es aquel arco de la calle Bolívar desde el cual se divisa la Biblioteca.

Es la habitación de la Biblioteca, en la que descubrimos, hacia 1957, la lengua de los ásperos sajones, la lengua del coraje y de la tristeza.

Es la pieza contigua, en la que murió Paul Groussac.

Es el último espejo que repitió la cara de mi padre.

Es la cara de Cristo que vi en el polvo, deshecha a martillazos, en una de las naves de la Piedad.

Es una alta casa del Sur en la que mi mujer y yo traducimos a Whitman, cuyo gran eco ojalá resuene en esta página.

Es Lugones, mirando por la ventanilla del tren las formas que se pierden y pensando que ya no lo abruma el deber de traducirlas para siempre en palabras, porque este viaje será el último.

Es, en la deshabitada noche, cierta esquina del Once en la que Macedonio Fernández, que ha muerto, sigue explicándome que la muerte es una falacia.

No quiero proseguir; estas cosas son demasiado individuales, son demasiado lo que son, para ser también Buenos Aires.

Buenos Aires es la otra calle, la que no pisé nunca, es el centro secreto de las manzanas, los patios últimos, es lo que las fachadas ocultan, es mi enemigo, si lo tengo, es la persona a quien le desagradan mis versos (a mí me desagradan también), es la modesta librería en que acaso entramos y que hemos olvidado, es esa racha de milonga silbada que no reconocemos y que nos toca, es lo que se ha perdido y lo que será, es lo ulterior, lo ajeno, lo lateral, el barrio que no es tuyo ni mío, lo que ignoramos y queremos.

fragmentos de un evangelio apócrifo

3. Desdichado el pobre en espíritu, porque bajo la tierra será lo que ahora es en la tierra.
4. Desdichado el que llora, porque ya tiene el hábito miserable del llanto.
5. Dichosos los que saben que el sufrimiento no es una corona de gloria.
6. No basta ser el último para ser alguna vez el primero.
7. Feliz el que no insiste en tener razón, porque nadie la tiene o todos la tienen.
8. Feliz el que perdona a los otros y el que se perdona a sí mismo.
9. Bienaventurados los mansos, porque no condescienden a la discordia.
10. Bienaventurados los que no tienen hambre de justicia, porque saben que nuestra suerte, adversa o piadosa, es obra del azar, que es inescrutable.
11. Bienaventurados los misericordiosos, porque su dicha está en el ejercicio de la misericordia y no en la esperanza de un premio.
12. Bienaventurados los de limpio corazón, porque ven a Dios.
13. Bienaventurados los que padecen persecución por causa de la justicia, porque les importa más la justicia que su destino humano.
14. Nadie es la sal de la tierra, nadie, en algún momento de su vida, no lo es.
15. Que la luz de una lámpara se encienda, aunque ningún hombre la vea. Dios la verá.
16. No hay mandamiento que no pueda ser infringido, y también los que digo y los que los profetas dijeron.
17. El que matare por la causa de la justicia, o por la causa que él cree justa, no tiene culpa.
18. Los actos de los hombres no merecen ni el fuego ni los cielos.
19. No odies a tu enemigo, porque si lo haces, eres de algún modo su esclavo. Tu odio nunca será mejor que tu paz.
20. Si te ofendiere tu mano derecha, perdónala; eres tu cuerpo y eres tu alma y es arduo, o imposible, fijar la frontera que los divide...

24. No exageres el culto de la verdad; no hay hombre que al cabo de un día, no haya mentido con razón muchas veces.
25. No jures, porque todo juramento es un énfasis.
26. Resiste al mal, pero sin asombro y sin ira. A quien te hiriere en la mejilla derecha, puedes volverle la otra, siempre que no te mueva el temor.
27. Yo no hablo de venganzas ni de perdones; el olvido es la única venganza y el único perdón.
28. Hacer el bien a tu enemigo puede ser obra de justicia y no es arduo; amarlo, tarea de ángeles y no de hombres.
29. Hacer el bien a tu enemigo es el mejor modo de complacer tu vanidad.
30. No acumules oro en la tierra, porque el oro es padre del ocio, y éste, de la tristeza y del tedio.
31. Piensa que los otros son justos o lo serán, y si no es así, no es tuyo el error.
32. Dios es más generoso que los hombres y los medirá con otra medida.
33. Da lo santo a los perros, echa tus perlas a los puercos; lo que importa es dar.
34. Busca por el agrado de buscar, no por el de encontrar...
39. La puerta es la que elige, no el hombre.
40. No juzgues al árbol por sus frutos ni al hombre por sus obras; pueden ser peores o mejores.
41. Nada se edifica sobre la piedra, todo sobre la arena, pero nuestro deber es edificar como si fuera piedra la arena...
47. Feliz el pobre sin amargura o el rico sin soberbia.
48. Felices los valientes, los que aceptan con ánimo parejo la derrota o las palmas.
49. Felices los que guardan en la memoria palabras de Virgilio o de Cristo, porque éstas darán luz a sus días.
50. Felices los amados y los amantes y los que pueden prescindir del amor.
51. Felices los felices.

leyenda

Abel y Caín se encontraron después de la muerte de Abel. Caminaban por el desierto y se reconocieron desde lejos, porque los dos eran muy altos. Los hermanos se sentaron en la tierra, hicieron un fuego y comieron. Guardaban silencio, a la manera de la gente cansada cuando declina el día. En el cielo asomaba alguna estrella, que aún no había recibido su nombre. A la luz de las llamas, Caín advirtió en la frente de Abel la marca de la piedra y dejó caer el pan que estaba por llevarse a la boca y pidió que le fuera perdonado su crimen.

Abel contestó:

— ¿Tú me has matado o yo te he matado? Ya no recuerdo; aquí estamos juntos como antes.

— Ahora sé que en verdad me has perdonado — dijo Caín —, porque olvidar es perdonar. Yo trataré también de olvidar.

Abel dijo despacio:

— Así es. Mientras dura el remordimiento dura la culpa.

una oración

Mi boca ha pronunciado y pronunciará, miles de veces y en los dos idiomas que me son íntimos, el padre nuestro, pero sólo en parte lo entiendo. Esta mañana, la del día primero de julio de 1969, quiero intentar una oración que sea personal, no heredada. Sé que se trata de una empresa que exige una sinceridad más que humana. Es evidente, en primer término, que me está vedado pedir. Pedir que no anochezcan mis ojos sería una locura; sé de millares de personas que ven y que no son particularmente felices, justas o sabias. El proceso del tiempo es una trama de efectos y de causas, de suerte que pedir cualquier merced, por ínfima que sea, es pedir que se rompa un eslabón de esa trama de hierro, es pedir que ya se haya roto. Nadie merece tal milagro. No puedo suplicar que mis errores me sean perdonados; el perdón es un acto ajeno y sólo yo puedo salvarme. El perdón purifica al ofendido, no al ofensor, a quien casi no le concierne. La libertad de mi albedrío es tal vez ilusoria, pero puedo dar o soñar que doy. Puedo dar el coraje, que no tengo; puedo dar la esperanza, que no está en mí; puedo enseñar la voluntad de aprender lo que sé apenas o entreveo. Quiero ser recordado menos como poeta que como amigo; que alguien repita una cadencia de Dunbar o de Frost o del hombre que vio en la medianoche el árbol que sangra, la Cruz, y piense que por primera vez la oyó de mis labios. Lo demás no me importa; espero que el olvido no se demore. Desconocemos los designios del universo, pero sabemos que razonar con lucidez y obrar con justicia es ayudar a esos designios, que no nos serán revelados.

Quiero morir del todo; quiero morir con este compañero, mi cuerpo.

his end and his beginning

Cumplida la agonía, ya solo, ya solo y desgarrado y rechazado, se hundió en el sueño. Cuando despertó, lo aguardaban los hábitos cotidianos y los lugares; se dijo que no debía pensar demasiado en la noche anterior y, alentado por esa voluntad, se vistió sin apuro. En la oficina, cumplió pasablemente con sus deberes, si bien con esa incómoda impresión de repetir algo ya hecho, que nos da la fatiga. Le pareció notar que los otros desviaban la mirada; acaso ya sabían que estaba muerto. Esa noche empezaron las pesadillas; no le dejaban el menor recuerdo, sólo el temor de que volvieran. A la larga el temor prevaleció; se interponía entre él y la página que debía escribir o el libro que trataba de leer. Las letras hormigueaban y pululaban; los rostros, los rostros familiares, iban borrándose; las cosas y los hombres fueron dejándolo. Su mente se aferró a esas formas cambiantes, como en un frenesí de tenacidad.

Por raro que parezca, nunca sospechó la verdad; ésta lo iluminó de golpe. Comprendió que no podía recordar las formas, los sonidos y los colores de los sueños; no había formas, colores ni sonidos, y no eran sueños. Eran su realidad, una realidad más allá del silencio y de la visión y, por consiguiente, de la memoria. Esto lo consternó más que el hecho de que a partir de la hora de su muerte, había estado luchando en un remolino de insensatas imágenes. Las voces que había oído eran ecos; los rostros, máscaras; los dedos de su mano eran sombras, vagas e insustanciales sin duda, pero también queridas y conocidas.

De algún modo sintió que su deber era dejar atrás esas cosas; ahora pertenecía a este nuevo mundo, ajeno de pasado, de presente y de porvenir. Poco a poco este mundo lo circundó. Padeció muchas agonías, atravesó regiones de desesperación y de soledad. Esas peregrinaciones eran atroces porque trascendían todas sus anteriores percepciones, memorias y esperanzas. Todo el horror yacía en su novedad y esplendor. Había merecido la Gracia, desde su muerte había estado siempre en el cielo.

un lector

Que otros se jacten de las páginas que han escrito;
a mí me enorgullecen las que he leído.
No habré sido un filólogo,
no habré inquirido las declinaciones, los modos, la laboriosa
    mutación de las letras,
la *de* que se endurece en *te*,
la equivalencia de la *ge* y de la *ka*,
pero a lo largo de mis años he profesado
la pasión del lenguaje.
Mis noches están llenas de Virgilio;
haber sabido y haber olvidado el latín
es una posesión, porque el olvido
es una de las formas de la memoria, su vago sótano,
la otra cara secreta de la moneda.
Cuando en mis ojos se borraron
las vanas apariencias queridas,
los rostros y la página,
me di al estudio del lenguaje de hierro
que usaron mis mayores para cantar

espadas y soledades,
y ahora, a través de siete siglos,
desde la Última Thule,
tu voz me llega, Snorri Sturluson.
El joven, ante el libro, se impone una disciplina precisa
y lo hace en pos de un conocimiento preciso;
a mis años, toda empresa es una aventura
que linda con la noche.
No acabaré de descifrar las antiguas lenguas del Norte,
no hundiré las manos ansiosas en el oro de Sigurd;
la tarea que emprendo es ilimitada
y ha de acompañarme hasta el fin,
no menos misteriosa que el universo
y que yo, el aprendiz.

elogio de la sombra

La vejez (tal es el nombre que los otros le dan)
puede ser el tiempo de nuestra dicha.
El animal ha muerto o casi ha muerto.
Quedan el hombre y su alma.
Vivo entre formas luminosas y vagas
que no son aún la tiniebla.
Buenos Aires,
que antes se desgarraba en arrabales
hacia la llanura incesante,
ha vuelto a ser la Recoleta, el Retiro,
las borrosas calles del Once
y las precarias casas viejas
que aún llamamos el Sur.
Siempre en mi vida fueron demasiadas las cosas;
Demócrito de Abdera se arrancó los ojos para pensar;
el tiempo ha sido mi Demócrito.
Esta penumbra es lenta y no duele;
fluye por un manso declive

y se parece a la eternidad.
Mis amigos no tienen cara,
las mujeres son lo que fueron hace ya tantos años,
las esquinas pueden ser otras,
no hay letras en las páginas de los libros.
Todo esto debería atemorizarme,
pero es una dulzura, un regreso.
De las generaciones de los textos que hay en la tierra
sólo habré leído unos pocos,
los que sigo leyendo en la memoria,
leyendo y transformando.
Del Sur, del Este, del Oeste, del Norte,
convergen los caminos que me han traído
a mi secreto centro.
Esos caminos fueron ecos y pasos,
mujeres, hombres, agonías, resurrecciones,
días y noches,
entresueños y sueños,
cada ínfimo instante del ayer
y de los ayeres del mundo,
la firme espada del danés y la luna del persa,
los actos de los muertos,
el compartido amor, las palabras,
Emerson y la nieve y tantas cosas.
Ahora puedo olvidarlas. Llego a mi centro,
a mi álgebra y mi clave
a mi espejo.
Pronto sabré quién soy.

el oro de los tigres (1972)

tamerlán
(1336-1405)

Mi reino es de este mundo. Carceleros
Y cárceles y espadas ejecutan
La orden que no repito. Mi palabra
Más ínfima es de hierro. Hasta el secreto
Corazón de las gentes que no oyeron
Nunca mi nombre en su confín lejano
Es instrumento dócil a mi arbitrio.
Yo, que fui un rabadán de la llanura,
He izado mis banderas en Persépolis
Y he abrevado la sed de mis caballos
En las aguas del Ganges y del Oxus.
Cuando nací, cayó del firmamento
Una espada con signos talismánicos;
Yo soy, yo seré siempre, aquella espada.
He derrotado al griego y al egipcio,
He devastado las infatigables
Leguas de Rusia con mis duros tártaros,
He elevado pirámides de cráneos,
He uncido a mi carroza cuatro reyes
Que no quisieron acatar mi cetro,
He arrojado a las llamas en Alepo
El Alcorán, el Libro de los Libros,
Anterior a los días y a las noches.
Yo, el rojo Tamerlán, tuve en mi abrazo
A la blanca Zenócrate de Egipto,
Casta como la nieve de las cumbres.
Recuerdo las pesadas caravanas
Y las nubes de polvo del desierto,
Pero también una ciudad de humo
Y mecheros de gas en las tabernas.
Sé todo y puedo todo. Un ominoso
Libro no escrito aún me ha revelado
Que moriré como los otros mueren

Y que, desde la pálida agonía,
Ordenaré que mis arqueros lancen
Flechas de hierro contra el cielo adverso
Y embanderen de negro el firmamento
Para que no haya un hombre que no sepa
Que los dioses han muerto. Soy los dioses.
Que otros acudan a la astrología
Judiciaria, al compás y al astrolabio,
Para saber qué son. Yo soy los astros.
En las albas inciertas me pregunto
Por qué no salgo nunca de esta cámara,
Por qué no condesciendo al homenaje
Del clamoroso Oriente. Sueño a veces
Con esclavos, con intrusos, que mancillan
A Tamerlán con temeraria mano
Y le dicen que duerma y que no deje
De tomar cada noche las pastillas
Mágicas de la paz y del silencio.
Busco la cimitarra y no la encuentro.
Busco mi cara en el espejo; es otra.
Por eso lo rompí y me castigaron.
¿Por qué no asisto a las ejecuciones,
Por qué no veo el hacha y la cabeza?
Esas cosas me inquietan, pero nada
Puede ocurrir si Tamerlán se opone
Y Él, acaso, las quiere y no lo sabe.
Y yo soy Tamerlán. Rijo el Poniente
Y el Oriente de oro, y sin embargo...

espadas

Gram, Durendal, Joyeuse, Excalibur.
Sus viejas guerras andan por el verso,
Que es la única memoria. El universo
Las siembra por el Norte y por el Sur.

En la espada persiste la osadía
De la diestra viril, hoy polvo y nada;
En el hierro o el bronce, la estocada
Que fue sangre de Adán un primer día.
Gestas he enumerado de lejanas
Espadas cuyos hombres dieron muerte
A reyes y serpientes. Otra suerte
De espadas hay, murales y cercanas.
Déjame, espada, usar contigo el arte;
Yo, que no he merecido manejarte.

el pasado

Todo era fácil, nos parece ahora,
En el plástico ayer irrevocable:
Sócrates que, apurada la cicuta,
Discurre sobre el alma y su camino
Mientras la muerte azul le va subiendo
Desde los pies helados; la implacable
Espada que retumba en la balanza;
Roma que impone el numeroso hexámetro
Al obstinado mármol de esa lengua
Que manejamos hoy, despedazada;
Los piratas de Hengist que atraviesan
A remo el temerario Mar del Norte
Y con las fuertes manos y el coraje
Fundan un reino que será el Imperio;
El rey sajón que ofrece al rey noruego
Los siete pies de tierra y que ejecuta,
Antes que el sol decline, la promesa
En la batalla de hombres; los jinetes
Del desierto, que cubren el Oriente
Y amenazan las cúpulas de Rusia;
Un persa que refiere la primera
De las Mil y Una Noches y no sabe

Que inicia un libro que los largos siglos
De las generaciones ulteriores
No entregarán al silencioso olvido;
Snorri que salva en su perdida Thule,
A la luz de crepúsculos morosos
O en la noche propicia a la memoria,
Las letras y los dioses de Germania;
El joven Schopenhauer, que descubre
El plano general del universo;
Whitman, que en una redacción de Brooklyn,
Entre el olor a tinta y a tabaco,
Toma y no dice a nadie la infinita
Resolución de ser todos los hombres
Y de escribir un libro que sea todos;
Arredondo, que mata a Idiarte Borda
En la mañana de Montevideo
Y se da a la justicia, declarando
Que ha obrado solo y que no tiene cómplices;
El soldado que muere en Normandía,
El soldado que muere en Galilea.

Esas cosas pudieron no haber sido.
Casi no fueron. Las imaginamos
En un fatal ayer inevitable.
No hay otro tiempo que el ahora, este ápice
Del ya será y del fue, de aquel instante
En que la gota cae en la clepsidra.
El ilusorio ayer es un recinto
De figuras inmóviles de cera
O de reminiscencias literarias
Que el tiempo irá perdiendo en sus espejos.
Erico el Rojo, Carlos Doce, Breno
Y esa tarde inasible que fue tuya
Son en su eternidad, no en la memoria.

tankas

1

Alto en la cumbre
Todo el jardín es luna,
Luna de oro.
Más precioso es el roce
De tu boca en la sombra.

2

La voz del ave
Que la penumbra esconde
Ha enmudecido.
Andas por tu jardín.
Algo, lo sé, te falta.

3

La ajena copa,
La espada que fue espada
En otra mano,
La luna de la calle,
¿Dime, acaso no bastan?

4

Bajo la luna
El tigre de oro y sombra
Mira sus garras.
No sabe que en el alba
Han destrozado un hombre.

5

Triste la lluvia
Que sobre el mármol cae,
Triste ser tierra.
Triste no ser los días
Del hombre, el sueño, el alba.

6

No haber caído,
Como otros de mi sangre,
En la batalla.
Ser en la vana noche
El que cuenta las sílabas.

trece monedas

UN POETA ORIENTAL

Durante cien otoños he mirado
Tu tenue disco.
Durante cien otoños he mirado
Tu arco sobre las islas.
Durante cien otoños mis labios
No han sido menos silenciosos.

EL DESIERTO

El espacio sin tiempo.
La luna es del color de la arena.
Ahora, precisamente ahora,
Mueren los hombres del Metauro y de Trafalgar.

LLUEVE

¿En qué ayer, en qué patios de Cartago,
Cae también esta lluvia?

ASTERIÓN

El año me tributa mi pasto de hombres
Y en la cisterna hay agua.
En mí se anudan los caminos de piedra.
¿De qué puedo quejarme?
En los atardeceres
Me pesa un poco la cabeza de toro.

UN POETA MENOR

La meta es el olvido.
Yo he llegado antes.

GÉNESIS, IV, 8

Fue en el primer desierto.
Dos brazos arrojaron una gran piedra.
No hubo un grito. Hubo sangre.
Hubo por vez primera la muerte.
Ya no recuerdo si fui Abel o Caín.

NORTUMBRIA, 900 A.D.

Que antes del alba lo despojen los lobos;
La espada es el camino más corto.

MIGUEL DE CERVANTES

Crueles estrellas y propicias estrellas
Presidieron la noche de mi génesis:

Debo a las últimas la cárcel
En que soñé el Quijote.

EL OESTE

El callejón final con su poniente.
Inauguración de la pampa.
Inauguración de la muerte.

ESTANCIA EL RETIRO

El tiempo juega un ajedrez sin piezas
En el patio. El crujido de una rama
Rasga la noche. Fuera la llanura
Leguas de polvo y sueño desparrama.
Sombras los dos, copiamos lo que dictan
Otras sombras: Heráclito y Gautama.

EL PRISIONERO

Una lima.
La primera de las pesadas puertas de hierro.
Algún día seré libre.

MACBETH

Nuestros actos prosiguen su camino,
Que no conoce término.
Maté a mi rey para que Shakespeare
Urdiera su tragedia.

ETERNIDADES

La serpiente que ciñe el mar y es el mar,
El repetido remo de Jasón, la joven espada de Sigurd.
Sólo perduran en el tiempo las cosas
Que no fueron del tiempo.

susana bombal

Alta en la tarde, altiva y alabada,
Cruza el casto jardín y está en la exacta
Luz del instante irreversible y puro
Que nos da este jardín y la alta imagen,
Silenciosa. La veo aquí y ahora,
Pero también la veo en un antiguo
Crepúsculo de Ur de los Caldeos
O descendiendo por las lentas gradas
De un templo, que es innumerable polvo
Del planeta y que fue piedra y soberbia,
O descifrando el mágico alfabeto
De las estrellas de otras latitudes
O aspirando una rosa en Inglaterra.
Está donde haya música, en el leve
Azul, en el hexámetro del griego,
En nuestras soledades que la buscan,
En el espejo de agua de la fuente,
En el mármol del tiempo, en una espada,
En la serenidad de una terraza
Que divisa ponientes y jardines.

Y detrás de los mitos y las máscaras,
El alma, que está sola.

Buenos Aires, 3 de noviembre de 1970

a john keats
(1795-1821)

Desde el principio hasta la joven muerte
La terrible belleza te acechaba
Como a los otros la propicia suerte
O la adversa. En las albas te esperaba

De Londres, en las páginas casuales
De un diccionario de mitología,
En las comunes dádivas del día,
En un rostro, una voz, y en los mortales
Labios de Fanny Brawne. Oh sucesivo
Y arrebatado Keats, que el tiempo ciega,
El alto ruiseñor y la urna griega
Serán tu eternidad, oh fugitivo.
Fuiste el fuego. En la pánica memoria
No eres hoy la ceniza. Eres la gloria.

sueña alonso quijano

El hombre se despierta de un incierto
Sueño de alfanjes y de campo llano
Y se toca la barba con la mano
Y se pregunta si está herido o muerto.
¿No lo perseguirán los hechiceros
Que han jurado su mal bajo la luna?
Nada. Apenas el frío. Apenas una
Dolencia de sus años postrimeros.
El hidalgo fue un sueño de Cervantes
Y don Quijote un sueño del hidalgo.
El doble sueño los confunde y algo
Está pasando que pasó mucho antes.
Quijano duerme y sueña. Una batalla:
Los mares de Lepanto y la metralla.

a un césar

En la noche propicia a los lemures
Y a las larvas que hostigan a los muertos,
Han cuartelado en vano los abiertos
Ámbitos de los astros tus augures.

Del toro yugulado en la penumbra
Las vísceras en vano han indagado;
En vano el sol de esta mañana alumbra
La espada fiel del pretoriano armado.
En el palacio tu garganta espera
Temblorosa el puñal. Ya los confines
Del imperio que rigen tus clarines
Presienten las plegarias y la hoguera.
De tus montañas el horror sagrado
El tigre de oro y sombra ha profanado.

el ciego

a Mariana Grondona

I

Lo han despojado del diverso mundo,
De los rostros, que son lo que eran antes,
De las cercanas calles, hoy distantes,
Y del cóncavo azul, ayer profundo.
De los libros le queda lo que deja
La memoria, esa forma del olvido
Que retiene el formato, no el sentido,
Y que los meros títulos refleja.
El desnivel acecha. Cada paso
Puede ser la caída. Soy el lento
Prisionero de un tiempo soñoliento
Que no marca su aurora ni su ocaso.
Es de noche. No hay otros. Con el verso
Debo labrar mi insípido universo.

II

Desde mi nacimiento, que fue el noventa y nueve
De la cóncava parra y el aljibe profundo,

El tiempo minucioso, que en la memoria es breve,
Me fue hurtando las formas visibles de este mundo.
Los días y las noches limaron los perfiles
De las letras humanas y los rostros amados;
En vano interrogaron mis ojos agotados
Las vanas bibliotecas y los vanos atriles.
El azul y el bermejo son ahora una niebla
Y dos voces inútiles. El espejo que miro
Es una cosa gris. En el jardín aspiro,
Amigos, una lóbrega rosa de la tiniebla.
Ahora sólo perduran las formas amarillas
Y sólo puedo ver para ver pesadillas.

on his blindness

Indigno de los astros y del ave
Que surca el hondo azul, ahora secreto,
De esas líneas que son el alfabeto
Que ordenan otros y del mármol grave
Cuyo dintel mis ya gastados ojos
Pierden en su penumbra, de las rosas
Invisibles y de las silenciosas
Multitudes de oros y de rojos
Soy, pero no de las Mil Noches y Una
Que abren mares y auroras en mi sombra
Ni de Walt Whitman, ese Adán que nombra
Las criaturas que son bajo la luna,
Ni de los blancos dones del olvido
Ni del amor que espero y que no pido.

la busca

Al término de tres generaciones
Vuelvo a los campos de los Acevedo,

Que fueron mis mayores. Vagamente
Los he buscado en esta vieja casa
Blanca y rectangular, en la frescura
De sus dos galerías, en la sombra
Creciente que proyectan los pilares,
En el intemporal grito del pájaro,
En la lluvia que abruma la azotea,
En el crepúsculo de los espejos,
En un reflejo, un eco, que fue suyo
Y que ahora es mío, sin que yo lo sepa.
He mirado los hierros de la reja
Que detuvo las lanzas del desierto,
La palmera partida por el rayo,
Los negros toros de Aberdeen, la tarde,
Las casuarinas que ellos nunca vieron.
Aquí fueron la espada y el peligro,
Las duras proscripciones, las patriadas;
Firmes en el caballo, aquí rigieron
La sin principio y la sin fin llanura
los estancieros de las largas leguas.
Pedro Pascual, Miguel, Judas Tadeo...
Quién me dirá si misteriosamente,
Bajo ese techo de una sola noche,
Más allá de los años y del polvo,
Más allá del cristal de la memoria,
No nos hemos unido y confundido,
Yo en el sueño, pero ellos en la muerte.

lo perdido

¿Dónde estará mi vida, la que pudo
Haber sido y no fue, la venturosa
O la de triste horror, esa otra cosa
Que pudo ser la espada o el escudo
Y que no fue? ¿Dónde estará el perdido

Antepasado persa o el noruego,
Dónde el azar de no quedarme ciego,
Dónde el ancla y el mar, dónde el olvido
De ser quien soy? ¿Dónde estará la pura
Noche que al rudo labrador confía
El iletrado y laborioso día,
Según lo quiere la literatura?
Pienso también en esa compañera
Que me esperaba, y que tal vez me espera.

h. o.

En cierta calle hay cierta firme puerta
Con su timbre y su número preciso
Y un sabor a perdido paraíso,
Que en los atardeceres no está abierta
A mi paso. Cumplida la jornada,
Una esperada voz me esperaría
En la disgregación de cada día
Y en la paz de la noche enamorada.
Esas cosas no son. Otra es mi suerte:
Las vagas horas, la memoria impura,
El abuso de la literatura
Y en el confín la no gustada muerte.
Sólo esa piedra quiero. Sólo pido
Las dos abstractas fechas y el olvido.

religio medici, 1643

Defiéndeme, Señor. (El vocativo
No implica a Nadie. Es sólo una palabra
De este ejercicio que el desgano labra
Y que en la tarde del temor escribo.)
Defiéndeme de mí. Ya lo dijeron

Montaigne y Browne y un español que ignoro;
Algo me queda aún de todo ese oro
Que mis ojos de sombra recogieron.
Defiéndeme, Señor, del impaciente
Apetito de ser mármol y olvido;
Defiéndeme de ser el que ya he sido,
El que ya he sido irreparablemente.
No de la espada o de la roja lanza
Defiéndeme, sino de la esperanza.

1971

Dos hombres caminaron por la luna.
Otros después. ¿Qué puede la palabra,
Qué puede lo que el arte sueña y labra,
Ante su real y casi irreal fortuna?
Ebrios de horror divino y de aventura,
Esos hijos de Whitman han pisado
El páramo lunar, el inviolado
Orbe que, antes de Adán, pasa y perdura.
El amor de Endimión en su montaña,
El hipogrifo, la curiosa esfera
De Wells, que en mi recuerdo es verdadera,
Se confirman. De todos es la hazaña.
No hay en la tierra un hombre que no sea
Hoy más valiente y más feliz. El día
Inmemorial se exalta de energía
Por la sola virtud de la Odisea
De esos amigos mágicos. La luna,
Que el amor secular busca en el cielo
Con triste rostro y no saciado anhelo,
Será su monumento, eterna y una.

cosas

El volumen caído que los otros
Ocultan en la hondura del estante
Y que los días y las noches cubren
De lento polvo silencioso. El ancla
De Sidón que los mares de Inglaterra
Oprimen en su abismo ciego y blando.
El espejo que no repite a nadie
Cuando la casa se ha quedado sola.
Las limaduras de uña que dejamos
A lo largo del tiempo y del espacio.
El polvo indescifrable que fue Shakespeare.
Las modificaciones de la nube.
La simétrica rosa momentánea
Que el azar dio una vez a los ocultos
Cristales del pueril calidoscopio.
Los remos de Argos, la primera nave.
Las pisadas de arena que la ola
Soñolienta y fatal borra en la playa.
Los colores de Turner cuando apagan
Las luces en la recta galería
Y no resuena un paso en la alta noche.
El revés del prolijo mapamundi.
La tenue telaraña en la pirámide.
La piedra ciega y la curiosa mano.
El sueño que he tenido antes del alba
Y que olvidé cuando clareaba el día.
El principio y el fin de la epopeya
De Finnsburh, hoy unos contados versos
De hierro, no gastado por los siglos.
La letra inversa en el papel secante.
La tortuga en el fondo del aljibe.
Lo que no puede ser. El otro cuerno
Del unicornio. El Ser que es Tres y es Uno.
El disco triangular. El inasible

Instante en que la flecha del eleata,
Inmóvil en el aire, da en el blanco.
La flor entre las páginas de Bécquer.
El péndulo que el tiempo ha detenido.
El acero que Odín clavó en el árbol.
El texto de las no cortadas hojas.
El eco de los cascos de la carga
De Junín, que de algún eterno modo
No ha cesado y es parte de la trama.
La sombra de Sarmiento en las aceras.
La voz que oyó el pastor en la montaña.
La osamenta blanqueando en el desierto.
La bala que mató a Francisco Borges.
El otro lado del tapiz. Las cosas
Que nadie mira, salvo el Dios de Berkeley.

el amenazado

Es el amor. Tendré que ocultarme o que huir.
Crecen los muros de su cárcel, como en un sueño atroz. La hermosa máscara ha cambiado, pero como siempre es la única. ¿De qué me servirán mis talismanes: el ejercicio de las letras, la vaga erudición, el aprendizaje de las palabras que usó el áspero Norte para cantar sus mares y sus espadas, la serena amistad, las galerías de la Biblioteca, las cosas comunes, los hábitos, el joven amor de mi madre, la sombra militar de mis muertos, la noche intemporal, el sabor del sueño?
Estar contigo o no estar contigo es la medida de mi tiempo.
Ya el cántaro se quiebra sobre la fuente, ya el hombre se levanta a la voz del ave, ya se han oscurecido los que miran por las ventanas, pero la sombra no ha traído la paz.
Es, ya lo sé, el amor: la ansiedad y el alivio de oír tu voz, la espera y la memoria, el horror de vivir en lo sucesivo.
Es el amor con sus mitologías, con sus pequeñas magias inútiles.
Hay una esquina por la que no me atrevo a pasar.

Ya los ejércitos me cercan, las hordas.
(Esta habitación es irreal; ella no la ha visto.)
El nombre de una mujer me delata.
Me duele una mujer en todo el cuerpo.

proteo

Antes que los remeros de Odiseo
Fatigaran el mar color de vino
Las inasibles formas adivino
De aquel dios cuyo nombre fue Proteo.
Pastor de los rebaños de los mares
Y poseedor del don de profecía,
Prefería ocultar lo que sabía
Y entretejer oráculos dispares.
Urgido por las gentes asumía
La forma de un león o de una hoguera
O de árbol que da sombra a la ribera
O de agua que en el agua se perdía.
De Proteo el egipcio no te asombres,
Tú, que eres uno y eres muchos hombres.

otra versión de proteo

Habitador de arenas recelosas.
Mitad dios y mitad bestia marina,
Ignoró la memoria, que se inclina
Sobre el ayer y las perdidas cosas.
Otro tormento padeció Proteo
No menos cruel, saber lo que ya encierra
El porvenir: la puerta que se cierra
Para siempre, el troyano y el aqueo.
Atrapado, asumía la inasible
Forma del huracán o de la hoguera

O del tigre de oro o la pantera
O de agua que en el agua es invisible.
Tú también estás hecho de inconstantes
Ayeres y mañanas. Mientras, antes...

habla un busto de jano

Nadie abriere o cerrare alguna puerta
Sin honrar la memoria del Bifronte,
Que las preside. Abarco el horizonte
De inciertos mares y de tierra cierta.
Mis dos caras divisan el pasado
Y el porvenir. Los veo y son iguales
Los hierros, las discordias y los males
Que Alguien pudo borrar y no ha borrado
Ni borrará. Me faltan las dos manos
Y soy de piedra inmóvil. No podría
Precisar si contemplo una porfía
Futura o la de ayeres hoy lejanos.
Veo mi ruina: la columna trunca
Y las caras, que no se verán nunca.

el gaucho

Hijo de algún confín de la llanura
Abierta, elemental, casi secreta,
Tiraba el firme lazo que sujeta
Al firme toro de cerviz oscura.

Se batió con el indio y con el godo,
Murió en reyertas de baraja y taba;
Dio su vida a la patria, que ignoraba,
Y así perdiendo, fue perdiendo todo.

Hoy es polvo de tiempo y de planeta;
Nombres no quedan, pero el nombre dura.
Fue tantos otros y hoy es una quieta
Pieza que mueve la literatura.

Fue el matrero, el sargento y la partida.
Fue el que cruzó la heroica cordillera.
Fue soldado de Urquiza o de Rivera,
Lo mismo da. Fue el que mató a Laprida.

Dios le quedaba lejos. Profesaron
La antigua fe del hierro y del coraje,
Que no consiente súplicas ni gaje.
Por esa fe murieron y mataron.

En los azares de la montonera
Murió por el color de una divisa;
Fue el que no pidió nada, ni siquiera
La gloria, que es estrépito y ceniza.

Fue el hombre gris que, oscuro en la pausada
Penumbra del galpón, sueña y matea,
Mientras en el oriente ya clarea
La luz de la desierta madrugada.

Nunca dijo: Soy gaucho. Fue su suerte
No imaginar la suerte de los otros.
No menos ignorante que nosotros,
No menos solitario, entró en la muerte.

la pantera

Tras los fuertes barrotes la pantera
Repetirá el monótono camino
Que es (pero no lo sabe) su destino

De negra joya, aciaga y prisionera.
Son miles las que pasan y son miles
Las que vuelven, pero es una y eterna
La pantera fatal que en su caverna
Traza la recta que un eterno Aquiles
Traza en el sueño que ha soñado el griego.
No sabe que hay praderas y montañas
De ciervos cuyas trémulas entrañas
Deleitarían su apetito ciego.
En vano es vario el orbe. La jornada
Que cumple cada cual ya fue fijada.

tú

Un solo hombre ha nacido, un solo hombre ha muerto en la tierra.
Afirmar lo contrario es mera estadística, es una adición imposible.
No menos imposible que sumar el olor de la lluvia y el sueño que antenoche soñaste.
Ese hombre es Ulises, Abel, Caín, el primer hombre que ordenó las constelaciones, el hombre que erigió la primer pirámide, el hombre que escribió los hexagramas del Libro de los Cambios, el forjador que grabó runas en la espada de Hengist, el arquero Einar Tambarskelver, Luis de León, el librero que engendró a Samuel Johnson, el jardinero de Voltaire, Darwin en la proa del Beagle, un judío en la cámara letal, con el tiempo, tú y yo.
Un solo hombre ha muerto en Ilión, en el Metauro, en Hastings, en Austerlitz, en Trafalgar, en Gettysburg.
Un solo hombre ha muerto en los hospitales, en barcos, en la ardua soledad, en la alcoba del hábito y del amor.
Un solo hombre ha mirado la vasta aurora.
Un solo hombre ha sentido en el paladar la frescura del agua, el sabor de las frutas y de la carne.
Hablo del único, del uno, del que siempre está solo.

Norman, Oklahoma

poema de la cantidad

Pienso en el parco cielo puritano
De solitarias y perdidas luces
Que Emerson miraría tantas noches
Desde la nieve y el rigor de Concord.
Aquí son demasiadas las estrellas.
El hombre es demasiado. Las innúmeras
Generaciones de aves y de insectos,
Del jaguar constelado y de la sierpe,
De ramas que se tejen y entretejen,
Del café, de la arena y de las hojas
Oprimen las mañanas y prodigan
Su minucioso laberinto inútil.
Acaso cada hormiga que pisamos
Es única ante Dios, que la precisa
Para la ejecución de las puntuales
Leyes que rigen Su curioso mundo.
Si así no fuera, el universo entero
Sería un error y un oneroso caos.
Los espejos del ébano y del agua,
El espejo inventivo de los sueños,
Los líquenes, los peces, las madréporas,
Las filas de tortugas en el tiempo,
Las luciérnagas de una sola tarde,
Las dinastías de las araucarias,
Las perfiladas letras de un volumen
Que la noche no borra, son sin duda
No menos personales y enigmáticas
Que yo, que las confundo. No me atrevo
A juzgar a la lepra o a Calígula.

San Pablo, 1970

el centinela

Entra luz y me recuerdo; ahí está.
Empieza por decirme su nombre, que es (ya se entiende) el mío.
Vuelvo a la esclavitud que ha durado más de siete veces diez años.
Me impone su memoria.
Me impone las miserias de cada día, la condición humana.
Soy su viejo enfermero; me obliga a que le lave los pies.
Me acecha en los espejos, en la caoba, en los cristales de las tiendas.
Una u otra mujer lo ha rechazado y debo compartir su congoja.
Me dicta ahora este poema, que no me gusta.
Me exige el nebuloso aprendizaje del terco anglosajón.
Me ha convertido al culto idolátrico de militares muertos, con los que acaso no podría cambiar una sola palabra.
En el último tramo de la escalera siento que está a mi lado.
Está en mis pasos, en mi voz.
Minuciosamente lo odio.
Advierto con fruición que casi no ve.
Estoy en una celda circular y el infinito muro se estrecha.
Ninguno de los dos engaña al otro, pero los dos mentimos.
Nos conocemos demasiado, inseparable hermano.
Bebes el agua de mi copa y devoras mi pan.
La puerta del suicida está abierta, pero los teólogos afirman que en la sombra ulterior del otro reino estaré yo, esperándome.

al idioma alemán

Mi destino es la lengua castellana,
El bronce de Francisco de Quevedo,
Pero en la lenta noche caminada
Me exaltan otras músicas más íntimas.
Alguna me fue dada por la sangre —
Oh voz de Shakespeare y de la Escritura —,
Otras por el azar, que es dadivoso,
Pero a ti, dulce lengua de Alemania,

Te he elegido y buscado, solitario.
A través de vigilias y gramáticas,
De la jungla de las declinaciones,
Del diccionario, que no acierta nunca
Con el matiz preciso, fui acercándome.
Mis noches están llenas de Virgilio,
Dije una vez; también pude haber dicho
De Hölderlin y de Angelus Silesius.
Heine me dio sus altos ruiseñores;
Goethe, la suerte de un amor tardío,
A la vez indulgente y mercenario;
Keller, la rosa que una mano deja
En la mano de un muerto que la amaba
Y que nunca sabrá si es blanca o roja.
Tú, lengua de Alemania, eres tu obra
Capital: el amor entrelazado
De las voces compuestas, las vocales
Abiertas, los sonidos que permiten
El estudioso hexámetro del griego
Y tu rumor de selvas y de noches.
Te tuve alguna vez. Hoy, en la linde
De los años cansados, te diviso
Lejana como el álgebra y la luna.

al triste

Ahí está lo que fue: la terca espada
Del sajón y su métrica de hierro,
Los mares y las islas del destierro
Del hijo de Laertes, la dorada
Luna del persa y los sin fin jardines
De la filosofía y de la historia,
El oro sepulcral de la memoria
Y en la sombra el olor de los jazmines.
Y nada de eso importa. El resignado

Ejercicio del verso no te salva
Ni las aguas del sueño ni la estrella
Que en la arrasada noche olvida el alba.
Una sola mujer es tu cuidado,
Igual a las demás, pero que es ella.

el mar

El mar. El joven mar. El mar de Ulises
Y el de aquel otro Ulises que la gente
Del Islam apodó famosamente
Es-Sindibad del Mar. El mar de grises
Olas de Erico el Rojo, alto en su proa,
Y el de aquel caballero que escribía
A la vez la epopeya y la elegía
De su patria, en la ciénaga de Goa.
El mar de Trafalgar. El que Inglaterra
Cantó a lo largo de su larga historia,
El arduo mar que ensangrentó de gloria
En el diario ejercicio de la guerra.
El incesante mar que en la serena
Mañana surca la infinita arena.

al primer poeta de hungría

En esta fecha para ti futura
Que no alcanza el augur que la prohibida
Forma del porvenir ve en los planetas
Ardientes o en las vísceras del toro,
Nada me costaría, hermano y sombra,
Buscar tu nombre en las enciclopedias
Y descubrir qué ríos reflejaron
Tu rostro, que hoy es perdición y polvo,
Y qué reyes, qué ídolos, qué espadas,

Qué resplandor de tu infinita Hungría,
Elevaron tu voz al primer canto.
Las noches y los mares nos apartan,
Las modificaciones seculares,
Los climas, los imperios y las sangres,
Pero nos une indescifrablemente
El misterioso amor de las palabras,
Este hábito de sones y de símbolos.
Análogo al arquero del eleata,
Un hombre solo en una tarde hueca
Deja correr sin fin esta imposible
Nostalgia, cuya meta es una sombra,
No nos veremos nunca cara a cara,
Oh antepasado que mi voz no alcanza.
Para ti ni siquiera soy un eco;
Para mí soy un ansia y un arcano,
Una isla de magia y de temores,
Como lo son tal vez todos los hombres,
Como lo fuiste tú, bajo otros astros.

el advenimiento

Soy el que fui en el alba, entre la tribu.
Tendido en mi rincón de la caverna,
Pujaba por hundirme en las oscuras
Aguas del sueño. Espectros de animales
Heridos por la esquirla de la flecha
Daban horror a las tinieblas. Algo,
Quizá la ejecución de una promesa,
La muerte de un rival en la montaña,
Quizá el amor, quizá una piedra mágica,
Me había sido otorgado. Lo he perdido.
Gastada por los siglos, la memoria
Sólo guarda esa noche y su mañana.
Yo anhelaba y temía. Bruscamente

Oí el sordo tropel interminable
De una manada atravesando el alba.
Arco de roble, flechas que se clavan,
Los dejé y fui corriendo hasta la grieta
Que se abre en el confín de la caverna.
Fue entonces que los vi. Brasa rojiza,
Crueles los cuernos, montañoso el lomo
Y lóbrega la crin como los ojos
Que acechaban malvados. Eran miles.
Son los bisontes, dije. La palabra
No había pasado nunca por mis labios,
Pero sentí que tal era su nombre.
Era como si nunca hubiera visto,
Como si hubiera estado ciego y muerto
Antes de los bisontes de la aurora.
Surgían de la aurora. Eran la aurora.
No quise que los otros profanaran
Aquel pesado río de bruteza
Divina, de ignorancia, de soberbia,
Indiferente como las estrellas.
Pisotearon un perro del camino;
Lo mismo hubieran hecho con un hombre.
Después los trazaría en la caverna
Con ocre y bermellón. Fueron los Dioses
Del sacrificio y de las preces. Nunca
Dijo mi boca el nombre de Altamira.
Fueron muchas mis formas y mis muertes.

la tentación

El general Quiroga va a su entierro;
Lo invita el mercenario Santos Pérez
Y sobre Santos Pérez está Rosas,
La recóndita araña de Palermo.
Rosas, a fuer de buen cobarde, sabe

Que no hay entre los hombres uno solo
Más vulnerable y frágil que el valiente.
Juan Facundo Quiroga es temerario
Hasta la insensatez. El hecho puede
Merecer el examen de su odio.
Ha resuelto matarlo. Piensa y duda.
Al fin da con el arma que buscaba.
Será la sed y el hambre del peligro.
Quiroga parte al Norte. El mismo Rosas
Le advierte, casi al pie de la galera,
Que circulan rumores de que López
Premedita su muerte. Le aconseja
No acometer la osada travesía
Sin una escolta. Él mismo se la ofrece.
Facundo ha sonreído. No precisa
Laderos. Él se basta. La crujiente
Galera deja atrás las poblaciones.
Leguas de larga lluvia la entorpecen,
Neblina y lodo y las crecidas aguas.
Al fin avistan Córdoba. Los miran
Como si fueran sus fantasmas. Todos
Los daban ya por muertos. Antenoche
Córdoba entera ha visto a Santos Pérez
Distribuir las espadas. La partida
Es de treinta jinetes de la sierra.
Nunca se ha urdido un crimen de manera
Más descarada, escribirá Sarmiento.
Juan Facundo Quiroga no se inmuta.
Sigue al Norte. En Santiago del Estero
Se da a los naipes y a su hermoso riesgo.
Entre el ocaso y la alborada pierde
O gana centenares de onzas de oro.
Arrecian las alarmas. Bruscamente
Resuelve regresar y da la orden.
Por esos descampados y esos montes
Retoman los caminos del peligro.

En un sitio llamado el Ojo de Agua
El maestro de posta le revela
Que por ahí ha pasado la partida
Que tiene por misión asesinarlo
Y que lo espera en un lugar que nombra.
Nadie debe escapar. Tal es la orden.
Así lo ha declarado Santos Pérez,
El capitán. Facundo no se arredra.
No ha nacido aún el hombre que se atreva
A matar a Quiroga, le responde.
Los otros palidecen y se callan.
Sobreviene la noche, en la que sólo
Duerme el fatal, el fuerte, que confía
En sus oscuros dioses. Amanece.
No volverán a ver otra mañana.
¿A qué concluir la historia que ya ha sido
Contada para siempre? La galera
Toma el camino de Barranca Yaco.

1891

Apenas lo entreveo y ya lo pierdo.
Ajustado el decente traje negro,
La frente angosta y el bigote ralo,
Y con una chalina como todas,
Camina entre la gente de la tarde
Ensimismado y sin mirar a nadie.
En una esquina de la calle Piedras
Pide una caña brasilera. El hábito.
Alguien le grita adiós. No le contesta.
Hay en los ojos un rencor antiguo.
Otra cuadra. Una racha de milonga
Le llega desde un patio. Esos changangos
Están siempre amolando la paciencia,
Pero al andar se hamaca y no lo sabe.

Sube su mano y palpa la firmeza
Del puñal en la sisa del chaleco.
Va a cobrarse una deuda. Falta poco.
Unos pasos y el hombre se detiene.
En el zaguán hay una flor de cardo.
Oye el golpe del balde en el aljibe
Y una voz que conoce demasiado.
Empuja la cancel que aún está abierta
Como si lo esperaran. Esta noche
Tal vez ya lo habrán muerto.

1929

Antes, la luz entraba más temprano
En la pieza que da al último patio;
Ahora la vecina casa de altos
Le quita el sol, pero en la vaga sombra
Su modesto inquilino está despierto
Desde el amanecer. Sin hacer ruido,
Para no incomodar a los de al lado,
El hombre está mateando y esperando.
Otro día vacío, como todos.
Y siempre los ardores de la úlcera.
Ya no hay mujeres en mi vida, piensa.
Los amigos lo aburren. Adivina
Que él también los aburre. Hablan de cosas
Que no alcanza, de arqueros y de cuadros.
No ha mirado la hora. Sin apuro
Se levanta y se afeita con inútil
Prolijidad. Hay que llenar el tiempo.
El rostro que el espejo le devuelve
Guarda el aplomo que antes era suyo.
Envejecemos más que nuestra cara,
Piensa, pero ahí están las comisuras,
El bigote ya gris, la hundida boca.

Busca el sombrero y sale. En el vestíbulo
Ve un diario abierto. Lee las grandes letras,
Crisis ministeriales en países
Que son apenas nombres. Luego advierte
La fecha de la víspera. Un alivio;
Ya no tiene por qué seguir leyendo.
Afuera, la mañana le depara
Su ilusión habitual de que algo empieza
Y los pregones de los vendedores.
En vano el hombre inútil dobla esquinas
Y pasajes y trata de perderse.
Ve con aprobación las casas nuevas,
Algo, tal vez el viento sur, lo anima.
Cruza Rivera, que hoy le dicen Córdoba,
Y no recuerda que hace muchos años
Que sus pasos la eluden. Dos, tres cuadras.
Reconoce una larga balaustrada,
Los redondeles de un balcón de fierro,
Una tapia erizada de pedazos
De vidrio. Nada más. Todo ha cambiado.
Tropieza en una acera. Oye la burla
De unos muchachos. No los toma en cuenta.
Ahora está caminando más despacio.
De golpe se detiene. Algo ha ocurrido.
Ahí donde ahora hay una heladería,
Estaba el Almacén de la Figura.
(La historia cuenta casi medio siglo.)
Ahí un desconocido de aire avieso
Le ganó un largo truco, quince y quince,
Y él malició que el juego no era limpio.
No quiso discutir, pero le dijo:
Ahí le entrego hasta el último centavo,
Pero después salgamos a la calle.
El otro contestó que con el fierro
No le iría mejor que con el naipe.
No había ni una estrella. Benavides

Le prestó su cuchillo. La pelea
Fue dura. En la memoria es un instante,
Un sólo inmóvil resplandor, un vértigo.
Se tendió en una larga puñalada,
Que bastó. Luego en otra, por si acaso.
Oyó el caer del cuerpo y del acero.
Fue entonces que sintió por vez primera
La herida en la muñeca y vio la sangre.
Fue entonces que brotó de su garganta
Una mala palabra, que juntaba
La exultación, la ira y el asombro.
Tantos años y al fin ha rescatado
La dicha de ser hombre y ser valiente
O, por lo menos, la de haberlo sido
Alguna vez, en un ayer del tiempo.

la promesa

En Pringles, el doctor Isidro Lozano me refirió la historia. Lo hizo con tal economía que comprendí que ya lo había hecho, como era de prever, muchas veces; agregar o variar un pormenor sería un pecado literario.

"El hecho ocurrió aquí, hacia mil novecientos veintitantos. Yo había regresado de Buenos Aires con mi diploma. Una noche me mandaron buscar del hospital. Me levanté de mal humor, me vestí y atravesé la plaza desierta. En la sala de guardia, el doctor Eudoro Ribera me dijo que a uno de los malevos del comité, Clemente Garay, lo habían traído con una puñalada en el vientre. Lo examinamos; ahora me he endurecido, pero entonces me sacudió ver a un hombre con los intestinos afuera. Estaba con los ojos cerrados y la respiración era trabajosa.

El doctor Ribera me dijo:

— Ya no hay nada que hacer, mi joven colega. Vamos a dejar que se muera esta porquería.

Le contesté que me había costeado hasta ahí a las dos de la

mañana pasadas y que haría lo posible para salvarlo. Ribera se encogió de hombros; lavé los intestinos, los puse en su lugar y cosí la herida. No oí una sola queja.

Al otro día volví. El hombre no había muerto; me miró, me estrechó la mano y me dijo:

— Para usted, gracias, y mi cabo de plata para Ribera.

Cuando a Garay lo dieron de alta, Ribera ya se había ido a Buenos Aires.

Desde esa fecha, todos los años recibí un corderito el día de mi santo. Hacia el cuarenta el regalo cesó."

el estupor

Un vecino de Morón me refirió el caso:

"Nadie sabe muy bien por qué se enemistaron Moritán y el Pardo Rivarola y de un modo tan enconado. Los dos eran del partido conservador y creo que trabaron relación en el comité. No lo recuerdo a Moritán porque yo era muy chico cuando su muerte. Dicen que la familia era de Entre Ríos. El Pardo lo sobrevivió muchos años. No era caudillo ni cosa que se le parezca, pero tenía la pinta. Era más bien bajo y pesado y muy rumboso en el vestir. Ninguno de los dos era flojo, pero el más reflexivo era Rivarola, como luego se vio. Desde hace tiempo se la tenía jurada a Moritán, pero quiso obrar con prudencia. Le doy la razón; si uno mata a alguien y tiene que penar en la cárcel, procede como un zonzo. El Pardo tramó bien lo que haría.

Serían las siete de la tarde, un domingo. La plaza rebosaba de gente. Como siempre, ahí estaba Rivarola caminando despacio, con su clavel en el ojal y su ropa negra. Iba con su sobrina. De golpe la apartó, se sentó en cuclillas en el suelo y se puso a aletear y a cacarear como si fuera un gallo. La gente le abrió cancha, asustada. ¡Un hombre de respeto como el Pardo, haciendo esas cosas, a la vista y paciencia de todo Morón y en un día domingo! A la media cuadra dobló y, siempre cacareando y aleteando, se metió en la casa de Moritán. Empujó la puerta cancel y de un brinco estuvo en el patio. La turba se agolpaba en la calle. Moritán, que oyó la alharaca, se vino desde el fondo. Al ver ese monstruoso enemigo, que se le abalanzaba, quiso ganar las piezas, pero un balazo lo alcanzó y después otro. A Rivarola se lo llevaron entre dos vigilantes. El hombre forcejeó, cacareando.

Al mes estaba en libertad. El médico forense declaró que había sido víctima de un brusco ataque de locura. ¿Acaso el pueblo entero no lo había visto conduciéndose como un gallo?"

los cuatro ciclos

Cuatro son las historias. Una, la más antigua, es la de una fuerte ciudad que cercan y defienden hombres valientes. Los defensores saben que la ciudad será entregada al hierro y al fuego y que su batalla es inútil; el más famoso de los agresores, Aquiles, sabe que su destino es morir antes de la victoria. Los siglos fueron agregando elementos de magia. Se dijo que Helena de Troya, por la cual los ejércitos murieron, era una hermosa nube, una sombra; se dijo que el gran caballo hueco en el que se ocultaron los griegos era también una apariencia. Homero no habrá sido el primer poeta que refirió la fábula; alguien, en el siglo catorce, dejó esta línea que anda por mi memoria: *The borgh brittened and brent to brondes and askes.* Dante Gabriel Rossetti imaginaría que la suerte de Troya quedó sellada en aquel instante en que Paris arde en amor de Helena; Yeats elegirá el instante en que se confunden Leda y el cisne que era un dios.

Otra, que se vincula a la primera, es la de un regreso. El de Ulises, que, al cabo de diez años de errar por mares peligrosos y de demorarse en islas de encantamiento, vuelve a su Itaca; el de las divinidades del Norte que, una vez destruida la tierra, la ven surgir del mar, verde y lúcida, y hallan perdidas en el césped las piezas de ajedrez con que antes jugaron.

La tercera historia es la de una busca. Podemos ver en ella una variación de la forma anterior. Jasón y el Vellocino; los treinta pájaros del persa, que cruzan montañas y mares y ven la cara de su Dios, el Simurgh, que es cada uno de ellos y todos. En el pasado toda empresa era venturosa. Alguien robaba, al fin, las prohibidas manzanas de oro; alguien, al fin, merecía la conquista del Grial. Ahora, la busca está condenada al fracaso. El capitán Ahab da con la ballena y la ballena lo deshace; los héroes de James o de Kafka sólo pueden esperar la derrota. Somos tan pobres de valor y de fe que ya el *happy-ending* no es otra cosa que un halago industrial. No podemos creer en el cielo, pero sí en el infierno.

La última historia es la del sacrificio de un dios. Attis, en Frigia, se mutila y se mata; Odín, sacrificado a Odín, Él mismo a Sí Mismo, pende del árbol nueve noches enteras y es herido de lanza; Cristo es crucificado por los romanos.

Cuatro son las historias. Durante el tiempo que nos queda seguiremos narrándolas, transformadas.

el sueño de pedro henríquez ureña

El sueño que Pedro Henríquez Ureña tuvo en el alba de uno de los días de 1946 curiosamente no constaba de imágenes sino de pausadas palabras. La voz que las decía no era la suya pero se parecía a la suya. El tono, pese a las posibilidades patéticas que el tema permitía, era impersonal y común. Durante el sueño, que fue breve, Pedro sabía que estaba durmiendo en su cuarto y que su mujer estaba a su lado. En la oscuridad el sueño le dijo:

Hará unas cuantas noches, en una esquina de la calle Córdoba, discutiste con Borges la invocación del Anónimo Sevillano, *Oh Muerte, ven callada como sueles venir en la saeta*. Sospecharon que era el eco deliberado de algún texto latino, ya que esas traslaciones correspondían a los hábitos de una época, del todo ajena a nuestro concepto del plagio, sin duda menos literario que comercial. Lo que no sospecharon, lo que no podían sospechar, es que el diálogo era profético. Dentro de unas horas, te apresurarás por el último andén de Constitución, para dictar tu clase en la Universidad de La Plata. Alcanzarás el tren, pondrás la cartera en la red y te acomodarás en tu asiento, junto a la ventanilla.

Alguien, cuyo nombre no sé pero cuya cara estoy viendo, te dirigirá unas palabras. No le contestarás, porque estarás muerto. Ya te habrás despedido como siempre de tu mujer y de tus hijas. No recordarás este sueño porque tu olvido es necesario para que se cumplan los hechos.

el palacio

El Palacio no es infinito.

Los muros, los terraplenes, los jardines, los laberintos, las gradas, las terrazas, los antepechos, las puertas, las galerías, los patios circulares o rectangulares, los claustros, las encrucijadas, los aljibes, las antecámaras, las cámaras, las alcobas, las bibliotecas, los desvanes, las cárceles, las celdas sin salida y los hipogeos, no son menos cuantiosos que los granos de arena del Ganges, pero su cifra tiene un fin. Desde las azoteas, hacia el poniente, no falta quien divise las herrerías, las carpinterías, las caballerizas, los astilleros y las chozas de los esclavos.

A nadie le está dado recorrer más que una parte infinitesimal del palacio. Alguno no conoce sino los sótanos. Podemos percibir unas caras, unas voces, unas palabras, pero lo que percibimos es ínfimo. Ínfimo y precioso a la vez. La fecha que el acero graba en la lápida y que los libros parroquiales registran es posterior a nuestra muerte; ya estamos muertos cuando nada nos toca, ni una palabra, ni un anhelo, ni una memoria. Yo sé que no estoy muerto.

hengist quiere hombres
(449 a.d.)

Hengist quiere hombres.

Acudirán de los confines de arena que se pierden en largos mares, de chozas llenas de humo, de tierras pobres, de hondos bosques de lobos, en cuyo centro indefinido está el Mal.

Los labradores dejarán el arado y los pescadores las redes.

Dejarán sus mujeres y sus hijos, porque el hombre sabe que en cualquier lugar de la noche puede hallarlas y hacerlos.

Hengist el mercenario quiere hombres.

Los quiere para debelar una isla que todavía no se llama Inglaterra.

Lo seguirán sumisos y crueles.

Saben que siempre fue el primero en la batalla de hombres.

Saben que una vez olvidó su deber de venganza y que le dieron una espada desnuda y que la espada hizo su obra.

Atravesarán a remo los mares, sin brújula y sin mástil.

Traerán espadas y broqueles, yelmos con la forma del jabalí, conjuros para que se multipliquen las mieses, vagas cosmogonías, fábulas de los hunos y de los godos.

Conquistarán la tierra, pero nunca entrarán en las ciudades que Roma abandonó, porque son cosas demasiado complejas para su mente bárbara.

Hengist los quiere para la victoria, para el saqueo, para la corrupción de la carne y para el olvido.

Hengist los quiere (pero no lo sabe) para la fundación del mayor imperio, para que canten Shakespeare y Whitman, para que dominen el mar las naves de Nelson, para que Adán y Eva se alejen, tomados de la mano y silenciosos, del Paraíso que han perdido.

Hengist los quiere (pero no lo sabrá) para que yo trace estas letras.

episodio del enemigo

Tantos años huyendo y esperando y ahora el enemigo estaba en mi casa. Desde la ventana lo vi subir penosamente por el áspero camino del cerro. Se ayudaba con un bastón, con un torpe bastón que en sus viejas manos no podía ser un arma sino un báculo. Me costó percibir lo que esperaba: el débil golpe contra la puerta. Miré, no sin nostalgia, mis manuscritos, el borrador a medio concluir y el tratado de Artemidoro sobre los sueños, libro un tanto anómalo ahí, ya que no sé griego. Otro día perdido, pensé. Tuve que forcejear con la llave. Temí que el hombre se desplomara, pero dio unos pasos inciertos, soltó el bastón, que no volví a ver, y cayó en mi cama, rendido. Mi ansiedad lo había imaginado muchas veces, pero sólo entonces noté que se parecía, en un modo casi fraternal, al último retrato de Lincoln. Serían las cuatro de la tarde.

Me incliné sobre él para que me oyera.

— Uno cree que los años pasan para uno — le dije — pero pasan también para los demás. Aquí nos encontramos al fin y lo que antes ocurrió no tiene sentido.

Mientras yo hablaba, se había desabrochado el sobretodo. La mano derecha estaba en el bolsillo del saco. Algo me señalaba y yo sentí que era un revólver.

Me dijo entonces con voz firme:

— Para entrar en su casa, he recurrido a la compasión. Lo tengo ahora a mi merced y no soy misericordioso.

Ensayé unas palabras. No soy un hombre fuerte y sólo las palabras podían salvarme. Atiné a decir:

— Es verdad que hace tiempo maltraté a un niño, pero usted ya no es aquel niño ni yo aquel insensato. Además, la venganza no es menos vanidosa y ridícula que el perdón.

— Precisamente porque ya no soy aquel niño — me replicó — tengo que matarlo. No se trata de una venganza sino de un acto de justicia. Sus argumentos, Borges, son meras estratagemas de su terror para que no lo mate. Usted ya no puede hacer nada.

— Puedo hacer una cosa — le contesté.

—¿Cuál? — preguntó.

— Despertarme.

Y así lo hice.

a islandia

De las regiones de la hermosa tierra
Que mi carne y su sombra han fatigado
Eres la más remota y la más íntima,
Ultima Thule, Islandia de las naves,
Del terco arado y del constante remo,
De las tendidas redes marineras,
De esa curiosa luz de tarde inmóvil

Que efunde el vago cielo desde el alba
Y del viento que busca los perdidos
Velámenes del viking. Tierra sacra
Que fuiste la memoria de Germania
Y rescataste su mitología
De una selva de hierro y de su lobo
Y de la nave que los dioses temen,
Labrada con las uñas de los muertos.
Islandia, te he soñado largamente
Desde aquella mañana en que mi padre
Le dio al niño que he sido y que no ha muerto
Una versión de la *Völsunga Saga*
Que ahora está descifrando mi penumbra
Con la ayuda del lento diccionario.
Cuando el cuerpo se cansa de su hombre,
Cuando el fuego declina y ya es ceniza,
Bien está el resignado aprendizaje
De una empresa infinita; yo he elegido
El de tu lengua, ese latín del Norte
Que abarcó las estepas y los mares
De un hemisferio y resonó en Bizancio
Y en las márgenes vírgenes de América.
Sé que no la sabré, pero me esperan
Los eventuales dones de la busca,
No el fruto sabiamente inalcanzable.
Lo mismo sentirán quienes indagan
Los astros o la serie de los números...
Sólo el amor, el ignorante amor, Islandia.

al espejo

¿Por qué persistes, incesante espejo?
¿Por qué duplicas, misterioso hermano,
El menor movimiento de mi mano?
¿Por qué en la sombra el súbito reflejo?

Eres el otro yo de que habla el griego
Y acechas desde siempre. En la tersura
Del agua incierta o del cristal que dura
Me buscas y es inútil estar ciego.
El hecho de no verte y de saberte
Te agrega horror, cosa de magia que osas
Multiplicar la cifra de las cosas
Que somos y que abarcan nuestra suerte.
Cuando esté muerto, copiarás a otro
Y luego a otro, a otro, a otro, a otro...

a un gato

No son más silenciosos los espejos
Ni más furtiva el alba aventurera;
Eres, bajo la luna, esa pantera
Que nos es dado divisar de lejos.
Por obra indescifrable de un decreto
Divino, te buscamos vanamente;
Más remoto que el Ganges y el poniente,
Tuya es la soledad, tuyo el secreto.
Tu lomo condesciende a la morosa
Caricia de mi mano. Has admitido,
Desde esa eternidad que ya es olvido,
El amor de la mano recelosa.
En otro tiempo estás. Eres el dueño
De un ámbito cerrado como un sueño.

east lansing

Los días y las noches
están entretejidos (*interwoven*) de memoria y de miedo, de miedo,
que es un modo de la esperanza,
de memoria, nombre que damos a las grietas del obstinado olvido.

Mi tiempo ha sido siempre un Jano bifronte
que mira el ocaso y la aurora;
mi propósito de hoy es celebrarte, oh futuro inmediato.
Regiones de la Escritura y del hacha,
árboles que miraré y no veré,
viento con pájaros que ignoro, gratas noches de frío
que irán hundiéndose en el sueño y tal vez en la patria,
llaves de luz y puertas giratorias que con el tiempo serán hábitos,
despertares en que me diré *Hoy es Hoy*,
libros que mi mano conocerá,
amigos y amigas que serán voces,
arenas amarillas del poniente, el único color que me queda,
todo eso estoy cantando y asimismo
la insufrible memoria de lugares de Buenos Aires
en los que no he sido feliz
y en los que no podré ser feliz.

Canto en la víspera tu crepúsculo, East Lansing,
Sé que las palabras que dicto son acaso precisas,
pero sutilmente serán falsas,
porque la realidad es inasible
y porque el lenguaje es un orden de signos rígidos.
Michigan, Indiana, Wisconsin, Iowa, Texas, California, Arizona;
ya intentaré cantarlas.

9 de marzo de 1972

al coyote

Durante siglos la infinita arena
De los muchos desiertos ha sufrido
Tus pasos numerosos y tu aullido
De gris chacal o de insaciada hiena.
¿Durante siglos? Miento. Esa furtiva
Substancia, el tiempo, no te alcanza, lobo;

Tuyo es el puro ser, tuyo el arrobo,
Nuestra, la torpe vida sucesiva.
Fuiste un ladrido casi imaginario
En el confín de arena de Arizona
Donde todo es confín, donde se encona
Tu perdido ladrido solitario.
Símbolo de una noche que fue mía,
Sea tu vago espejo esta elegía.

un mañana

Loada sea la misericordia
De Quien, ya cumplidos mis setenta años
Y sellados mis ojos,
Me salva de la venerada vejez
Y de las galerías de precisos espejos
De los días iguales
Y de los protocolos, marcos y cátedras
Y de la firma de incansables planillas
Para los archivos del polvo
Y de los libros, que son simulacros de la memoria,
Y me prodiga el animoso destierro,
Que es acaso la forma fundamental del destino argentino,
Y el azar y la joven aventura
Y la dignidad del peligro,
Según dictaminó Samuel Johnson.
Yo, que padecí la vergüenza
De no haber sido aquel Francisco Borges que murió en 1874
O mi padre, que enseñó a sus discípulos
El amor de la psicología y no creyó en ella,
Olvidaré las letras que me dieron alguna fama,
Seré hombre de Austin, de Edimburgo, de España,
Y buscaré la aurora en mi occidente.
En la ubicua memoria serás mía,
Patria, no en la fracción de cada día.

el oro de los tigres

Hasta la hora del ocaso amarillo
Cuántas veces habré mirado
Al poderoso tigre de Bengala
Ir y venir por el predestinado camino
Detrás de los barrotes de hierro,
Sin sospechar que eran su cárcel.
Después vendrían otros tigres,
El tigre de fuego de Blake;
Después vendrían otros oros,
El metal amoroso que era Zeus,
El anillo que cada nueve noches
Engendra nueve anillos y éstos, nueve,
Y no hay un fin.
Con los años fueron dejándome
Los otros hermosos colores
Y ahora sólo me quedan
La vaga luz, la inextricable sombra
Y el oro del principio.
Oh ponientes, oh tigres, oh fulgores
Del mito y de la épica,
Oh un oro más precioso; tu cabello
Que ansían estas manos.

East Lansing, 1972

la rosa profunda (1975)

yo

La calavera, el corazón secreto,
Los caminos de sangre que no veo,
Los túneles del sueño, ese Proteo,
Las vísceras, la nuca, el esqueleto.
Soy esas cosas. Increíblemente
Soy también la memoria de una espada
Y la de un solitario sol poniente
Que se dispersa en oro, en sombra, en nada.
Soy el que ve las proas desde el puerto;
Soy los contados libros, los contados
Grabados por el tiempo fatigados;
Soy el que envidia a los que ya se han muerto.
Más raro es ser el hombre que entrelaza
Palabras en un cuarto de una casa.

cosmogonía

Ni tiniebla ni caos. La tiniebla
Requiere ojos que ven, como el sonido
Y el silencio requieren el oído,
Y el espejo, la forma que lo puebla.
Ni el espacio ni el tiempo. Ni siquiera
Una divinidad que premedita
El silencio anterior a la primera
Noche del tiempo, que será infinita.
El gran río de Heráclito el Oscuro
Su curso misterioso no ha emprendido,
Que del pasado fluye hacia el futuro,
Que del olvido fluye hacia el olvido.
Algo que ya padece. Algo que implora.
Después la historia universal. Ahora.

el sueño

Cuando los relojes de la media noche prodiguen
Un tiempo generoso,
Iré más lejos que los bogavantes de Ulises
A la región del sueño, inaccesible
A la memoria humana.
De esa región inmersa rescato restos
Que no acabo de comprender:
Hierbas de sencilla botánica,
Animales algo diversos,
Diálogos con los muertos,
Rostros que realmente son máscaras,
Palabras de lenguajes muy antiguos
Y a veces un horror incomparable
Al que nos puede dar el día.
Seré todos o nadie. Seré el otro
Que sin saberlo soy, el que ha mirado
Ese otro sueño, mi vigilia. La juzga,
Resignado y sonriente.

browning resuelve ser poeta

Por estos rojos laberintos de Londres
descubro que he elegido
la más curiosa de las profesiones humanas,
salvo que todas, a su modo, lo son.
Como los alquimistas
que buscaron la piedra filosofal
en el azogue fugitivo,
haré que las comunes palabras
— naipes marcados del tahúr, moneda de la plebe —
rindan la magia que fue suya
cuando Thor era el numen y el estrépito,
el trueno y la plegaria.

En el dialecto de hoy
diré a mi vez las cosas eternas;
trataré de no ser indigno
del gran eco de Byron.
Este polvo que soy será invulnerable.
Si una mujer comparte mi amor
mi verso rozará la décima esfera de los cielos concéntricos;
si una mujer desdeña mi amor
haré de mi tristeza una música,
un alto río que siga resonando en el tiempo.
Viviré de olvidarme.
Seré la cara que entreveo y que olvido,
seré Judas que acepta
la divina misión de ser traidor,
seré Calibán en la ciénaga,
seré un soldado mercenario que muere
sin temor y sin fe,
seré Polícrates que ve con espanto
el anillo devuelto por el destino,
seré el amigo que me odia.
El persa me dará el ruiseñor y Roma la espada.
Máscaras, agonías, resurrecciones,
destejerán y tejerán mi suerte
y alguna vez seré Robert Browning.

inventario

Hay que arrimar una escalera para subir. Un tramo le falta.
¿Qué podemos buscar en el altillo
Sino lo que amontona el desorden?
Hay olor a humedad.
El atardecer entra por la pieza de plancha.
Las vigas del cielo raso están cerca y el piso está vencido.
Nadie se atreve a poner el pie.
Hay un catre de tijera desvencijado.

Hay unas herramientas inútiles.
Está el sillón de ruedas del muerto.
Hay un pie de lámpara.
Hay una hamaca paraguaya con borlas, deshilachada.
Hay aparejos y papeles.
Hay una lámina del estado mayor de Aparicio Saravia.
Hay una vieja plancha a carbón.
Hay un reloj de tiempo detenido, con el péndulo roto.
Hay un marco desdorado, sin tela.
Hay un tablero de cartón y unas piezas descabaladas.
Hay un brasero de dos patas.
Hay una petaca de cuero.
Hay un ejemplar enmohecido del *Libro de los Mártires* de Foxe,
    en intrincada letra gótica.
Hay una fotografía que ya puede ser de cualquiera.
Hay una piel gastada que fue de tigre.
Hay una llave que ha perdido su puerta.
¿Qué podemos buscar en el altillo
Sino lo que amontona el desorden?
Al olvido, a las cosas del olvido, acabo de erigir este monumento,
Sin duda menos perdurable que el bronce y que se confunde con
    ellas.

el bisonte

Montañoso, abrumado, indescifrable,
Rojo como la brasa que se apaga,
Anda fornido y lento por la vaga
Soledad de su páramo incansable.
El armado testuz levanta. En este
Antiguo toro de durmiente ira,
Veo a los hombres rojos del Oeste
Y a los perdidos hombres de Altamira.
Luego pienso que ignora el tiempo humano,
Cuyo espejo espectral es la memoria.

El tiempo no lo toca ni la historia
De su decurso, tan variable y vano.
Intemporal, innumerable, cero,
Es el postrer bisonte y el primero.

el suicida

No quedará en la noche una estrella.
No quedará la noche.
Moriré y conmigo la suma
Del intolerable universo.
Borraré las pirámides, las medallas,
Los continentes y las caras.
Borraré la acumulación del pasado.
Haré polvo la historia, polvo el polvo.
Estoy mirando el último poniente.
Oigo el último pájaro.
Lego la nada a nadie.

al ruiseñor

¿En qué noche secreta de Inglaterra
O del constante Rhin incalculable,
Perdida entre las noches de mis noches,
A mi ignorante oído habrá llegado
Tu voz cargada de mitologías,
Ruiseñor de Virgilio y de los persas?
Quizá nunca te oí, pero a mi vida
Se une tu vida, inseparablemente.
Un espíritu errante fue tu símbolo
En un libro de enigmas. El Marino
Te apodaba sirena de los bosques
Y cantas en la noche de Julieta
Y en la intrincada página latina

Y desde los pinares de aquel otro
Ruiseñor de Judea y de Alemania,
Heine el burlón, el encendido, el triste.
Keats te oyó para todos, para siempre.
No habrá uno solo entre los claros nombres
Que los pueblos te dan sobre la tierra
Que no quiera ser digno de tu música,
Ruiseñor de la sombra. El agareno
Te soñó arrebatado por el éxtasis
El pecho traspasado por la espina
De la cantada rosa que enrojeces
Con tu sangre final. Asiduamente
Urdo en la hueca tarde este ejercicio,
Ruiseñor de la arena y de los mares,
Que en la memoria, exaltación y fábula,
Ardes de amor y mueres melodioso.

soy

Soy el que sabe que no es menos vano
Que el vano observador que en el espejo
De silencio y cristal sigue el reflejo
O el cuerpo (da lo mismo) del hermano.
Soy, tácitos amigos, el que sabe
Que no hay otra venganza que el olvido
Ni otro perdón. Un dios ha concedido
Al odio humano esta curiosa llave.
Soy el que pese a tan ilustres modos
De errar, no ha descifrado el laberinto
Singular y plural, arduo y distinto,
Del tiempo, que es de uno y es de todos.
Soy el que es nadie, el que no fue una espada
En la guerra. Soy eco, olvido, nada.

quince monedas

a Alicia Jurado

UN POETA ORIENTAL

Durante cien otoños he mirado
Tu tenue disco.
Durante cien otoños he mirado
Tu arco sobre las islas.
Durante cien otoños mis labios
No han sido menos silenciosos.

EL DESIERTO

El espacio sin tiempo.
La luna es del color de la arena.
Ahora, precisamente ahora,
Mueren los hombres del Metauro y de Trafalgar.

LLUEVE

¿En qué ayer, en qué patios de Cartago
Cae también esta lluvia?

ASTERIÓN

El año me tributa mi pasto de hombres
Y en la cisterna hay agua.
En mí se anudan los caminos de piedra.
¿De qué puedo quejarme?
En los atardeceres
Me pesa un poco la cabeza de toro.

UN POETA MENOR

La meta es el olvido.
Yo he llegado antes.

GÉNESIS, IV, 8

Fue en el primer desierto.
Dos brazos arrojaron una gran piedra.
No hubo un grito. Hubo sangre.
Hubo por vez primera la muerte.
Ya no recuerdo si fui Abel o Caín.

NORTUMBRIA, 900, A.D.

Que antes del alba lo despojen los lobos;
La espada es el camino más corto.

MIGUEL DE CERVANTES

Crueles estrellas y propicias estrellas
Presidieron la noche de mi génesis;
Debo a las últimas la cárcel
En que soñé el Quijote.

EL OESTE

El callejón final con su poniente.
Inauguración de la pampa.
Inauguración de la muerte.

ESTANCIA EL RETIRO

El tiempo juega un ajedrez sin piezas
En el patio. El crujido de una rama
Rasga la noche. Fuera la llanura

Leguas de polvo y sueño desparrama.
Sombras los dos, copiamos lo que dictan
Otras sombras: Heráclito y Gautama.

EL PRISIONERO

Una lima.
La primera de las pesadas puertas de hierro.
Algún día seré libre.

MACBETH

Nuestros actos prosiguen su camino,
Que no conoce término.
Maté a mi rey para que Shakespeare
Urdiera su tragedia.

ETERNIDADES

La serpiente que ciñe el mar, y es el mar,
El repetido remo de Jasón, la joven espada de Sigurd.
Sólo perduran en el tiempo las cosas
Que no fueron del tiempo.

E.A.P.

Los sueños que he soñado. El pozo y el péndulo.
El hombre de las multitudes. Ligeia...
Pero también este otro.

EL ESPÍA

En la pública luz de las batallas
Otros dan su vida a la patria
Y los recuerda el mármol.

Yo he errado oscuro por ciudades que odio.
Le di otras cosas.
Abjuré de mi honor,
Traicioné a quienes me creyeron su amigo,
Compré conciencias,
Abominé del nombre de la patria,
Me resigné a la infamia.

simón carbajal

En los campos de Antelo, hacia el noventa
Mi padre lo trató. Quizá cambiaron
Unas parcas palabras olvidadas.
No recordaba de él sino una cosa:
El dorso de la oscura mano izquierda
Cruzado de zarpazos. En la estancia
Cada uno cumplía su destino:
Éste era domador, tropero el otro,
Aquél tiraba como nadie el lazo
Y Simón Carbajal era el tigrero.
Si un tigre depredaba las majadas
O lo oían bramar en la tiniebla,
Carbajal lo rastreaba por el monte.
Iba con el cuchillo y con los perros.
Al fin daba con él en la espesura.
Azuzaba a los perros. La amarilla
Fiera se abalanzaba sobre el hombre
Que agitaba en el brazo izquierdo el poncho,
Que era escudo y señuelo. El blanco vientre
Quedaba expuesto. El animal sentía
Que el acero le entraba hasta la muerte.
El duelo era fatal y era infinito.
Siempre estaba matando al mismo tigre
Inmortal. No te asombre demasiado
Su destino. Es el tuyo y es el mío,

Salvo que nuestro tigre tiene formas
Que cambian sin parar. Se llama el odio,
El amor, el azar, cada momento.

de que nada se sabe

La luna ignora que es tranquila y clara
Y ni siquiera sabe que es la luna;
La arena, que es la arena. No habrá una
Cosa que sepa que su forma es rara.
Las piezas de marfil son tan ajenas
Al abstracto ajedrez como la mano
Que las rige. Quizá el destino humano
De breves dichas y de largas penas
Es instrumento de Otro. Lo ignoramos;
Darle nombre de Dios no nos ayuda.
Vanos también son el temor, la duda
Y la trunca plegaria que iniciamos.
¿Qué arco habrá arrojado esta saeta
Que soy? ¿Qué cumbre puede ser la meta?

brunanburh, 937 a.d.

Nadie a tu lado.
Anoche maté a un hombre en la batalla.
Era animoso y alto, de la clara estirpe de Anlaf.
La espada entró en el pecho, un poco a la izquierda.
Rodó por tierra y fue una cosa,
Una cosa del cuervo.
En vano lo esperarás, mujer que no he visto.
No lo traerán las naves que huyeron
Sobre el agua amarilla.
En la hora del alba,
Tu mano desde el sueño lo buscará.

Tu lecho está frío.
Anoche maté a un hombre en Brunanburh.

un ciego

No sé cuál es la cara que me mira
Cuando miro la cara del espejo;
No sé qué anciano acecha en su reflejo
Con silenciosa y ya cansada ira.
Lento en mi sombra, con la mano exploro
Mis invisibles rasgos. Un destello
Me alcanza. He vislumbrado tu cabello
Que es de ceniza o es aún de oro.
Repito que he perdido solamente
La vana superficie de las cosas.
El consuelo es de Milton y es valiente,
Pero pienso en las letras y en las rosas.
Pienso que si pudiera ver mi cara
Sabría quién soy en esta tarde rara.

1972

Temí que el porvenir (que ya declina)
Sería un profundo corredor de espejos
Indistintos, ociosos y menguantes,
Una repetición de vanidades,
Y en la penumbra que precede al sueño
Rogué a mis dioses, cuyo nombre ignoro,
Que enviaran algo o alguien a mis días.
Lo hicieron. Es la Patria. Mis mayores
La sirvieron con largas proscripciones,
Con penurias, con hambre, con batallas,
Aquí de nuevo está el hermoso riesgo.
No soy aquellas sombras tutelares

Que honré con versos que no olvida el tiempo.
Estoy ciego. He cumplido los setenta;
No soy el oriental Francisco Borges
Que murió con dos balas en el pecho,
Entre las agonías de los hombres,
En el hedor de un hospital de sangre,
Pero la Patria, hoy profanada quiere
Que con mi oscura pluma de gramático,
Docta en las nimiedades académicas
Y ajena a los trabajos de la espada,
Congregue el gran rumor de la epopeya
Y exija mi lugar. Lo estoy haciendo.

elegía

Tres muy antiguas caras me desvelan:
Una el Océano, que habló con Claudio,
Otra el Norte de aceros ignorantes
Y atroces en la aurora y el ocaso,
La tercera la muerte, ese otro nombre
Del incesante tiempo que nos roe.
La carga secular de los ayeres
De la historia que fue o que fue soñada
Me abruma, personal como una culpa.
Pienso en la nave ufana que devuelve
A los mares el cuerpo de Scyld Sceaving
Que reinó en Dinamarca bajo el cielo;
Pienso en el alto lobo, cuyas riendas
Eran sierpes, que dio al barco incendiado
La blancura del dios hermoso y muerto;
Pienso en piratas cuya carne humana
Es dispersión y limo bajo el peso
De los mares que fueron su aventura;
Pienso en las tumbas que los navegantes
Vieron desde boreales Odiseas.

Pienso en mi propia, en mi perfecta muerte,
Sin la urna cineraria y sin la lágrima.

all our yesterdays

Quiero saber de quién es mi pasado.
¿De cuál de los que fui? ¿Del ginebrino
Que trazó algún hexámetro latino
Que los lustrales años han borrado?
¿Es de aquel niño que buscó en la entera
Biblioteca del padre las puntuales
Curvaturas del mapa y las ferales
Formas que son el tigre y la pantera?
¿O de aquel otro que empujó una puerta
Detrás de la que un hombre se moría
Para siempre, y besó en el blanco día
La cara que se va y la cara muerta?
Soy los que ya no son. Inútilmente
Soy en la tarde esa perdida gente.

el desterrado
(1977)

Alguien recorre los senderos de Itaca
Y no se acuerda de su rey, que fue a Troya
Hace ya tantos años;
Alguien piensa en las tierras heredadas
Y en el arado nuevo y el hijo
Y es acaso feliz.
En el confín del orbe yo, Ulises,
Descendí a la Casa de Hades
Y vi la sombra del tebano Tiresias
Que desligó el amor de las serpientes
Y la sombra de Heracles

Que mata sombras de leones en la pradera
Y asimismo está en el Olimpo.
Alguien hoy anda por Bolívar y Chile
Y puede ser feliz o no serlo.
Quién me diera ser él.

en memoria de angélica

¡Cuántas posibles vidas se habrán ido
En esta pobre y diminuta muerte,
Cuántas posibles vidas que la suerte
Daría a la memoria o al olvido!
Cuando yo muera morirá un pasado;
Con esta flor un porvenir ha muerto
En las aguas que ignoran, un abierto
Porvenir por los astros arrasado.
Yo, como ella, muero de infinitos
Destinos que el azar no me depara;
Busca mi sombra los gastados mitos
De una patria que siempre dio la cara.
Un breve mármol cuida su memoria;
Sobre nosotros crece, atroz, la historia.

mis libros

Mis libros (que no saben que yo existo)
Son tan parte de mí como este rostro
De sienes grises y de grises ojos
Que vanamente busco en los cristales
Y que recorro con la mano cóncava.
No sin alguna lógica amargura
Pienso que las palabras esenciales
Que me expresan están en esas hojas
Que no saben quién soy, no en las que he escrito.

Mejor así. Las voces de los muertos
Me dirán para siempre.

talismanes

Un ejemplar de la primera edición de la *Edda Islandorum* de
   Snorri, impresa en Dinamarca.
Los cinco tomos de la obra de Schopenhauer.
Los dos tomos de las *Odiseas* de Chapman.
Una espada que guerreó en el desierto.
Un mate con un pie de serpientes que mi bisabuelo trajo
   de Lima.
Un prisma de cristal.
Unos daguerrotipos borrosos.
Un globo terráqueo de madera que me dio Cecilia Ingenieros
   y que fue de su padre.
Un bastón de puño encorvado que anduvo por las llanuras de
   América, por Colombia y por Texas.
Varios cilindros de metal con diplomas.
La toga y el birrete de un doctorado.
Las Empresas de Saavedra Fajardo, en olorosa pasta española.
La memoria de una mañana.
Líneas de Virgilio y de Frost.
La voz de Macedonio Fernández.
El amor o el diálogo de unos pocos.
Ciertamente son talismanes, pero de nada sirven contra
   la sombra que no puedo nombrar, contra la sombra que
   no debo nombrar.

el testigo

Desde su sueño el hombre ve al gigante
De un sueño que soñado fue en Bretaña
Y apresta el corazón para la hazaña

Y le clava la espuela a Rocinante.
El viento hace girar las laboriosas
Aspas que el hombre gris ha acometido.
Rueda el rocín; la lanza se ha partido
Y es una cosa más entre las cosas.
Yace en la tierra el hombre de armadura;
Lo ve caer el hijo de un vecino,
Que no sabrá el final de la aventura
Y que a las Indias llevará el destino.
Perdido en el confín de otra llanura
Se dirá que fue un sueño el del molino.

efialtes

En el fondo del sueño están los sueños. Cada
Noche quiero perderme en las aguas obscuras
Que me lavan del día, pero bajo esas puras
Aguas que nos conceden la penúltima Nada
Late en la hora gris la obscena maravilla.
Puede ser un espejo con mi rostro distinto,
Puede ser la creciente cárcel de un laberinto,
Puede ser un jardín. Siempre es la pesadilla.
Su horror no es de este mundo. Algo que no se nombra
Me alcanza desde ayeres de mito y de neblina;
La imagen detestada perdura en la retina
E infama la vigilia como infamó la sombra.
¿Por qué brota de mí cuando el cuerpo reposa
Y el alma queda sola, esta insensata rosa?

el oriente

La mano de Virgilio se demora
Sobre una tela con frescura de agua
Y entretejidas formas y colores

Que han traído a su Roma las remotas
Caravanas del tiempo y de la arena.
Perdurará en un verso de las Geórgicas.
No la había visto nunca. Hoy es la seda.
En un atardecer muere un judío
Crucificado por los negros clavos
Que el pretor ordenó, pero las gentes
De las generaciones de la tierra
No olvidarán la sangre y la plegaria
Y en la colina los tres hombres últimos.
Sé de un mágico libro de hexagramas
Que marca los sesenta y cuatro rumbos
De nuestra suerte de vigilia y sueño.
¡Cuánta invención para poblar el ocio!
Sé de ríos de arena y peces de oro
Que rige el Preste Juan en las regiones
Ulteriores al Ganges y a la Aurora
Y del *hai ku* que fija en unas pocas
Sílabas un instante, un eco, un éxtasis;
Sé de aquel genio de humo encarcelado
En la vasija de amarillo cobre
Y de lo prometido en la tiniebla.
¡Oh mente que atesoras lo increíble!
Caldea, que primero vio los astros.
Las altas naves lusitanas; Goa.
Las victorias de Clive, ayer suicida;
Kim y su lama rojo que prosiguen
Para siempre el camino que los salva.
El fino olor del té, el olor del sándalo.
Las mezquitas de Córdoba y del Aksa
Y el tigre, delicado como el nardo.

Tal es mi Oriente. Es el jardín que tengo
Para que tu memoria no me ahogue.

la cierva blanca

¿De qué agreste balada de la verde Inglaterra,
De qué lámina persa, de qué región arcana
De las noches y días que nuestro ayer encierra,
Vino la cierva blanca que soñé esta mañana?
Duraría un segundo. La vi cruzar el prado
Y perderse en el oro de una tarde ilusoria,
Leve criatura hecha de un poco de memoria
Y de un poco de olvido, cierva de un solo lado.
Los númenes que rigen este curioso mundo
Me dejaron soñarte pero no ser tu dueño;
Tal vez en un recodo del porvenir profundo
Te encontraré de nuevo, cierva blanca de un sueño.
Yo también soy un sueño fugitivo que dura
Unos días más que el sueño del prado y la blancura.

the unending rose

a Susana Bombal

A los quinientos años de la Héjira
Persia miró desde sus alminares
La invasión de las lanzas del desierto
Y Attar de Nishapur miró una rosa
Y le dijo con tácita palabra
Como el que piensa, no como el que reza:
— Tu vaga esfera está en mi mano. El tiempo
Nos encorva a los dos y nos ignora
En esta tarde de un jardín perdido.
Tu leve peso es húmedo en el aire.
La incesante pleamar de tu fragancia
Sube a mi vieja cara que declina
Pero te sé más lejos que aquel niño
Que te entrevió en las láminas de un sueño

O aquí en este jardín, una mañana.
La blancura del sol puede ser tuya
O el oro de la luna o la bermeja
Firmeza de la espada en la victoria.
Soy ciego y nada sé, pero preveo
Que son más los caminos. Cada cosa
Es infinitas cosas. Eres música,
Firmamentos, palacios, ríos, ángeles,
Rosa profunda, ilimitada, íntima,
Que el Señor mostrará a mis ojos muertos.

la moneda de hierro (1976)

elegía del recuerdo imposible

Qué no daría yo por la memoria
De una calle de tierra con tapias bajas
Y de un alto jinete llenando el alba
(Largo y raído el poncho)
En uno de los días de la llanura,
En un día sin fecha.
Qué no daría yo por la memoria
De mi madre mirando la mañana
En la estancia de Santa Irene,
Sin saber que su nombre iba a ser Borges.
Qué no daría yo por la memoria
De haber combatido en Cepeda
Y de haber visto a Estanislao del Campo
Saludando la primer bala
Con la alegría del coraje.
Qué no daría yo por la memoria
De un portón de quinta secreta
Que mi padre empujaba cada noche
Antes de perderse en el sueño
Y que empujó por última vez
El catorce de febrero del 38.
Qué no daría yo por la memoria
De las barcas de Hengist,
Zarpando de la arena de Dinamarca
Para debelar una isla
Que aún no era Inglaterra.
Qué no daría yo por la memoria
(La tuve y la he perdido)
De una tela de oro de Turner,
Vasta como la música.
Qué no daría yo por la memoria
De haber sido auditor de aquel Sócrates
Que, en la tarde de la cicuta,
Examinó serenamente el problema

De la inmortalidad,
Alternando los mitos y las razones
Mientras la muerte azul iba subiendo
Desde los pies ya fríos.
Qué no daría yo por la memoria
De que me hubieras dicho que me querías
Y de no haber dormido hasta la aurora,
Desgarrado y feliz.

coronel suárez

Alta en el alba se alza la severa
Faz de metal y de melancolía.
Un perro se desliza por la acera.
Ya no es de noche y no es aún de día.
Suárez mira su pueblo y la llanura
Ulterior, las estancias, los potreros,
Los rumbos que fatigan los reseros,
El paciente planeta que perdura.
Detrás del simulacro te adivino,
Oh joven capitán que fuiste el dueño
De esa batalla que torció el destino:
Junín, resplandeciente como un sueño.
En un confín del vasto Sur persiste
Esa alta cosa, vagamente triste.

la pesadilla

Sueño con un antiguo rey. De hierro
Es la corona y muerta la mirada.
Ya no hay caras así. La firme espada
Lo acatará, leal como su perro.
No sé si es de Nortumbria o de Noruega.
Sé que es del Norte. La cerrada y roja

Barba le cubre el pecho. No me arroja
Una mirada su mirada ciega.
¿De qué apagado espejo, de qué nave
De los mares que fueron su aventura,
Habrá surgido el hombre gris y grave
Que me impone su antaño y su amargura?
Sé que me sueña y que me juzga, erguido.
El día entra en la noche. No se ha ido.

la víspera

Millares de partículas de arena,
Ríos que ignoran el reposo, nieve
Más delicada que una sombra, leve
Sombra de una hoja, la serena
Margen del mar, la momentánea espuma,
Los antiguos caminos del bisonte
Y de la flecha fiel, un horizonte
Y otro, los arrozales y la bruma,
La cumbre, los tranquilos minerales,
El Orinoco, el intrincado juego
Que urden la tierra, el agua, el aire, el fuego,
Las leguas de sumisos animales,
Apartarán tu mano de la mía,
Pero también la noche, el alba, el día...

una llave en east lansing

a Judith Machado

Soy una pieza de limado acero.
Mi borde irregular no es arbitrario.
Duermo mi vago sueño en un armario
Que no veo, sujeta a mi llavero.

Hay una cerradura que me espera,
Una sola. La puerta es de forjado
Hierro y firme cristal. Del otro lado
Está la casa, oculta y verdadera.
Altos en la penumbra los desiertos
Espejos ven las noches y los días
Y las fotografías de los muertos
Y el tenue ayer de las fotografías.
Alguna vez empujaré la dura
Puerta y haré girar la cerradura.

elegía de la patria

De hierro, no de oro, fue la aurora.
La forjaron un puerto y un desierto,
Unos cuantos señores y el abierto
Ámbito elemental de ayer y ahora.
Vino después la guerra con el godo.
Siempre el valor y siempre la victoria.
El Brasil y el tirano. Aquella historia
Desenfrenada. El todo por el todo.
Cifras rojas de los aniversarios,
Pompas del mármol, arduos monumentos,
Pompas de la palabra, parlamentos,
Centenarios y sesquicentenarios,
Son la ceniza apenas, la soflama
De los vestigios de esa antigua llama.

hilario ascasubi
(1807-1875)

Alguna vez hubo una dicha. El hombre
Aceptaba el amor y la batalla
Con igual regocijo. La canalla

Sentimental no había usurpado el nombre
Del pueblo. En esa aurora, hoy ultrajada,
Vivió Ascasubi y se batió, cantando
Entre los gauchos de la patria cuando
Los llamó una divisa a la patriada.
Fue muchos hombres. Fue el cantor y el coro;
Por el río del tiempo fue Proteo.
Fue soldado en la azul Montevideo
Y en California, buscador de oro.
Fue suya la alegría de una espada
En la mañana. Hoy somos noche y nada.

méxico

¡Cuántas cosas iguales! El jinete y el llano,
La tradición de espadas, la plata y la caoba,
El piadoso benjuí que sahúma la alcoba
Y ese latín venido a menos, el castellano.
¡Cuántas cosas distintas! Una mitología
De sangre que entretejen los hondos dioses muertos,
Los nopales que dan horror a los desiertos
Y el amor de una sombra que es anterior al día.
¡Cuántas cosas eternas! El patio que se llena
De lenta y leve luna que nadie ve, la ajada
Violeta entre las páginas de Nájera olvidada,
El golpe de la ola que regresa a la arena.
El hombre que en su lecho último se acomoda
Para esperar la muerte. Quiere tenerla, toda.

el perú

De la suma de cosas del orbe ilimitado
Vislumbramos apenas una que otra. El olvido
Y el azar nos despojan. Para el niño que he sido,

El Perú fue la historia que Prescott ha salvado.
Fue también esa clara palangana de plata
Que pendió del arzón de una silla y el mate
De plata con serpientes arqueadas y el embate
De las lanzas que tejen la batalla escarlata.
Fue después una playa que el crepúsculo empaña
Y un sigilo de patio, de enrejado y de fuente,
Y unas líneas de Eguren que pasan levemente
Y una vasta reliquia de piedra en la montaña.
Vivo, soy una sombra que la Sombra amenaza;
Moriré y no habré visto mi interminable casa.

a manuel mujica lainez

Isaac Luria declara que la eterna Escritura
Tiene tantos sentidos como lectores. Cada
Versión es verdadera y ha sido prefijada
Por Quien es el lector, el libro y la lectura.
Tu versión de la patria, con sus fastos y brillos,
Entra en mi vaga sombra como si entrara el día
Y la oda se burla de la Oda. (La mía
No es más que una nostalgia de ignorantes cuchillos
Y de viejo coraje.) Ya se estremece el Canto,
Ya, apenas contenidas por la prisión del verso,
Surgen las muchedumbres del futuro y diverso
Reino que será tuyo, su júbilo y su llanto.
Manuel Mujica Lainez alguna vez tuvimos
Una patria — ¿recuerdas? — y los dos la perdimos.

el inquisidor

Pude haber sido un mártir. Fui un verdugo.
Purifiqué las almas con el fuego.
Para salvar la mía, busqué el ruego,

El cilicio, las lágrimas y el yugo.
En los autos de fe vi lo que había
Sentenciado mi lengua. Las piadosas
Hogueras y las carnes dolorosas,
El hedor, el clamor y la agonía.
He muerto. He olvidado a los que gimen,
Pero sé que este vil remordimiento
Es un crimen que sumo al otro crimen
Y que a los dos ha de arrastrar el viento
Del tiempo, que es más largo que el pecado
Y que la contrición. Los he gastado.

el conquistador

Cabrera y Carbajal fueron mis nombres.
He apurado la copa hasta las heces.
He muerto y he vivido muchas veces.
Yo soy el Arquetipo. Ellos, los hombres.
De la Cruz y de España fui el errante
Soldado. Por las nunca holladas tierras
De un continente infiel encendí guerras.
En el duro Brasil fui el bandeirante.
Ni Cristo ni mi Rey ni el oro rojo
Fueron el acicate del arrojo
Que puso miedo en la pagana gente.
De mis trabajos fue razón la hermosa
Espada y la contienda procelosa.
No importa lo demás. Yo fui valiente.

herman melville

Siempre lo cercó el mar de sus mayores,
Los sajones, que al mar dieron el nombre
Ruta de la ballena, en que se aúnan

Las dos enormes cosas, la ballena
Y los mares que largamente surca.
Siempre fue suyo el mar. Cuando sus ojos
Vieron en alta mar las grandes aguas
Ya lo había anhelado y poseído
En aquel otro mar, que es la Escritura,
O en el dintorno de los arquetipos.
Hombre, se dio a los mares del planeta
Y a las agotadoras singladuras
Y conoció el arpón enrojecido
Por Leviathán y la rayada arena
Y el olor de las noches y del alba
Y el horizonte en que el azar acecha
Y la felicidad de ser valiente
Y el gusto, al fin, de divisar a Itaca.
Debelador del mar, pisó la tierra
Firme que es la raíz de las montañas
Y en la que marca un vago derrotero,
Quieta en el tiempo, una dormida brújula.
A la heredada sombra de los huertos,
Melville cruza las tardes de New England
Pero lo habita el mar. Es el oprobio
Del mutilado capitán del *Pequod*
El mar indescifrable y las borrascas
Y la abominación de la blancura.
Es el gran libro. Es el azul Proteo.

el ingenuo

Cada aurora (nos dicen) maquina maravillas
Capaces de torcer la más terca fortuna;
Hay pisadas humanas que han medido la luna
Y el insomnio devasta los años y las millas.
En el azul acechan públicas pesadillas
Que entenebran el día. No hay en el orbe una

Cosa que no sea otra, o contraria, o ninguna.
A mí sólo me inquietan las sorpresas sencillas.
Me asombra que una llave pueda abrir una puerta,
Me asombra que mi mano sea una cosa cierta,
Me asombra que del griego la eleática saeta
Instantánea no alcance la inalcanzable meta,
Me asombra que la espada cruel pueda ser hermosa,
Y que la rosa tenga el olor de la rosa.

la luna

a María Kodama

Hay tanta soledad en ese oro.
La luna de las noches no es la luna
Que vio el primer Adán. Los largos siglos
De la vigilia humana la han colmado
De antiguo llanto. Mírala. Es tu espejo.

a johannes brahms

Yo que soy un intruso en los jardines
Que has prodigado a la plural memoria
Del porvenir, quise cantar la gloria
Que hacia el azul erigen tus violines.
He desistido ahora. Para honrarte
No basta esa miseria que la gente
Suele apodar con vacuidad el arte.
Quien te honrare ha de ser claro y valiente.
Soy un cobarde. Soy un triste. Nada
Podrá justificar esta osadía
De cantar la magnífica alegría
— Fuego y cristal — de tu alma enamorada.
Mi servidumbre es la palabra impura,

Vástago de un concepto y de un sonido;
Ni símbolo, ni espejo, ni gemido,
Tuyo es el río que huye y que perdura.

el fin

El hijo viejo, el hombre sin historia,
El huérfano que pudo ser el muerto,
Agota en vano el caserón desierto.
(Fue de los dos y es hoy de la memoria.
Es de los dos.) Bajo la dura suerte
Busca perdido el hombre doloroso
La voz que fue su voz. Lo milagroso
No sería más raro que la muerte.
Lo acosarán interminablemente
Los recuerdos sagrados y triviales
Que son nuestro destino, esas mortales
Memorias vastas como un continente.
Dios o Tal Vez o Nadie, yo te pido
Su inagotable imagen, no el olvido.

a mi padre

Tú quisiste morir enteramente,
La carne y la gran alma. Tú quisiste
Entrar en la otra sombra sin el triste
Gemido del medroso y del doliente.
Te hemos visto morir con el tranquilo
Ánimo de tu padre ante las balas.
La roja guerra no te dio sus alas,
La lenta parca fue cortando el hilo.
Te hemos visto morir sonriente y ciego.
Nada esperabas ver del otro lado,
Pero tu sombra acaso ha divisado

Los arquetipos que Platón el griego
Soñó y que me explicabas. Nadie sabe
De qué mañana el mármol es la llave.

la suerte de la espada

La espada de aquel Borges no recuerda
Sus batallas. La azul Montevideo
Largamente sitiada por Oribe,
El Ejército Grande, la anhelada
Y tan fácil victoria de Caseros,
El intrincado Paraguay, el tiempo,
Las dos balas que entraron en el hombre,
El agua maculada por la sangre,
Los montoneros en el Entre Ríos,
La jefatura de las tres fronteras,
El caballo y las lanzas del desierto,
San Carlos y Junín, la carga última...
Dios le dio resplandor y estaba ciega.
Dios le dio la epopeya. Estaba muerta.
Quieta como una planta nada supo
De la mano viril ni del estrépito
Ni de la trabajada empuñadura
Ni del metal marcado por la patria.
Es una cosa más entre las cosas
Que olvida la vitrina de un museo,
Un símbolo y un humo y una forma
Curva y cruel y que ya nadie mira.
Acaso no soy menos ignorante.

el remordimiento

He cometido el peor de los pecados
Que un hombre puede cometer. No he sido

Feliz. Que los glaciares del olvido
Me arrastren y me pierdan, despiadados.
Mis padres me engendraron para el juego
Arriesgado y hermoso de la vida,
Para la tierra, el agua, el aire, el fuego.
Los defraudé. No fui feliz. Cumplida
No fue su joven voluntad. Mi mente
Se aplicó a las simétricas porfías
Del arte, que entreteje naderías.
Me legaron valor. No fui valiente.
No me abandona. Siempre está a mi lado
La sombra de haber sido un desdichado.

991 a.d.

Casi todos creyeron que la batalla, esa cosa viva y cambiante, los había arrojado contra el pinar. Eran diez o doce en la tarde. Hombres del arado y del remo, de los tercos trabajos de la tierra y de su fatiga prevista, eran ahora soldados. Ni el sufrimiento de los otros ni el de su propia carne les importaba. Wulfred, atravesado el hombro por un dardo, murió a unos pasos del pinar. Nadie se apiadó del amigo, ninguno volvió la cabeza. Ya en la apretada sombra de las hojas, todos se dejaron caer, pero sin desprenderse de los escudos ni de los arcos. Aidan, sentado, habló con lenta gravedad como si pensara en voz alta.

— Byrhtnoth, que fue nuestro señor, ha dado el espíritu. Soy ahora el más viejo y quizá el más fuerte. No sé cuántos inviernos puedo contar, pero su tiempo me parece menor que el que me separa de esta mañana. Werferth dormía cuando el tañer de la campana me despertó. Tengo el sueño liviano de los viejos. Desde la puerta divisé las velas rayadas de los navegantes (los vikings), que ya habían echado anclas. Aperamos los caballos de la granja y seguimos a Byrhtnoth. A la vista del enemigo fueron repartidas las armas y las manos de muchos aprendieron el gobierno de los escudos y de los hierros. Desde la otra margen del río, un mensajero de los vikings pidió un tributo de ajorcas de oro y nuestro señor contestó que lo pagaría con antiguas espadas. La creciente del río se interponía entre los dos ejércitos. Temíamos la guerra y la anhelábamos, porque era inevitable. A mi derecha estaba Werferth y casi lo alcanzó una flecha noruega.

Tímidamente, Werferth lo interrumpió:

— Tú la quebraste, padre, con el escudo.

Aidan siguió:

— Tres de los nuestros defendieron el puente. Los navegantes propusieron que los dejáramos cruzar por el vado. Byrhtnoth les dio su venia. Obró así, creo, porque estaba ganoso de la batalla y para amedrentar a los paganos con la fe que había puesto en nuestro coraje. Los enemigos atravesaron el río, en alto los escudos, y pisaron el pasto de la barranca. Después vino el encuentro de hombres.

La gente lo seguía con atención. Iban recordando los hechos que Aidan enumeraba y que les parecía comprender sólo ahora, cuando una voz los acuñaba en palabras. Desde el amanecer, habían combatido por Inglaterra y por su dilatado imperio futuro y no lo sabían. Werferth, que conocía bien a su padre, sospechó que algo se ocultaba bajo aquel pausado discurso.

Aidan continuó:

— Unos pocos huyeron y serán la befa del pueblo. De cuantos quedamos aquí no hay uno solo que no haya matado a un noruego. Cuando Byrhtnoth murió yo estaba a su lado. No rogó a Dios que sus pecados le fueran perdonados; sabía que todos los hombres son pecadores. Le agradeció los días de ventura que Este le había deparado en la tierra y, sobre los otros, el último: el de nuestra batalla. A nosotros nos toca merecer haber sido testigos de su muerte y de las otras muertes y hazañas de esta grande jornada. Sé la mejor manera de hacerlo. Iremos por el atajo y arribaremos a la aldea antes que los vikings. Desde ambos lados del camino, emboscados, los recibiremos con flechas. La larga guerra nos había rendido; os conduje aquí para descansar.

Se había puesto de pie y era firme y alto, como cuadra a un sajón.

— ¿Y después Aidan? — dijo uno del grupo, el más joven.

— Después nos matarán. No podemos sobrevivir a nuestro señor. Él nos ordenó esta mañana; ahora las órdenes son mías. No sufriré que haya un cobarde. He hablado.

Los hombres fueron levantándose. Alguno se quejó.

— Somos diez, Aidan — contó el muchacho.

Aidan prosiguió con su voz de siempre:

— Seremos nueve. Werferth, mi hijo, ahora estoy hablando contigo. Lo que te ordenaré no es fácil. Tienes que irte solo y dejarnos. Tienes que renunciar a la contienda, para que perdure el día de hoy en la memoria de los hombres. Eres el único capaz de salvarlo. Eres el cantor, el poeta.

Werferth se arrodilló. Era la primera vez que su padre le hablaba de sus versos. Dijo con voz cortada:

— Padre ¿dejarás que a tu hijo lo tachen de cobarde como a los miserables que huyeron?

Aidan le replicó:

— Ya has dado prueba de no ser un cobarde. Nosotros cumpliremos con Byrhtnoth dándole nuestra vida; tú cumplirás con él guardando su memoria en el tiempo.

Se volvió a los otros y dijo:

— Ahora, a cruzar el bosque. Disparada la última flecha, arrojaremos los escudos a la batalla y saldremos con las espadas.

Werferth los vio perderse en la penumbra del día y de las hojas, pero sus labios ya encontraban un verso.

einar tambarskelver

Heimskringla, I, *117*

Odín o el rojo Thor o el Cristo Blanco...
Poco importan los nombres y sus dioses;
no hay otra obligación que ser valiente

Y Einar lo fue, duro caudillo de hombres.
Era el primer arquero de Noruega
Y diestro en el gobierno de la espada
Azul y de las naves. De su paso
Por el tiempo, nos queda una sentencia
Que resplandece en las crestomatías.
La dijo en el clamor de una batalla
En el mar. Ya perdida la jornada,
Ya abierto el estribor al abordaje,
Un flechazo final quebró su arco.
El rey le preguntó qué se había roto
A sus espaldas y Einar Tambarskelver
Dijo: *Noruega, rey, entre tus manos.*
Siglos después, alguien salvó la historia
En Islandia. Yo ahora la traslado,
Tan lejos de esos mares y de ese ánimo.

en islandia el alba

Ésta es el alba.
Es anterior a sus mitologías y al Cristo Blanco.
Engendrará los lobos y la serpiente
Que también es el mar.
El tiempo no la roza.
Engendró los lobos y la serpiente
Que también es el mar.
Ya vio partir la nave que labrarán
Con uñas de los muertos.
Es el cristal de sombra en que se mira
Dios, que no tiene cara.
Es más pesada que sus mares
Y más alta que el cielo.
Es un gran muro suspendido.
Es el alba en Islandia.

olaus magnus
(1490-1558)

El libro es de Olaus Magnus el teólogo
Que no abjuró de Roma cuando el Norte
Profesó las doctrinas de John Wyclif,
De Hus y de Lutero. Desterrado
Del Septentrión, buscaba por las tardes
De Italia algún alivio de sus males
Y compuso la historia de su gente
Pasando de las fechas a la fábula.
Una vez, una sola, la he tenido
En las manos. El tiempo no ha borrado
El dorso de cansado pergamino,
La escritura cursiva, los curiosos
Grabados en acero, las columnas
De su docto latín. Hubo aquel roce.
Oh no leído y presentido libro,
Tu hermosa condición de cosa eterna
Entró una tarde en las perpetuas aguas
De Heráclito, que siguen arrastrándome.

los ecos

Ultrajada la carne por la espada
De Hamlet muere un rey de Dinamarca
En su alcázar de piedra, que domina
El mar de sus piratas. La memoria
Y el olvido entretejen una fábula
De otro rey muerto y de su sombra. Saxo
Gramático recoge esa ceniza
En su *Gesta Danorum*. Unos siglos
Y el rey vuelve a morir en Dinamarca
Y al mismo tiempo, por curiosa magia,
En un tinglado de los arrabales

De Londres. Lo ha soñado William Shakespeare.
Eterna como el acto de la carne
O como los cristales de la aurora
O como las figuras de la luna
Es la muerte del rey. La soñó Shakespeare
Y seguirán soñándola los hombres
Y es uno de los hábitos del tiempo
Y un rito que ejecutan en la hora
Predestinada unas eternas formas.

unas monedas

GÉNESIS, 9, 13

El arco del Señor surca la esfera
Y nos bendice. En el gran arco puro
Están las bendiciones del futuro,
Pero también está mi amor, que espera.

MATEO, 27, 9

La moneda cayó en mi hueca mano.
No pude soportarla, aunque era leve,
Y la dejé caer. Todo fue en vano.
El otro dijo: Aún faltan veintinueve.

UN SOLDADO DE ORIBE

Bajo la vieja mano, el arco roza
De un modo transversal la firme cuerda.
Muere un sonido. El hombre no recuerda
Que ya otra vez hizo la misma cosa.

baruch spinoza

Bruma de oro, el occidente alumbra
La ventana. El asiduo manuscrito
Aguarda, ya cargado de infinito.
Alguien construye a Dios en la penumbra.
Un hombre engendra a Dios. Es un judío
De tristes ojos y de piel cetrina;
Lo lleva el tiempo como lleva el río
Una hoja en el agua que declina.
No importa. El hechicero insiste y labra
A Dios con geometría delicada;
Desde su enfermedad, desde su nada,
Sigue erigiendo a Dios con la palabra.
El más pródigo amor le fue otorgado,
El amor que no espera ser amado.

para una versión del *i king*

El porvenir es tan irrevocable
Como el rígido ayer. No hay una cosa
Que no sea una letra silenciosa
De la eterna escritura indescifrable
Cuyo libro es el tiempo. Quien se aleja
De su casa ya ha vuelto. Nuestra vida
Es la senda futura y recorrida.
Nada nos dice adiós. Nada nos deja.
No te rindas. La ergástula es oscura,
La firme trama es de incesante hierro,
Pero en algún recodo de tu encierro
Puede haber un descuido, una hendidura,
El camino es fatal como la flecha
Pero en las grietas está Dios, que acecha.

ein traum

Lo sabían los tres.
Ella era la compañera de Kafka.
Kafka la había soñado.
Lo sabían los tres.
Él era el amigo de Kafka.
Kafka lo había soñado.
Lo sabían los tres.
La mujer le dijo al amigo:
Quiero que esta noche me quieras.
Lo sabían los tres.
El hombre le contestó: Si pecamos,
Kafka dejará de soñarnos.
Uno lo supo.
No había nadie más en la tierra.
Kafka se dijo:
Ahora que se fueron los dos, he quedado solo.
Dejaré de soñarme.

juan crisóstomo lafinur
(1797-1824)

El volumen de Locke, los anaqueles,
La luz del patio ajedrezado y terso,
Y la mano trazando, lenta, el verso:
La pálida azucena a los laureles.
Cuando en la tarde evoco la azarosa
Procesión de mis sombras, veo espadas
Públicas y batallas desgarradas;
Con usted, Lafinur, es otra cosa.
Lo veo discutiendo largamente
Con mi padre sobre filosofía,
Y conjurando esa falaz teoría
De unas eternas formas en la mente.

Del otro lado del ya incierto espejo
Lo imagino limando este bosquejo.

heráclito

Heráclito camina por la tarde
De Éfeso. La tarde lo ha dejado,
Sin que su voluntad lo decidiera,
En la margen de un río silencioso
Cuyo destino y cuyo nombre ignora.
Hay un Jano de piedra y unos álamos.
Se mira en el espejo fugitivo
Y descubre y trabaja la sentencia
Que las generaciones de los hombres
No dejarán caer. Su voz declara:
Nadie baja dos veces a las aguas
Del mismo río. Se detiene. Siente
Con el asombro de un horror sagrado
Que él también es un río y una fuga.
Quiere recuperar esa mañana
Y su noche y la víspera. No puede.
Repite la sentencia. La ve impresa
En futuros y claros caracteres
En una de las páginas de Burnet.
Heráclito no sabe griego. Jano,
Dios de las puertas, es un dios latino.
Heráclito no tiene ayer ni ahora.
Es un mero artificio que ha soñado
Un hombre gris a orillas del Red Cedar,
Un hombre que entreteje endecasílabos
Para no pensar tanto en Buenos Aires
Y en los rostros queridos. Uno falta.

East Lansing, 1976

la clepsidra

No de agua, de miel, será la última
Gota de la clepsidra. La veremos
Resplandecer y hundirse en la tiniebla,
Pero en ella estarán las beatitudes
Que al rojo Adán otorgó Alguien o Algo:
El recíproco amor y tu fragancia,
El acto de entender el universo,
Siquiera falazmente, aquel instante
En que Virgilio da con el hexámetro,
El agua de la sed y el pan del hambre,
En el aire la delicada nieve,
El tacto del volumen que buscamos
En la desidia de los anaqueles,
El goce de la espada en la batalla,
El mar que libre roturó Inglaterra,
El alivio de oir tras el silencio
El esperado acorde, una memoria
Preciosa y olvidada, la fatiga,
El instante en que el sueño nos disgrega.

no eres los otros

No te habrá de salvar lo que dejaron
Escrito aquellos que tu miedo implora;
No eres los otros y te ves ahora
Centro del laberinto que tramaron
Tus pasos. No te salva la agonía
De Jesús o de Sócrates ni el fuerte
Siddhartha de oro que aceptó la muerte
En un jardín, al declinar el día.
Polvo también es la palabra escrita
Por tu mano o el verbo pronunciado
Por tu boca. No hay lástima en el Hado

Y la noche de Dios es infinita.
Tu materia es el tiempo, el incesante
Tiempo. Eres cada solitario instante.

signos

a Susana Bombal

Hacia 1915, en Ginebra, vi en la terraza de un museo una alta campana con caracteres chinos. En 1976 escribo estas líneas:

Indescifrada y sola, sé que puedo
Ser en la vaga noche una plegaria
De bronce o la sentencia en que se cifra
El sabor de una vida o de una tarde
O el sueño de Chuang Tzu, que ya conoces
O una fecha trivial o una parábola
O un vasto emperador, hoy unas sílabas,
O el universo o tu secreto nombre
O aquel enigma que indagaste en vano
A lo largo del tiempo y de sus días.
Puedo ser todo. Déjame en la sombra.

la moneda de hierro

Aquí está la moneda de hierro. Interroguemos
Las dos contrarias caras que serán la respuesta
De la terca demanda que nadie no se ha hecho:
¿Por qué precisa un hombre que una mujer lo quiera?
Miremos. En el orbe superior se entretejen
El firmamento cuádruple que sostiene el diluvio
Y las inalterables estrellas planetarias.
Adán, el joven padre, y el joven Paraíso.

La tarde y la mañana. Dios en cada criatura.
En ese laberinto puro está tu reflejo.
Arrojemos de nuevo la moneda de hierro
Que es también un espejo mágico. Su reverso
Es nadie y nada y sombra y ceguera. Eso eres.
De hierro las dos caras labran un solo eco.
Tus manos y tu lengua son testigos infieles.
Dios es el inasible centro de la sortija.
No exalta ni condena. Hace algo más: olvida.
Calumniado de infamia ¿por qué no han de quererte?
En la sombra del otro buscamos nuestra sombra;
En el cristal del otro, nuestro cristal recíproco.

historia de la noche (1977)

alejandría, 641 a.d.

Desde el primer Adán que vio la noche
Y el día y la figura de su mano,
Fabularon los hombres y fijaron
En piedra o en metal o en pergamino
Cuanto ciñe la tierra o plasma el sueño.
Aquí está su labor: la Biblioteca.
Dicen que los volúmenes que abarca
Dejan atrás la cifra de los astros
O de la arena del desierto. El hombre
Que quisiera agotarla perdería
La razón y los ojos temerarios.
Aquí la gran memoria de los siglos
Que fueron, las espadas y los héroes,
Los lacónicos símbolos del álgebra,
El saber que sondea los planetas
Que rigen el destino, las virtudes
De hierbas y marfiles talismánicos,
El verso en que perdura la caricia,
La ciencia que descifra el solitario
Laberinto de Dios, la teología,
La alquimia que en el barro busca el oro
Y las figuraciones del idólatra.
Declaran los infieles que si ardiera,
Ardería la historia. Se equivocan.
Las vigilias humanas engendraron
Los infinitos libros. Si de todos
No quedara uno solo, volverían
A engendrar cada hoja y cada línea,
Cada trabajo y cada amor de Hércules,
Cada lección de cada manuscrito.
En el siglo primero de la Hégira,
Yo, aquel Omar que sojuzgó a los persas
Y que impone el Islam sobre la tierra,
Ordeno a mis soldados que destruyan

Por el fuego la larga Biblioteca,
Que no perecerá. Loados sean
Dios que no duerme y Muhammad, Su Apóstol.

alhambra

Grata la voz del agua
A quien abrumaron negras arenas,
Grato a la mano cóncava
El mármol circular de la columna,
Gratos los finos laberintos del agua
Entre los limoneros,
Grata la música del zéjel,
Grato el amor y grata la plegaria
Dirigida a un Dios que está solo,
Grato el jazmín.

Vano el alfanje
Ante las largas lanzas de los muchos,
Vano ser el mejor.
Grato sentir o presentir, rey doliente,
Que tus dulzuras son adioses,
Que te será negada la llave,
Que la cruz del infiel borrará la luna,
Que la tarde que miras es la última.

Granada, 1976

metáforas de *las mil y una noches*

La primera metáfora es el río.
Las grandes aguas. El cristal viviente
Que guarda esas queridas maravillas
Que fueron del Islam y que son tuyas

Y mías hoy. El todopoderoso
Talismán que también es un esclavo;
El genio confinado en la vasija
De cobre por el sello salomónico;
El juramento de aquel rey que entrega
Su reina de una noche a la justicia
De la espada, la luna, que está sola;
Las manos que se lavan con ceniza;
Los viajes de Simbad, ese Odiseo
Urgido por la sed de su aventura,
No castigado por un dios; la lámpara;
Los símbolos que anuncian a Rodrigo
La conquista de España por los árabes;
El simio que revela que es un hombre,
Jugando al ajedrez; el rey leproso;
Las altas caravanas; la montaña
De piedra imán que hace estallar la nave;
El jeque y la gacela; un orbe fluido
De formas que varían como nubes,
Sujetas al arbitrio del Destino
O del Azar, que son la misma cosa;
El mendigo que puede ser un ángel
Y la caverna que se llama Sésamo.
La segunda metáfora es la trama
De un tapiz, que propone a la mirada
Un caos de colores y de líneas
Irresponsables, un azar y un vértigo,
Pero un orden secreto lo gobierna.
Como aquel otro sueño, el Universo,
El Libro de las Noches está hecho
De cifras tutelares y de hábitos:
Los siete hermanos y los siete viajes,
Los tres cadíes y los tres deseos
De quien miró la Noche de las Noches,
La negra cabellera enamorada
En que el amante ve tres noches juntas,

Los tres visires y los tres castigos,
Y encima de las otras la primera
Y última cifra del Señor; el Uno.
La tercera metáfora es un sueño
Agarenos y persas lo soñaron
En los portales del velado Oriente
O en vergeles que ahora son del polvo
Y seguirán soñándolo los hombres
Hasta el último fin de su jornada.
Como en la paradoja del eleata,
El sueño se disgrega en otro sueño
Y ése en otro y en otros, que entretejen
Ociosos un ocioso laberinto.
En el libro está el Libro. Sin saberlo,
La reina cuenta al rey la ya olvidada
Historia de los dos. Arrebatados
Por el tumulto de anteriores magias,
No saben quiénes son. Siguen soñando.
La cuarta es la metáfora de un mapa
De esa región indefinida, el Tiempo,
De cuanto miden las graduales sombras
Y el perpetuo desgaste de los mármoles
Y los pasos de las generaciones.
Todo. La voz y el eco, lo que miran
Las dos opuestas caras del Bifronte,
Mundos de plata y mundos de oro rojo
Y la larga vigilia de los astros.
Dicen los árabes que nadie puede
Leer hasta el fin el Libro de las Noches.
Las Noches son el Tiempo, el que no duerme.
Sigue leyendo mientras muere el día
Y Shahrazad te contará tu historia.

alguien

Balkh Nishapur, Alejandría; no importa el nombre. Podemos imaginar un zoco, una taberna, un patio de altos miradores velados, un río que ha repetido los rostros de las generaciones. Podemos imaginar asimismo un jardín polvoriento, porque el desierto no está lejos. Se ha formado una rueda y un hombre habla. No nos es dado descifrar (los reinos y los siglos son muchos) el vago turbante, los ojos ágiles, la piel cetrina y la voz áspera que articula prodigios. Tampoco él nos ve; somos demasiados. Narra la historia del primer jeque y de la gacela o la de aquel Ulises que se apodó Es-Sindibad del Mar.

    El hombre habla y gesticula. No sabe (otros lo sabrán) que es del linaje de los *confabulatores nocturni*, de los rapsodas de la noche, que Alejandro Bicorne congregaba para solaz de sus vigilias. No sabe (nunca lo sabrá) que es nuestro bienhechor. Cree hablar para unos pocos y unas monedas y en un perdido ayer entreteje el Libro de las Mil y Una Noches.

caja de música

Música del Japón. Avaramente
De la clepsidra se desprenden gotas
De lenta miel o de invisible oro
Que en el tiempo repiten una trama
Eterna y frágil, misteriosa y clara.
Temo que cada una sea la última.
Son un ayer que vuelve. ¿De qué templo,
De qué leve jardín en la montaña,
De qué vigilias ante un mar que ignoro,
De qué pudor de la melancolía,
De qué perdida y rescatada tarde,
Llegan a mí, su porvenir remoto?
No lo sabré. No importa. En esa música
Yo soy. Yo quiero ser. Yo me desangro.

el tigre

Iba y venía, delicado y fatal, cargado de infinita energía, del otro lado de los firmes barrotes y todos lo mirábamos. Era el tigre de esa mañana, en Palermo, y el tigre del Oriente y el tigre de Blake y de Hugo y Shere Khan, y los tigres que fueron y que serán y asimismo el tigre arquetipo, ya que el individuo, en su caso, es toda la especie. Pensamos que era sanguinario y hermoso. Norah, una niña, dijo: Está hecho para el amor.

leones

Ni el esplendor del cadencioso tigre
Ni del jaguar los signos prefijados
Ni del gato el sigilo. De la tribu
Es el menos felino, pero siempre
Ha encendido los sueños de los hombres.
Leones en el oro y en el verso,
En patios del Islam y en evangelios,
Vastos leones en el orbe de Hugo,
Leones de la puerta de Micenas,
Leones que Cartago crucifica.
En el violento cobre de Durero
Las manos de Sansón lo despedazan.
Es la mitad de la secreta esfinge
Y la mitad del grifo que en las cóncavas
Grutas custodia el oro de la sombra.
Es uno de los símbolos de Shakespeare.
Los hombres lo esculpieron con montañas
Y estamparon su forma en las banderas
Y lo coronan rey sobre los otros.
Con sus ojos de sombra lo vio Milton
Emergiendo del barro el quinto día,
Desligadas las patas delanteras
Y en alto la cabeza extraordinaria.

Resplandece en la rueda del Caldeo
Y las mitologías lo prodigan.

Un animal que se parece a un perro
Come la presa que le trae la hembra.

endimión en latmos

Yo dormía en la cumbre y era hermoso
Mi cuerpo, que los años han gastado.
Alto en la noche helénica, el centauro
Demoraba su cuádruple carrera
Para atisbar mi sueño. Me placía
Dormir para soñar y para el otro
Sueño lustral que elude la memoria
Y que nos purifica del gravamen
De ser aquel que somos en la tierra.
Diana, la diosa, que es también la luna,
Me veía dormir en la montaña
Y lentamente descendió a mis brazos
Oro y amor en la encendida noche.
Yo apretaba los párpados mortales,
Yo quería no ver el rostro bello
Que mis labios de polvo profanaban.
Yo aspiré la fragancia de la luna
Y su infinita voz dijo mi nombre.
Oh las puras mejillas que se buscan,
Oh ríos del amor y de la noche,
Oh el beso humano y la tensión del arco.
No sé cuánto duraron mis venturas;
Hay cosas que no miden los racimos
Ni la flor ni la nieve delicada.
La gente me rehúye. Le da miedo
El hombre que fue amado por la luna.
Los años han pasado. Una zozobra

Da horror a mi vigilia. Me pregunto
Si aquel tumulto de oro en la montaña
Fue verdadero o no fue más que un sueño.
Inútil repetirme que el recuerdo
de ayer y un sueño son la misma cosa.
Mi soledad recorre los comunes
Caminos de la tierra, pero siempre
Busco en la antigua noche de los númenes
La indiferente luna, hija de Zeus.

un escolio

Al cabo de veinte años de trabajos y de extraña aventura, Ulises hijo de Laertes vuelve a su Itaca. Con la espada de hierro y con el arco ejecuta la debida venganza. Atónita hasta el miedo, Penélope no se atreve a reconocerlo y alude, para probarlo, a un secreto que comparten los dos, y sólo los dos: el de su tálamo común, que ninguno de los mortales puede mover, porque el olivo con que fue labrado lo ata a la tierra. Tal es la historia que se lee en el libro vigésimo tercero de la *Odisea*.

Homero no ignoraba que las cosas deben decirse de manera indirecta. Tampoco lo ignoraban sus griegos, cuyo lenguaje natural era el mito. La fábula del tálamo que es un árbol es una suerte de metáfora. La reina supo que el desconocido era el rey cuando se vio en sus ojos, cuando sintió en su amor que la encontraba el amor de Ulises.

ni siquiera soy polvo

No quiero ser quien soy. La avara suerte
Me ha deparado el siglo diecisiete,
El polvo y la rutina de Castilla,
Las cosas repetidas, la mañana
Que, prometiendo el hoy, nos da la víspera,

La plática del cura y del barbero,
La soledad que va dejando el tiempo
Y una vaga sobrina analfabeta.
Soy hombre entrado en años. Una página
Casual me reveló no usadas voces
Que me buscaban, Amadís y Urganda.
Vendí mis tierras y compré los libros
Que historian cabalmente las empresas:
El Grial, que recogió la sangre humana
Que el Hijo derramó para salvarnos,
El ídolo de oro de Mahoma,
Los hierros, las almenas, las banderas
Y las operaciones de la magia.
Cristianos caballeros recorrían
Los reinos de la tierra, vindicando
El honor ultrajado o imponiendo
Justicia con los filos de la espada.
Quiera Dios que un enviado restituya
A nuestro tiempo ese ejercicio noble.
Mis sueños lo divisan. Lo he sentido
A veces en mi triste carne célibe.
No sé aún su nombre. Yo, Quijano,
Seré ese paladín. Seré mi sueño.
En esta vieja casa hay una adarga
Antigua y una hoja de Toledo
Y una lanza y los libros verdaderos
Que a mi brazo prometen la victoria.
¿A mi brazo? Mi cara (que no he visto)
No proyecta una cara en el espejo.
Ni siquiera soy polvo. Soy un sueño
Que entreteje en el sueño y la vigilia
Mi hermano y padre, el capitán Cervantes,
Que militó en los mares de Lepanto
Y supo unos latines y algo de árabe...
Para que yo pueda soñar al otro
Cuya verde memoria será parte

De los días del hombre, te suplico:
Mi Dios, mi soñador, sigue soñándome.

islandia

Qué dicha para todos los hombres,
Islandia de los mares, que existas.
Islandia de la nieve silenciosa y del agua ferviente.
Islandia de la noche que se aboveda
sobre la vigilia y el sueño.
Isla del día blanco que regresa,
joven y mortal como Baldr.
Fría rosa, isla secreta
que fuiste la memoria de Germania
y salvaste para nosotros
su apagada, enterrada mitología,
el anillo que engendra nueve anillos,
los altos lobos de la selva de hierro
que devorarán la luna y el sol,
la nave que Alguien o Algo construye
con uñas de los muertos.
Islandia de los cráteres que esperan,
y de las tranquilas majadas.
Islandia de las tardes inmóviles
y de los hombres fuertes
que son ahora marineros y barqueros y párrocos
y que ayer descubrieron un continente.
Isla de los caballos de larga crin
que engendran sobre el pasto y la lava,
isla del agua llena de monedas
y de no saciada esperanza.
Islandia de la espada y de la runa,
Islandia de la gran memoria cóncava
que no es una nostalgia.

gunnar thorgilsson
(1816-1879)

La memoria del tiempo
Está llena de espadas y de naves
Y de polvo de imperios
Y de rumor de hexámetros
Y de altos caballos de guerra
Y de clamores y de Shakespeare.
Yo quiero recordar aquel beso
Con el que me besabas en Islandia.

un libro

Apenas una cosa entre las cosas
Pero también un arma. Fue forjada
En Inglaterra, en 1604,
Y la cargaron con un sueño. Encierra
Sonido y furia y noche y escarlata.
Mi palma la sopesa. Quién diría
Que contiene el infierno: las barbadas
Brujas que son las parcas, los puñales
Que ejecutan las leyes de la sombra,
El aire delicado del castillo
Que te verá morir, la delicada
Mano capaz de ensangrentar los mares,
La espada y el clamor de la batalla.

Ese tumulto silencioso duerme
En el ámbito de uno de los libros
Del tranquilo anaquel. Duerme y espera.

el juego

No se miraban. En la penumbra compartida los dos estaban serios y silenciosos.

Él le había tomado la mano izquierda y le quitaba y le ponía el anillo de marfil y el anillo de plata.

Luego le tomó la mano derecha y le quitó y le puso los dos anillos de plata y el anillo de oro con piedras duras.

Ella tendía alternativamente las manos.

Esto duró algún tiempo. Fueron entrelazando los dedos y juntando las palmas.

Procedían con lenta delicadeza, como si temieran equivocarse.

No sabían que era necesario aquel juego para que determinada cosa ocurriera, en el porvenir, en determinada región.

milonga del forastero

La historia corre pareja,
La historia siempre es igual;
La cuentan en Buenos Aires
Y en la campaña oriental.

Siempre son dos los que tallan,
Un propio y un forastero;
Siempre es de tarde. En la tarde
Está luciendo el lucero.

Nunca se han visto la cara,
No se volverán a ver;
No se disputan haberes
Ni el favor de una mujer.

Al forastero le han dicho
Que en el pago hay un valiente.
Para probarlo ha venido
Y lo busca entre la gente.

Lo convida de buen modo,
No alza la voz ni amenaza;
Se entienden y van saliendo
Para no ofender la casa.

Ya se cruzan los puñales,
Ya se enredó la madeja,
Ya quedó tendido un hombre
Que muere y que no se queja.

Sólo esa tarde se vieron.
No se volverán a ver;
No los movió la codicia
Ni el amor de una mujer.

No vale ser el más diestro,
No vale ser el más fuerte;
Siempre el que muere es aquél
Que vino a buscar la muerte.

Para esa prueba vivieron
Toda su vida esos hombres;
Ya se han borrado las caras,
Ya se borrarán los nombres.

el condenado

Una de las dos calles que se cruzan puede ser Andes o San Juan o Bermejo; lo mismo da. En el inmóvil atardecer Ezequiel Tabares espera. Desde la esquina puede vigilar, sin que nadie lo note, el portón abierto del conventillo, que queda a media cuadra. No se impacienta, pero a veces cambia de acera y entra en el solitario almacén, donde el mismo dependiente le sirve la misma ginebra, que no le quema la garganta y por la que deja unos cobres. Después, vuelve a su puesto. Sabe que el Chengo no tardará mucho en salir, el Chengo que le quitó la Matilde. Con la mano derecha roza el bultito del puñal que carga en la sisa, bajo el saco cruzado. Hace tiempo que no se acuerda de la mujer; sólo piensa en el otro. Siente la modesta presencia de las manzanas bajas: las ventanas de reja, las azoteas, los patios de baldosa o de tierra. El hombre sigue viendo esas cosas. Sin que lo sepa, Buenos Aires ha crecido a su alrededor como una planta que hace ruido. No ve — le está vedado ver — las casas nuevas y los grandes ómnibus torpes. La gente lo atraviesa y él no lo sabe. Tampoco sabe que padece castigo. El odio lo colma.

Hoy, trece de junio de mil novecientos setenta y siete, los dedos de la mano derecha del compadrito muerto Ezequiel Tabares, condenado a ciertos minutos de mil ochocientos noventa, rozan en un eterno atardecer un puñal imposible.

buenos aires, 1899

El aljibe. En el fondo la tortuga.
Sobre el patio la vaga astronomía
Del niño. La heredada platería
Que se espeja en el ébano. La fuga
Del tiempo, que al principio nunca pasa.
Un sable que ha servido en el desierto.
Un grave rostro militar y muerto.
El húmedo zaguán. La vieja casa.
En el patio que fue de los esclavos
La sombra de la parra se aboveda.
Silba un trasnochador por la vereda.
En la alcancía duermen los centavos.
Nada. Sólo esa pobre medianía
Que buscan el olvido y la elegía.

el caballo

La llanura que espera desde el principio. Más allá de los últimos duraznos, junto a las aguas, un gran caballo blanco de ojos dormidos parece llenar la mañana. El cuello arqueado, como en una lámina persa, y la crin y la cola arremolinadas. Es recto y firme y está hecho de largas curvas. Recuerdo la curiosa línea de Chaucer: *a very horsely horse*. No hay con qué compararlo y no está cerca, pero se sabe que es muy alto.

Nada, salvo ya el mediodía.

Aquí y ahora está el caballo, pero algo distinto hay en él, porque también es un caballo en un sueño de Alejandro de Macedonia.

el grabado

¿Por qué, al hacer girar la cerradura,
Vuelve a mis ojos con asombro antiguo
El grabado de un tártaro que enlaza
Desde el caballo un lobo de la estepa?
La fiera se revuelve eternamente.
El jinete la mira. La memoria
Me concede esta lámina de un libro
Cuyo color y cuyo idioma ignoro.
Muchos años hará que no la veo.
A veces me da miedo la memoria.
En sus cóncavas grutas y palacios
(Dijo San Agustín) hay tantas cosas.
El infierno y el cielo están en ella.
Para el primero basta lo que encierra
El más común y tenue de tus días
Y cualquier pesadilla de tu noche;
Para el otro, el amor de los que aman,
La frescura del agua en la garganta
De la sed, la razón y su ejercicio,
La tersura del ébano invariable
O — luna y sombra — el oro de Virgilio.

things that might have been

Pienso en las cosas que pudieron ser y no fueron.
El tratado de mitología sajona que Beda no escribió.
La obra inconcebible que a Dante le fue dado acaso entrever,
Ya corregido el último verso de la Comedia.
La historia sin la tarde de la Cruz y la tarde de la cicuta.
La historia sin el rostro de Helena.
El hombre sin los ojos, que nos han deparado la luna.
En las tres jornadas de Gettysburg la victoria del Sur.
El amor que no compartimos.
El dilatado imperio que los Vikings no quisieron fundar.
El orbe sin la rueda o sin la rosa.
El juicio de John Donne sobre Shakespeare.
El otro cuerno del Unicornio.
El ave fabulosa de Irlanda, que está en dos lugares a un tiempo.
El hijo que no tuve.

el enamorado

Lunas, marfiles, instrumentos, rosas,
Lámparas y la línea de Durero,
Las nueve cifras y el cambiante cero,
Debo fingir que existen esas cosas.
Debo fingir que en el pasado fueron
Persépolis y Roma y que una arena
Sutil midió la suerte de la almena
Que los siglos de hierro deshicieron.
Debo fingir las armas y la pira
De la epopeya y los pesados mares
Que roen de la tierra los pilares.
Debo fingir que hay otros. Es mentira.
Sólo tú eres. Tú, mi desventura
Y mi ventura, inagotable y pura.

g. a. bürger

No acabo de entender
por qué me afectan de este modo las cosas
que le sucedieron a Bürger
(sus dos fechas están en la enciclopedia)
en una de las ciudades de la llanura,
junto al río que tiene una sola margen
en la que crece la palmera, no el pino.
Al igual de todos los hombres,
dijo y oyó mentiras,
fue traicionado y fue traidor,
agonizó de amor muchas veces
y, tras la noche del insomnio,
vio los cristales grises del alba,
pero mereció la gran voz de Shakespeare
(en la que están las otras)
y la de Angelus Silesius de Breslau
y con falso descuido limó algún verso,
en el estilo de su época.
Sabía que el presente no es otra cosa
que una partícula fugaz del pasado
y que estamos hechos de olvido:
sabiduría tan inútil
como los corolarios de Spinoza
o las magias del miedo.
En la ciudad junto al río inmóvil,
unos dos mil años después de la muerte de un dios
(la historia que refiero es antigua),
Bürger está solo y ahora,
precisamente ahora, lima unos versos.

la espera

Antes que suene el presuroso timbre
Y abran la puerta y entres, oh esperada
Por la ansiedad, el universo tiene
Que haber ejecutado una infinita
Serie de actos concretos. Nadie puede
Computar ese vértigo, la cifra
De lo que multiplican los espejos,
De sombras que se alargan y regresan,
De pasos que divergen y convergen.
La arena no sabría numerarlos.
(En mi pecho, el reloj de sangre mide
El temeroso tiempo de la espera.)

Antes que llegues,
Un monje tiene que soñar con un ancla,
Un tigre tiene que morir en Sumatra,
Nueve hombres tienen que morir en Borneo.

el espejo

Yo, de niño, temía que el espejo
Me mostrara otra cara o una ciega
Máscara impersonal que ocultaría
Algo sin duda atroz. Temí asimismo
Que el silencioso tiempo del espejo
Se desviara del curso cotidiano
De las horas del hombre y hospedara
En su vago confín imaginario
Seres y formas y colores nuevos.
(A nadie se lo dije; el niño es tímido.)
Yo temo ahora que el espejo encierre
El verdadero rostro de mi alma,
Lastimada de sombras y de culpas,
El que Dios ve y acaso ven los hombres.

a francia

El frontispicio del castillo advertía:
Ya estabas aquí antes de entrar
y cuando salgas no sabrás que te quedas.
Diderot narra la parábola. En ella están mis días,
mis muchos días.
Me desviaron otros amores
y la erudición vagabunda,
pero no dejé nunca de estar en Francia
y estaré en Francia cuando la grata muerte me llame
en un lugar de Buenos Aires.
No diré la tarde y la luna; diré Verlaine.
No diré el mar y la cosmogonía; diré el nombre de Hugo.
No la amistad, sino Montaigne.
No diré el fuego; diré Juana,
y las sombras que evoco no disminuyen
una serie infinita.
¿Con qué verso entraste en mi vida
como aquel juglar del Bastardo
que entró cantando en la batalla,
que entró cantando la *Chanson de Roland*
y no vio el fin, pero presintió la victoria?
La firme voz rueda de siglo en siglo
y todas las espadas son Durendal.

manuel peyrou

Suyo fue el ejercicio generoso
De la amistad genial. Era el hermano
A quien podemos, en la hora adversa,
Confiarle todo o, sin decirle nada,
Dejarle adivinar lo que no quiere
Confesar el orgullo. Agradecía
La variedad del orbe, los enigmas

De la curiosa condición humana,
El azul del tabaco pensativo,
Los diálogos que lindan con el alba,
El ajedrez heráldico y abstracto,
Los arabescos del azar, los gratos
Sabores de las frutas y las aves,
El café insomne y el propicio vino
Que conmemora y une. Un verso de Hugo
Podía arrebatarlo. Yo lo he visto.
La nostalgia fue un hábito de su alma.
Le placía vivir en lo perdido,
En la mitología cuchillera
De una esquina del Sur o de Palermo
O en tierras que a los ojos de su carne
Fueron vedadas: la madura Francia
Y América del rifle y de la aurora.
En la vasta mañana se entregaba
A la invención de fábulas que el tiempo
No dejará caer y que conjugan
Aquella valentía que hemos sido
Y el amargo sabor de lo presente.
Luego fue declinando y apagándose.
Esta página no es una elegía.
No dije ni las lágrimas ni el mármol
Que prescriben los cánones retóricos.
Atardece en los vidrios. Llanamente
Hemos hablado de un querido amigo
Que no puede morir. Que no se ha muerto.

the thing i am

He olvidado mi nombre. No soy Borges
(Borges murió en La Verde, ante las balas)
Ni Acevedo, soñando una batalla,
Ni mi padre, inclinado sobre el libro

O aceptando la muerte en la mañana,
Ni Haslam, descifrando los versículos
De la Escritura, lejos de Northumberland,
Ni Suárez, de la carga de las lanzas.
Soy apenas la sombra que proyectan
Esas íntimas sombras intrincadas.
Soy su memoria, pero soy el otro.
Que estuvo, como Dante y como todos
Los hombres, en el raro Paraíso
Y en los muchos Infiernos necesarios.
Soy la carne y la cara que no veo.
Soy al cabo del día el resignado
Que dispone de un modo algo distinto
Las voces de la lengua castellana
Para narrar las fábulas que agotan
Lo que se llama la literatura.
Soy el que hojeaba las enciclopedias,
El tardío escolar de sienes blancas
O grises, prisionero de una casa
Llena de libros que no tienen letras
Que en la penumbra escande un temeroso
Hexámetro aprendido junto al Ródano,
El que quiere salvar un orbe que huye
Del fuego y de las aguas de la Ira
Con un poco de Fedro y de Virgilio.
El pasado me acosa con imágenes.
Soy la brusca memoria de la esfera
De Magdeburgo o de dos letras rúnicas
O de un dístico de Angelus Silesius.
Soy el que no conoce otro consuelo
Que recordar el tiempo de la dicha.
Soy a veces la dicha inmerecida.
Soy el que sabe que no es más que un eco,
El que quiere morir enteramente.
Soy acaso el que eres en el sueño.
Soy la cosa que soy. Lo dijo Shakespeare.

Soy lo que sobrevive a los cobardes
Y a los fatuos que ha sido.

un sábado

Un hombre ciego en una casa hueca
Fatiga ciertos limitados rumbos
Y toca las paredes que se alargan
Y el cristal de las puertas interiores
Y los ásperos lomos de los libros
Vedados a su amor y la apagada
Platería que fue de los mayores
Y los grifos del agua y las molduras
Y unas vagas monedas y la llave.
Está solo y no hay nadie en el espejo.
Ir y venir. La mano roza el borde
Del primer anaquel. Sin proponérselo,
Se ha tendido en la cama solitaria
Y siente que los actos que ejecuta
Interminablemente en su crepúsculo
Obedecen a un juego que no entiende
Y que dirige un dios indescifrable.
En voz alta repite y cadenciosa
Fragmentos de los clásicos y ensaya
Variaciones de verbos y de epítetos
Y bien o mal escribe este poema.

las causas

Los ponientes y las generaciones.
Los días y ninguno fue el primero.
La frescura del agua en la garganta
De Adán. El ordenado Paraíso.
El ojo descifrando la tiniebla.

El amor de los lobos en el alba.
La palabra. El hexámetro. El espejo.
La Torre de Babel y la soberbia.
La luna que miraban los caldeos.
Las arenas innúmeras del Ganges.
Chuang-Tzu y la mariposa que lo sueña.
Las manzanas de oro de las islas.
Los pasos del errante laberinto.
El infinito lienzo de Penélope.
El tiempo circular de los estoicos.
La moneda en la boca del que ha muerto.
El peso de la espada en la balanza.
Cada gota de agua en la clepsidra.
Las águilas, los fastos, las legiones.
César en la mañana de Farsalia.
La sombra de las cruces en la tierra.
El ajedrez y el álgebra del persa.
Los rastros de las largas migraciones.
La conquista de reinos por la espada.
La brújula incesante. El mar abierto.
El eco del reloj en la memoria.
El rey ajusticiado por el hacha.
El polvo incalculable que fue ejércitos.
La voz del ruiseñor en Dinamarca.
La escrupulosa línea del calígrafo.
El rostro del suicida en el espejo.
El naipe del tahúr. El oro ávido.
Las formas de la nube en el desierto.
Cada arabesco del calidoscopio.
Cada remordimiento y cada lágrima.
Se precisaron todas esas cosas
Para que nuestras manos se encontraran.

adán es tu ceniza

La espada morirá como el racimo.
El cristal no es más frágil que la roca.
Las cosas son su porvenir de polvo.
El hierro es el orín. La voz, el eco.
Adán, el joven padre, es tu ceniza.
El último jardín será el primero.
El ruiseñor y Píndaro son voces.
La aurora es el reflejo del ocaso.
El micenio, la máscara de oro.
El alto muro, la ultrajada ruina.
Urquiza, lo que dejan los puñales.
El rostro que se mira en el espejo
No es el de ayer. La noche lo ha gastado.
El delicado tiempo nos modela.

Qué dicha ser el agua invulnerable
Que corre en la parábola de Heráclito
O el intrincado fuego, pero ahora,
En este largo día que no pasa,
Me siento duradero y desvalido.

historia de la noche

A lo largo de sus generaciones
los hombres erigieron la noche.
En el principio era ceguera y sueño
y espinas que laceran el pie desnudo
y temor de los lobos.
Nunca sabremos quién forjó la palabra
para el intervalo de sombra
que divide los dos crepúsculos;
nunca sabremos en qué siglo fue cifra
del espacio de estrellas.

Otros engendraron el mito.
La hicieron madre de las Parcas tranquilas
que tejen el destino
y le sacrificaban ovejas negras
y el gallo que presagia su fin.
Doce casas le dieron los caldeos;
infinitos mundos, el Pórtico.
Hexámetros latinos la modelaron
y el terror de Pascal.
Luis de León vio en ella la patria
de su alma estremecida.
Ahora la sentimos inagotable
como un antiguo vino
y nadie puede contemplarla sin vértigo
y el tiempo la ha cargado de eternidad.

Y pensar que no existiría
sin esos tenues instrumentos, los ojos.

la
cifra (1981)

ronda

El Islam, que fue espadas
que desolaron el poniente y la aurora
y estrépito de ejércitos en la tierra
y una revelación y una disciplina
y la aniquilación de los ídolos
y la conversión de todas las cosas
en un terrible Dios, que está solo,
y la rosa y el vino del sufí
y la rimada prosa alcoránica
y ríos que repiten alminares
y el idioma infinito de la arena
y ese otro idioma, el álgebra,
y ese largo jardín, las Mil y Una Noches,
y hombres que comentaron a Aristóteles
y dinastías que son ahora nombres del polvo
y Tamerlán y Omar, que destruyeron,
es aquí, en Ronda,
en la delicada penumbra de la ceguera,
un cóncavo silencio de patios,
un ocio del jazmín
y un tenue rumor de agua, que conjuraba
memorias de desiertos.

el acto del libro

Entre los libros de la biblioteca había uno, escrito en lengua arábiga, que un soldado adquirió por unas monedas en el Alcana de Toledo y que los orientalistas ignoran, salvo en la versión castellana. Ese libro era mágico y registraba de manera profética los hechos y palabras de un hombre desde la edad de cincuenta años hasta el día de su muerte, que ocurriría en 1614.

    Nadie dará con aquel libro, que pereció en la famosa

conflagración que ordenaron un cura y un barbero, amigo personal del soldado, como se lee en el sexto capítulo.

El hombre tuvo el libro en las manos y no lo leyó nunca, pero cumplió minuciosamente el destino que había soñado el árabe y seguirá cumpliéndolo siempre, porque su aventura ya es parte de la larga memoria de los pueblos.

¿Acaso es más extraña esta fantasía que la predestinación del Islam que postula un Dios, o que el libre albedrío, que nos da la terrible potestad de elegir el infierno?

descartes

Soy el único hombre en la tierra y acaso no haya tierra ni hombre.
Acaso un dios me engaña.
Acaso un dios me ha condenado al tiempo, esa larga ilusión.
Sueño la luna y sueño mis ojos que perciben la luna.
He soñado la tarde y la mañana del primer día.
He soñado a Cartago y a las legiones que desolaron a Cartago.
He soñado a Lucano.
He soñado la colina del Gólgota y las cruces de Roma.
He soñado la geometría.
He soñado el punto, la línea, el plano y el volumen.
He soñado el amarillo, el azul y el rojo.
He soñado mi enfermiza niñez.
He soñado los mapas y los reinos y aquel duelo en el alba.
He soñado el inconcebible dolor.
He soñado mi espada.
He soñado a Elizabeth de Bohemia.
He soñado la duda y la certidumbre.
He soñado el día de ayer.
Quizá no tuve ayer, quizá no he nacido.
Acaso sueño haber soñado.
Siento un poco de frío, un poco de miedo.
Sobre el Danubio está la noche.
Seguiré soñando a Descartes y a la fe de sus padres.

las dos catedrales

En esa biblioteca de Almagro Sur
compartimos la rutina y el tedio
y la morosa clasificación de los libros
según el orden decimal de Bruselas
y me confiaste tu curiosa esperanza
de escribir un poema que observara
verso por verso, estrofa por estrofa,
las divisiones y las proporciones
de la remota catedral de Chartres
(que tus ojos de carne no vieron nunca)
y que fuera el coro, y las naves,
y el ábside, el altar y las torres.
Ahora, Schiavo, estás muerto.
Desde el cielo platónico habrás mirado
con sonriente piedad
la clara catedral de erguida piedra
y tu secreta catedral tipográfica
y sabrás que las dos,
la que erigieron las generaciones de Francia
y la que urdió tu sombra,
son copias temporales y mortales
de un arquetipo inconcebible.

beppo

El gato blanco y célibe se mira
en la lúcida luna del espejo
y no puede saber que esa blancura
y esos ojos de oro que no ha visto
nunca en la casa son su propia imagen.
¿Quién le dirá que el otro que lo observa
es apenas un sueño del espejo?
Me digo que esos gatos armoniosos,

el de cristal y el de caliente sangre,
son simulacros que concede al tiempo
un arquetipo eterno. Así lo afirma,
sombra también, Plotino en las Ennéadas.
¿De qué Adán anterior al Paraíso,
de qué divinidad indescifrable
somos los hombres un espejo roto?

al adquirir una enciclopedia

Aquí la vasta enciclopedia de Brockhaus,
aquí los muchos y cargados volúmenes y el volumen del atlas,
aquí la devoción de Alemania,
aquí los neoplatónicos y los gnósticos,
aquí el primer Adán y Adán de Bremen,
aquí el tigre y el tártaro,
aquí la escrupulosa tipografía y el azul de los mares,
aquí la memoria del tiempo y los laberintos del tiempo,
aquí el error y la verdad,
aquí la dilatada miscelánea que sabe más que cualquier hombre,
aquí la suma de la larga vigilia.
Aquí también los ojos que no sirven, las manos que no aciertan, las
    ilegibles páginas,
la dudosa penumbra de la ceguera, los muros que se alejan.
Pero también aquí una costumbre nueva,
de esta costumbre vieja, la casa,
una gravitación y una presencia,
el misterioso amor de las cosas
que nos ignoran y se ignoran.

aquél

Oh días consagrados al inútil
empeño de olvidar la biografía

de un poeta menor del hemisferio
austral, a quien los hados o los astros
dieron un cuerpo que no deja un hijo
y la ceguera, que es penumbra y cárcel,
y la vejez, aurora de la muerte,
y la fama, que no merece nadie,
y el hábito de urdir endecasílabos
y el viejo amor de las enciclopedias
y de los finos mapas caligráficos
y del tenue marfil y una incurable
nostalgia del latín y fragmentarias
memorias de Edimburgo y de Ginebra
y el olvido de fechas y de nombres
y el culto del Oriente, que los pueblos
del misceláneo Oriente no comparten,
y vísperas de trémula esperanza
y el abuso de la etimología
y el hierro de las sílabas sajonas
y la luna, que siempre nos sorprende,
y esa mala costumbre, Buenos Aires,
y el sabor de las uvas y del agua
y del cacao, dulzura mexicana,
y unas monedas y un reloj de arena
y que una tarde, igual a tantas otras,
se resigna a estos versos.

eclesiastés, I, 9

Si me paso la mano por la frente,
si acaricio los lomos de los libros,
si reconozco el Libro de las Noches,
si hago girar la tercera cerradura,
si me demoro en el umbral incierto,
si el dolor increíble me anonada,
si recuerdo la Máquina del Tiempo,

si recuerdo el tapiz del unicornio,
si cambio de postura mientras duermo,
si la memoria me devuelve un verso,
repito lo cumplido innumerables
veces en mi camino señalado.
No puedo ejecutar un acto nuevo,
tejo y torno a tejer la misma fábula,
repito un repetido endecasílabo,
digo lo que los otros me dijeron,
siento las mismas cosas en la misma
hora del día o de la abstracta noche.
Cada noche la misma pesadilla,
cada noche el rigor del laberinto.
Soy la fatiga de un espejo inmóvil
o el polvo de un museo.
Sólo una cosa no gustada espero,
una dádiva, un oro de la sombra,
esa virgen, la muerte. (El castellano
permite esta metáfora.)

dos formas del insomnio

¿Qué es el insomnio?

La pregunta es retórica; sé demasiado bien la respuesta.

Es temer y contar en la alta noche las duras campanadas fatales, es ensayar con magia inútil una respiración regular, es la carga de un cuerpo que bruscamente cambia de lado, es apretar los párpados, es un estado parecido a la fiebre y que ciertamente no es la vigilia, es pronunciar fragmentos de párrafos leídos hace ya muchos años, es saberse culpable de velar cuando los otros duermen, es querer hundirse en el sueño y no poder hundirse en el sueño, es el horror de ser y de seguir siendo, es el alba dudosa.

¿Qué es la longevidad?

Es el horror de ser en un cuerpo humano cuyas facultades declinan, es un insomnio que se mide por décadas y no con

agujas de acero, es el peso de mares y de pirámides, de antiguas
bibliotecas y dinastías, de las auroras que vio Adán, es no ignorar
que estoy condenado a mi carne, a mi detestada voz, a mi nombre,
a una rutina de recuerdos, al castellano, que no sé manejar, a la
nostalgia del latín, que no sé, a querer hundirme en la muerte y no
poder hundirme en la muerte, a ser y seguir siendo.

the cloisters

De un lugar del reino de Francia
trajeron los cristales y la piedra
para construir en la isla de Manhattan
estos cóncavos claustros.
No son apócrifos.
Son fíeles monumentos de una nostalgia.
Una voz americana nos dice
que paguemos lo que queramos,
porque toda esta fábrica es ilusoria
y el dinero que deja nuestra mano
se convertirá en zequíes o en humo.
Esta abadía es más terrible
que la pirámide de Ghizeh
o que el laberinto de Knossos,
porque es también un sueño.
Oímos el rumor de la fuente,
pero esa fuente está en el Patio de los Naranjos
o el cantar *Der Asra*.
Oímos claras voces latinas,
pero esas voces resonaron en Aquitania
cuando estaba cerca el Islam.
Vemos en los tapices
la resurrección y la muerte
del sentenciado y blanco unicornio,
porque el tiempo de este lugar
no obedece a un orden.

Los laureles que toco florecerán
cuando Leif Ericsson divise las arenas de América.
Siento un poco de vértigo.
No estoy acostumbrado a la eternidad.

nota para un cuento fantástico

En Wisconsin o en Texas o en Alabama los chicos juegan a la guerra y los dos bandos son el Norte y el Sur. Yo sé (todos lo saben) que la derrota tiene una dignidad que la ruidosa victoria no merece, pero también sé imaginar que ese juego, que abarca más de un siglo y un continente, descubrirá algún día el arte divino de destejer el tiempo o, como dijo Pietro Damiano, de modificar el pasado.

Si ello acontece, si en el decurso de los largos juegos el Sur humilla al Norte, el hoy gravitará sobre el ayer y los hombres de Lee serán vencedores en Gettysburg en los primeros días de julio de 1863 y la mano de Donne podrá dar fin a su poema sobre las transmigraciones de un alma y el viejo hidalgo Alonso Quijano conocerá el amor de Dulcinea y los ocho mil sajones de Hastings derrotarán a los normandos, como antes derrotaron a los noruegos, y Pitágoras no reconocerá en un pórtico de Argos el escudo que usó cuando era Euforbo.

epílogo

Ya cumplida la cifra de los pasos
que te fue dado andar sobre la tierra,
digo que has muerto. Yo también he muerto.
Yo, que recuerdo la precisa noche
del ignorado adiós, hoy me pregunto:
¿Qué habrá sido de aquellos dos muchachos
que hacia mil novecientos veintitantos
buscaban con ingenua fe platónica
por las largas aceras de la noche

del Sur o en la guitarra de Paredes
o en fábulas de esquina y de cuchillo
o en el alba, que no ha tocado nadie,
la secreta ciudad de Buenos Aires?
Hermano en los metales de Quevedo
y en el amor del numeroso hexámetro,
descubridor (todos entonces lo éramos)
de ese antiguo instrumento, la metáfora,
Francisco Luis, del estudioso libro,
ojalá compartieras esta vana
tarde conmigo, inexplicablemente,
y me ayudaras a limar el verso.

buenos aires

He nacido en otra ciudad que también se llamaba Buenos Aires.
Recuerdo el ruido de los hierros de la puerta cancel.
Recuerdo los jazmines y el aljibe, cosas de la nostalgia.
Recuerdo una divisa rosada que había sido punzó.
Recuerdo la resolana y la siesta.
Recuerdo dos espadas cruzadas que habían servido en el desierto.
Recuerdo los faroles de gas y el hombre con el palo.
Recuerdo el tiempo generoso, la gente que llegaba sin anunciarse.
Recuerdo un bastón con estoque.
Recuerdo lo que he visto y lo que me contaron mis padres.
Recuerdo a Macedonio, en un rincón de una confitería del Once.
Recuerdo las carretas de tierra adentro en el polvo del Once.
Recuerdo el Almacén de la Figura en la calle de Tucumán.
(A la vuelta murió Estanislao del Campo.)
Recuerdo un tercer patio, que no alcancé, que era el patio de
    los esclavos.
Guardo memorias del pistoletazo de Alem en un coche cerrado.
En aquel Buenos Aires, que me dejó, yo sería un extraño.
Sé que los únicos paraísos no vedados al hombre son los paraísos
    perdidos.

Alguien casi idéntico a mí, alguien que no habrá leído esta página,
lamentará las torres de cemento y el talado obelisco.

la prueba

Del otro lado de la puerta un hombre
deja caer su corrupción. En vano
elevará esta noche una plegaria
a su curioso dios, que es tres, dos, uno,
y se dirá que es inmortal. Ahora
oye la profecía de su muerte
y sabe que es un animal sentado.
Eres, hermano, ese hombre. Agradezcamos
los vermes y el olvido.

himno

Esta mañana
hay en el aire la increíble fragancia
de las rosas del Paraíso.
En la margen del Éufrates
Adán descubre la frescura del agua.
Una lluvia de oro cae del cielo;
es el amor de Zeus.
Salta del mar un pez
y un hombre de Agrigento recordará
haber sido ese pez.
En la caverna cuyo nombre será Altamira
una mano sin cara traza la curva
de un lomo de bisonte.
La lenta mano de Virgilio acaricia
la seda que trajeron
del reino del Emperador Amarillo
las caravanas y las naves.

El primer ruiseñor canta en Hungría.
Jesús ve en la moneda el perfil de César.
Pitágoras revela a sus griegos
que la forma del tiempo es la del círculo.
En una isla del Océano
los lebreles de plata persiguen a los ciervos de oro.
En un yunque forjan la espada
que será fiel a Sigurd.
Whitman canta en Manhattan.
Homero nace en siete ciudades.
Una doncella acaba de apresar
al unicornio blanco.
Todo el pasado vuelve como una ola
y esas antiguas cosas recurren
porque una mujer te ha besado.

la dicha

El que abraza a una mujer es Adán. La mujer es Eva.
Todo sucede por primera vez.
He visto una cosa blanca en el cielo. Me dicen que es la luna,
pero qué puedo hacer con una palabra y con una mitología.
Los árboles me dan un poco de miedo. Son tan hermosos.
Los tranquilos animales se acercan para que yo les diga su
    nombre.
Los libros de la biblioteca no tienen letras. Cuando los abro surgen.
Al hojear el atlas proyecto la forma de Sumatra.
El que prende un fósforo en el oscuro está inventando el fuego.
En el espejo hay otro que acecha.
El que mira el mar ve a Inglaterra.
El que profiere un verso de Liliencron ha entrado en la batalla.
He soñado a Cartago y a las legiones que desolaron a Cartago.
He soñado la espada y la balanza.
Loado sea el amor en el que no hay poseedor ni poseída, pero los
    dos se entregan.

Loada sea la pesadilla, que nos revela que podemos crear el
   infierno.
El que desciende a un río desciende al Ganges.
El que mira un reloj de arena ve la disolución de un imperio.
El que juega con un puñal presagia la muerte de César.
El que duerme es todos los hombres.
En el desierto vi la joven Esfinge, que acaban de labrar.
Nada hay tan antiguo bajo el sol.
Todo sucede por primera vez, pero de un modo eterno.
El que lee mis palabras está inventándolas.

elegía

Sin que nadie lo sepa, ni el espejo,
ha llorado unas lágrimas humanas.
No puede sospechar que conmemoran
todas las cosas que merecen lágrimas:
la hermosura de Helena, que no ha visto,
el río irreparable de los años,
la mano de Jesús en el madero
de Roma, la ceniza de Cartago,
el ruiseñor del húngaro y del persa,
la breve dicha y la ansiedad que aguarda,
de marfil y de música Virgilio,
que cantó los trabajos de la espada,
las configuraciones de las nubes
de cada nuevo y singular ocaso
y la mañana que será la tarde.
Del otro lado de la puerta un hombre
hecho de soledad, de amor, de tiempo,
acaba de llorar en Buenos Aires
todas las cosas.

blake

¿Dónde estará la rosa que en tu mano
prodiga, sin saberlo, íntimos dones?
No en el color, porque la flor es ciega,
ni en la dulce fragancia inagotable,
ni en el peso de un pétalo. Esas cosas
son unos pocos y perdidos ecos.
La rosa verdadera está muy lejos.
Puede ser un pilar o una batalla
o un firmamento de ángeles o un mundo
infinito, secreto y necesario,
o el júbilo de un dios que no veremos
o un planeta de plata en otro cielo
o un terrible arquetipo que no tiene
la forma de la rosa.

el hacedor

Somos el río que invocaste, Heráclito.
Somos el tiempo. Su intangible curso
Acarrea leones y montañas,
Llorado amor, ceniza del deleite,
Insidiosa esperanza interminable,
Vastos nombres de imperios que son polvo,
Hexámetros del griego y del romano,
Lóbrego un mar bajo el poder del alba,
El sueño, ese pregusto de la muerte,
Las armas y el guerrero, monumentos,
Las dos caras de Jano que se ignoran,
Los laberintos de marfil que urden
Las piezas de ajedrez en el tablero,
La roja mano de Macbeth que puede
Ensangrentar los mares, la secreta
Labor de los relojes en la sombra,

Un incesante espejo que se mira
En otro espejo y nadie para verlos,
Láminas en acero, letra gótica,
Una barra de azufre en un armario,
Pesadas campanadas del insomnio,
Auroras y ponientes y crepúsculos,
Ecos, resaca, arena, liquen, sueños.
Otra cosa no soy que esas imágenes
Que baraja el azar y nombra el tedio.
Con ellas, aunque ciego y quebrantado,
He de labrar el verso incorruptible
Y (es mi deber) salvarme.

yesterdays

De estirpe de pastores protestantes
y de soldados sudamericanos
que opusieron al godo y a las lanzas
del desierto su polvo incalculable,
soy y no soy. Mi verdadera estirpe
es la voz, que aún escucho, de mi padre,
conmemorando música de Swinburne,
y los grandes volúmenes que he hojeado,
hojeado y no leído, y que me bastan.
Soy lo que me contaron los filósofos.
El azar o el destino, esos dos nombres
de una secreta cosa que ignoramos,
me prodigaron patrias: Buenos Aires,
Nara, donde pasé una sola noche,
Ginebra, las dos Córdobas, Islandia...
Soy el cóncavo sueño solitario
en que me pierdo o trato de perderme,
la servidumbre de los dos crepúsculos,
las antiguas mañanas, la primera
vez que vi el mar o una ignorante luna,

sin su Virgilio y sin su Galileo.
Soy cada instante de mi largo tiempo,
cada noche de insomnio escrupuloso,
cada separación y cada víspera.
Soy la errónea memoria de un grabado
que hay en la habitación y que mis ojos,
hoy apagados, vieron claramente:
El Jinete, la Muerte y el Demonio.
Soy aquel otro que miró el desierto
y que en su eternidad sigue mirándolo.
Soy un espejo, un eco. El epitafio.

la trama

En el segundo patio
la canilla periódica gotea,
fatal como la muerte de César.
Las dos son piezas de la trama que abarca
el círculo sin principio ni fin,
el ancla del fenicio,
el primer lobo y el primer cordero,
la fecha de mi muerte
y el teorema perdido de Fermat.
A esa trama de hierro
los estoicos la pensaron de un fuego
que muere y que renace como el Fénix.
Es el gran árbol de las causas
y de los ramificados efectos;
en sus hojas están Roma y Caldea
y lo que ven las caras de Jano.
El universo es uno de sus nombres.
Nadie lo ha visto nunca
y ningún hombre puede ver otra cosa.

milonga de juan muraña

Me habré cruzado con él
En una esquina cualquiera.
Yo era un chico, él era un hombre.
Nadie me dijo quién era.

No sé por qué en la oración
Ese antiguo me acompaña.
Sé que mi suerte es salvar
La memoria de Muraña.

Tuvo una sola virtud.
Hay quien no tiene ninguna.
Fue el hombre más animoso
Que han visto el sol y la luna.

A nadie faltó el respeto.
No le gustaba pelear,
Pero cuando se avenía,
Siempre tiraba a matar.

Fiel como un perro al caudillo
Servía en las elecciones.
Padeció la ingratitud,
La pobreza y las prisiones.

Hombre capaz de pelear
Liado al otro por un lazo,
Hombre que supo afrontar
Con el cuchillo el balazo.

Lo recordaba Carriego
Y yo lo recuerdo ahora.
Más vale pensar en otros
Cuando se acerca la hora.

andrés armoa

Los años le han dejado unas palabras en guaraní, que sabe usar cuando la ocasión lo requiere, pero que no podría traducir sin algún trabajo.

Los otros soldados lo aceptan, pero algunos (no todos) sienten que algo ajeno hay en él, como si fuera hereje o infiel o padeciera un mal.

Este rechazo lo fastidia menos que el interés de los reclutas.

No es bebedor, pero suele achisparse los sábados.

Tiene la costumbre del mate, que puebla de algún modo la soledad.

Las mujeres no lo quieren y él no las busca.

Tiene un hijo en Dolores. Hace años que no sabe nada de él, a la manera de la gente sencilla, que no escribe.

No es hombre de buena conversación, pero suele contar, siempre con las mismas palabras, aquella larga marcha de tantas leguas desde Junín hasta San Carlos. Quizá la cuenta con las mismas palabras, porque las sabe de memoria y ha olvidado los hechos.

No tiene catre. Duerme sobre el recado y no sabe qué cosa es la pesadilla.

Tiene la conciencia tranquila. Se ha limitado a cumplir órdenes.

Goza de la confianza de sus jefes.

Es el degollador.

Ha perdido la cuenta de las veces que ha visto el alba en el desierto.

Ha perdido la cuenta de las gargantas, pero no olvidará la primera y los visajes que hizo el pampa.

Nunca lo ascenderán. No debe llamar la atención.

En su provincia fue domador. Ya es incapaz de jinetear un bagual, pero le gustan los caballos y los entiende.

Es amigo de un indio.

el tercer hombre

Dirijo este poema
(por ahora aceptemos esa palabra)
al tercer hombre que se cruzó conmigo antenoche,
no menos misterioso que el de Aristóteles.
El sábado salí.
La noche estaba llena de gente;
hubo sin duda un tercer hombre,
como hubo un cuarto y un primero.
No sé si nos miramos;
él iba a Paraguay, yo iba a Córdoba.
Casi lo han engendrado estas palabras;
nunca sabré su nombre.
Sé que hay un sabor que prefiere.
Sé que ha mirado lentamente la luna.
No es imposible que haya muerto.
Leerá lo que ahora escribo y no sabrá
que me refiero a él.
En el secreto porvenir
podemos ser rivales y respetarnos
o amigos y querernos.
He ejecutado un acto irreparable,
he establecido un vínculo.
En este mundo cotidiano,
que se parece tanto
al libro de las Mil y Una Noches,
no hay un solo acto que no corra el albur
de ser una operación de la magia,
no hay un solo hecho que no pueda ser el primero
de una serie infinita.
Me pregunto qué sombras no arrojarán
estas ociosas líneas.

nostalgia del presente

En aquel preciso momento el hombre se dijo:
Qué no daría yo por la dicha
de estar a tu lado en Islandia
bajo el gran día inmóvil
y de compartir el ahora
como se comparte la música
o el sabor de una fruta.
En aquel preciso momento
el hombre estaba junto a ella en Islandia.

el ápice

No te habrá de salvar lo que dejaron
Escrito aquellos que tu miedo implora;
No eres los otros y te ves ahora
Centro del laberinto que tramaron
Tus pasos. No te salva la agonía
De Jesús o de Sócrates ni el fuerte
Siddharta de oro que aceptó la muerte
En un jardín, al declinar el día.
Polvo también es la palabra escrita
Por tu mano o el verbo pronunciado
Por tu boca. No hay lástima en el Hado
Y la noche de Dios es infinita.
Tu materia es el tiempo, el incesante
Tiempo. Eres cada solitario instante.

poema

ANVERSO

Dormías. Te despierto.
La gran mañana depara la ilusión de un principio.
Te habías olvidado de Virgilio. Ahí están los hexámetros.
Te traigo muchas cosas.
Las cuatro raíces del griego: la tierra, el agua, el fuego, el aire.
Un solo nombre de mujer.
La amistad de la luna.
Los claros colores del atlas.
El olvido, que purifica.
La memoria que elige y que redescubre.
El hábito que nos ayuda a sentir que somos inmortales.
La esfera y las agujas que parcelan el inasible tiempo.
La fragancia del sándalo.
Las dudas que llamamos, no sin alguna vanidad, metafísica.
La curva del bastón que tu mano espera.
El sabor de las uvas y de la miel.

REVERSO

Recordar a quien duerme
es un acto común y cotidiano
que podría hacernos temblar.
Recordar a quien duerme
es imponer a otro la interminable
prisión del universo
de su tiempo sin ocaso ni aurora.
Es revelarle que es alguien o algo
que está sujeto a un nombre que lo publica
y a un cúmulo de ayeres.
Es inquietar su eternidad.

Es cargarlo de siglos y de estrellas.
Es restituir al tiempo otro Lázaro
cargado de memoria.
Es infamar el agua del Leteo.

el ángel

Que el hombre no sea indigno del Ángel
cuya espada lo guarda
desde que lo engendró aquel Amor
que mueve el sol y las estrellas
hasta el Último Día en que retumbe
el trueno en la trompeta.
Que no lo arrastre a rojos lupanares
ni a los palacios que erigió la soberbia
ni a las tabernas insensatas.
Que no se rebaje a la súplica
ni al oprobio del llanto
ni a la fabulosa esperanza
ni a las pequeñas magias del miedo
ni al simulacro del histrión;
el Otro lo mira.
Que recuerde que nunca estará solo.
En el público día o en la sombra
el incesante espejo lo atestigua;
que no macule su cristal una lágrima.

Señor, que al cabo de mis días en la Tierra
yo no deshonre al Ángel.

el sueño

La noche nos impone su tarea
mágica. Destejer el universo,

las ramificaciones infinitas
de efectos y de causas, que se pierden
en ese vértigo sin fondo, el tiempo.
La noche quiere que esta noche olvides
tu nombre, tus mayores y su sangre,
cada palabra humana y cada lágrima,
lo que pudo enseñarte la vigilia,
el ilusorio punto de los geómetras,
la línea, el plano, el cubo, la pirámide,
el cilindro, la esfera, el mar, las olas,
tu mejilla en la almohada, la frescura
de la sábana nueva, los jardines,
los imperios, los Césares y Shakespeare
y lo que es más difícil, lo que amas.
Curiosamente, una pastilla puede
borrar el cosmos y erigir el caos.

un sueño

En un desierto lugar del Irán hay una no muy alta torre de piedra, sin puerta ni ventana. En la única habitación (cuyo piso es de tierra y que tiene la forma del círculo) hay una mesa de madera y un banco. En esa celda circular, un hombre que se parece a mí escribe en caracteres que no comprendo un largo poema sobre un hombre que en otra celda circular escribe un poema sobre un hombre que en otra celda circular... El proceso no tiene fin y nadie podrá leer lo que los prisioneros escriben.

inferno, v, 129

Dejan caer el libro, porque ya saben
que son las personas del libro.
(Lo serán de otro, el máximo,
pero eso qué puede importarles.)

Ahora son Paolo y Francesca,
no dos amigos que comparten
el sabor de una fábula.
Se miran con incrédula maravilla.
Las manos no se tocan.
Han descubierto el único tesoro;
han encontrado al otro.
No traicionan a Malatesta,
porque la traición requiere un tercero
y sólo existen ellos dos en el mundo.
Son Paolo y Francesca
y también la reina y su amante
y todos los amantes que han sido
desde aquel Adán y su Eva
en el pasto del Paraíso.
Un libro, un sueño les revela
que son formas de un sueño que fue soñado
en tierras de Bretaña.
Otro libro hará que los hombres,
sueños también, los sueñen.

correr o ser

¿Fluye en el cielo el Rhin? ¿Hay una forma
universal del Rhin, un arquetipo,
que invulnerable a ese otro Rhin, el tiempo,
dura y perdura en un eterno Ahora
y es raíz de aquel Rhin, que en Alemania
sigue su curso mientras dicto el verso?
Así lo conjeturan los platónicos;
así no lo aprobó Guillermo de Occam.
Dijo que Rhin (cuya etimología
es *rinan* o correr) no es otra cosa
que un arbitrario apodo que los hombres
dan a la fuga secular del agua

desde los hielos a la arena última.
Bien puede ser. Que lo decidan otros.
¿Seré apenas, repito, aquella serie
de blancos días y de negras noches
que amaron, que cantaron, que leyeron
y padecieron miedo y esperanza
o también habrá otro, el yo secreto
cuya ilusoria imagen, hoy borrada
he interrogado en el ansioso espejo?
Quizá del otro lado de la muerte
sabré si he sido una palabra o alguien.

la fama

Haber visto crecer a Buenos Aires, crecer y declinar.
Recordar el patio de tierra y la parra, el zaguán y el aljibe.
Haber heredado el inglés, haber interrogado el sajón.
Profesar el amor del alemán y la nostalgia del latín.
Haber conversado en Palermo con un viejo asesino.
Agradecer el ajedrez y el jazmín, los tigres y el hexámetro.
Leer a Macedonio Fernández con la voz que fue suya.
Conocer las ilustres incertidumbres que son la metafísica.
Haber honrado espadas y razonablemente querer la paz.
No ser codicioso de islas.
No haber salido de mi biblioteca.
Ser Alonso Quijano y no atreverme a ser don Quijote.
Haber enseñado lo que no sé a quienes sabrán más que yo.
Agradecer los dones de la luna y de Paul Verlaine.
Haber urdido algún endecasílabo.
Haber vuelto a contar antiguas historias.
Haber ordenado en el dialecto de nuestro tiempo las cinco
    o seis metáforas.
Haber eludido sobornos.
Ser ciudadano de Ginebra, de Montevideo, de Austin y (como
    todos los hombres) de Roma.

Ser devoto de Conrad.
Ser esa cosa que nadie puede definir: argentino.
Ser ciego.
Ninguna de esas cosas es rara y su conjunto me depara una
    fama que no acabo de comprender.

los justos

Un hombre que cultiva su jardín, como quería Voltaire.
El que agradece que en la tierra haya música.
El que descubre con placer una etimología.
Dos empleados que en un café del Sur juegan un silencioso ajedrez.
El ceramista que premedita un color y una forma.
El tipógrafo que compone bien esta página, que tal vez no le agrada.
Una mujer y un hombre que leen los tercetos finales de cierto canto.
El que acaricia a un animal dormido.
El que justifica o quiere justificar un mal que le han hecho.
El que agradece que en la tierra haya Stevenson.
El que prefiere que los otros tengan razón.
Esas personas, que se ignoran, están salvando el mundo.

el cómplice

Me crucifican y yo debo ser la cruz y los clavos.
Me tienden la copa y yo debo ser la cicuta.
Me engañan y yo debo ser la mentira.
Me incendian y yo debo ser el infierno.
Debo alabar y agradecer cada instante del tiempo.
Mi alimento es todas las cosas.
El peso preciso del universo, la humillación, el júbilo.
Debo justificar lo que me hiere.
No importa mi ventura o mi desventura.
Soy el poeta.

el espía

En la pública luz de las batallas
otros dan su vida a la patria
y los recuerda el mármol.
Yo he errado oscuro por ciudades que odio.
Le di otras cosas.
Abjuré de mi honor,
traicioné a quienes me creyeron su amigo,
compré conciencias,
abominé del nombre de la patria.
Me resigno a la infamia.

el desierto

Antes de entrar en el desierto
los soldados bebieron largamente el agua de la cisterna.
Hierocles derramó en la tierra
el agua de su cántaro y dijo:
Si hemos de entrar en el desierto,
ya estoy en el desierto.
Si la sed va a abrasarme,
que ya me abrase.
Esta es una parábola.
Antes de hundirme en el infierno
los lictores del dios me permitieron que mirara una rosa.
Esa rosa es ahora mi tormento
en el oscuro reino.
A un hombre lo dejó una mujer.
Resolvieron mentir un último encuentro.
El hombre dijo:
Si debo entrar en la soledad
ya estoy solo.
Si la sed va a abrasarme,
que ya me abrase.

Esta es otra parábola.
Nadie en la tierra
tiene el valor de ser aquel hombre.

el bastón de laca

María Kodama lo descubrió. Pese a su autoridad y a su firmeza,
es curiosamente liviano. Quienes lo ven lo advierten; quienes lo
advierten lo recuerdan.
    Lo miro. Siento que es una parte de aquel imperio, infinito en el
tiempo, que erigió su muralla para construir un recinto mágico.
    Lo miro. Pienso en aquel Chuang Tzu que soñó que era una
mariposa y que no sabía al despertar si era un hombre que había soñado
ser una mariposa o una mariposa que ahora soñaba ser un hombre.
    Lo miro. Pienso en el artesano que trabajó el bambú y lo dobló
para que mi mano derecha pudiera calzar bien en el puño.
    No sé si vive aún o si ha muerto.
    No sé si es taoísta o budista o si interroga el libro de los sesenta y
cuatro hexagramas.
    No nos veremos nunca.
    Está perdido entre novecientos treinta millones.
    Algo, sin embargo, nos ata.
    No es imposible que Alguien haya premeditado este vínculo.
    No es imposible que el universo necesite este vínculo.

a cierta isla

¿Cómo invocarte, delicada Inglaterra?
Es evidente que no debo ensayar
la pompa y el estrépito de la oda,
ajena a tu pudor.
No hablaré de tus mares, que son el Mar,
ni del imperio que te impuso, isla íntima,
el desafío de los otros.

Mencionaré en voz baja unos símbolos:
Alicia, que fue un sueño del Rey Rojo,
que fue un sueño de Carroll, hoy un sueño,
el sabor del té y de los dulces,
un laberinto en el jardín,
un reloj de sol,
un hombre que extraña (y que a nadie dice que extraña)
el Oriente y las soledades glaciales
que Coleridge no vio
y que cifró en palabras precisas,
el ruido de la lluvia, que no cambia,
la nieve en la mejilla,
la sombra de la estatua de Samuel Johnson,
el eco de un laúd que perdura
aunque ya nadie pueda oírlo,
el cristal de un espejo que ha reflejado
la mirada ciega de Milton,
la constante vigilia de una brújula,
el Libro de los Mártires,
la crónica de oscuras generaciones
en las últimas páginas de una Biblia,
el polvo bajo el mármol,
el sigilo del alba.
Aquí estamos los dos, isla secreta.
Nadie nos oye.
Entre los dos crepúsculos
compartiremos en silencio cosas queridas.

el *go*

Hoy, nueve de septiembre de 1978,
tuve en la palma de la mano un pequeño disco
de los trescientos sesenta y uno que se requieren
para el juego astrológico del *go*,
ese otro ajedrez del Oriente.

Es más antiguo que la más antigua escritura
y el tablero es un mapa del universo.
Sus variaciones negras y blancas
agotarán el tiempo.
En él pueden perderse los hombres
como en el amor y en la día.
Hoy, nueve de setiembre de 1978,
yo, que soy ignorante de tantas cosas,
sé que ignoro una más,
y agradezco a mis númenes
esta revelación de un laberinto
que nunca será mío.

shinto

Cuando nos anonada la desdicha,
durante un segundo nos salvan
las aventuras ínfimas
de la atención o de la memoria:
el sabor de una fruta, el sabor del agua,
esa cara que un sueño nos devuelve,
los primeros jazmines de noviembre,
el anhelo infinito de la brújula,
un libro que creíamos perdido,
el pulso de un hexámetro,
la breve llave que nos abre una casa,
el olor de una biblioteca o del sándalo,
el nombre antiguo de una calle,
los colores de un mapa,
una etimología imprevista,
la lisura de la uña limada,
la fecha que buscábamos,
contar las doce campanadas oscuras,
un brusco dolor físico.
Ocho millones son las divinidades del Shinto

que viajan por la tierra, secretas.
Esos modestos númenes nos tocan,
nos tocan y nos dejan.

el forastero

En el santuario hay una espada.
Soy el segundo sacerdote del templo. Nunca la he visto.
Otras comunidades veneran un espejo de metal o una piedra.
Creo que se eligieron esas cosas porque alguna vez fueron raras.
Hablo con libertad; el Shinto es el más leve de los cultos.
El más leve y el más antiguo.
Guarda escrituras tan arcaicas que ya están casi en blanco.
Un ciervo o una gota de rocío podrían profesarlo.
Nos dice que debemos obrar bien, pero no ha fijado una ética.
No declara que el hombre teje su *karma*.
No quiere intimidar con castigos ni sobornar con premios.
Sus fieles pueden aceptar la doctrina de Buddha o la de Jesús.
Venera al Emperador y a los muertos.
Sabe que después de su muerte cada hombre es un dios que ampara a los suyos.
Sabe que después de su muerte cada árbol es un dios que ampara a los árboles.
Sabe que la sal, el agua y la música pueden purificarnos.
Sabe que son legión las divinidades.
Esta mañana nos visitó un viejo poeta peruano. Era ciego.
Desde el atrio compartimos el aire del jardín y el olor de la tierra húmeda y el canto de aves o de dioses.
A través de un intérprete quise explicarle nuestra fe.
No sé si me entendió.
Los rostros occidentales son máscaras que no se dejan descifrar.
Me dijo que de vuelta al Perú recordaría nuestro diálogo en un poema.
Ignoro si lo hará.
Ignoro si nos volveremos a ver.

diecisiete *haiku*

1

Algo me han dicho
la tarde y la montaña.
Ya lo he perdido.

2

La vasta noche
no es ahora otra cosa
que una fragancia.

3

¿Es o no es
el sueño que olvidé
antes del alba?

4

Callan las cuerdas.
La música sabía
lo que yo siento.

5

Hoy no me alegran
los almendros del huerto.
Son tu recuerdo.

6

Oscuramente
libros, láminas, llaves
siguen mi suerte.

7

Desde aquel día
no he movido las piezas
en el tablero.

8

En el desierto
acontece la aurora.
Alguien lo sabe.

9

La ociosa espada
sueña con sus batallas.
Otro es mi sueño.

10

El hombre ha muerto.
La barba no lo sabe.
Crecen las uñas.

11

Ésta es la mano
que alguna vez tocaba
tu cabellera.

12

Bajo el alero
el espejo no copia
más que la luna.

13

Bajo la luna
la sombra que se alarga
es una sola.

14

¿Es un imperio
esa luz que se apaga
o una luciérnaga?

15

La luna nueva.
Ella también la mira
desde otra puerta.

16

Lejos un trino.
El ruiseñor no sabe
que te consuela.

17

La vieja mano
sigue trazando versos
para el olvido.

nihon

He divisado, desde las páginas de Russell, la doctrina de los conjuntos, la *Mengenlehre*, que postula y explora los vastos números que no alcanzaría un hombre inmortal aunque agotara sus eternidades contando, y cuyas dinastías imaginarias tienen como cifras las letras del alfabeto hebreo. En ese delicado laberinto no me fue dado penetrar.

He divisado, desde las definiciones, axiomas, proposiciones y corolarios, la infinita sustancia de Spinoza, que consta de infinitos atributos, entre los cuales están el espacio y el tiempo, de suerte que si pronunciamos o pensamos una palabra, ocurren paralelamente infinitos hechos en infinitos orbes inconcebibles. En ese delicado laberinto no me fue dado penetrar.

Desde montañas que prefieren, como Verlaine, el matiz al color, desde la escritura que ejerce la insinuación y que ignora la hipérbole, desde jardines donde el agua y la piedra no importan menos que la hierba, desde tigres pintados por quienes nunca vieron un tigre y nos dan casi el arquetipo, desde el camino del honor, el *bushido*, desde una nostalgia de espadas, desde puentes, mañanas y santuarios, desde una música que es casi el silencio, desde tus muchedumbres en voz baja, he divisado tu superficie, oh Japón. En ese delicado laberinto...

A la guarnición de Junín llegaban hacia 1870 indios pampas, que no habían visto nunca una puerta, un llamador de bronce o una ventana. Veían y tocaban esas cosas, no menos raras para ellos que para nosotros Manhattan, y volvían a su desierto.

la cifra

La amistad silenciosa de la luna
(cito mal a Virgilio) te acompaña
desde aquella perdida hoy en el tiempo
noche o atardecer en que tus vagos
ojos la descifraron para siempre
en un jardín o un patio que son polvo.
¿Para siempre? Yo sé que alguien, un día,
podrá decirte verdaderamente:
No volverás a ver la clara luna,
Has agotado ya la inalterable

suma de veces que te da el destino.
Inútil abrir todas las ventanas
del mundo. Es tarde. No darás con ella.
Vivimos descubriendo y olvidando
esa dulce costumbre de la noche.
Hay que mirarla bien. Puede ser última.

los conjurados (1985)

cristo en la cruz

Cristo en la cruz. Los pies tocan la tierra.
Los tres maderos son de igual altura.
Cristo no está en el medio. Es el tercero.
La negra barba pende sobre el pecho.
El rostro no es el rostro de las láminas.
Es áspero y judío. No lo veo
y seguiré buscándolo hasta el día
último de mis pasos por la tierra.
El hombre quebrantado sufre y calla.
La corona de espinas lo lastima.
No lo alcanza la befa de la plebe
que ha visto su agonía tantas veces.
La suya o la de otro. Da lo mismo.
Cristo en la cruz. Desordenadamente
piensa en el reino que tal vez lo espera,
piensa en una mujer que no fue suya.
No le está dado ver la teología,
la indescifrable Trinidad, los gnósticos,
las catedrales, la navaja de Occam,
la púrpura, la mitra, la liturgia,
la conversión de Guthrum por la espada,
la Inquisición, la sangre de los mártires,
las atroces Cruzadas, Juana de Arco,
el Vaticano que bendice ejércitos.
Sabe que no es un dios y que es un hombre
que muere con el día. No le importa.
Le importa el duro hierro de los clavos.
No es un romano. No es un griego. Gime.
Nos ha dejado espléndidas metáforas
y una doctrina del perdón que puede
anular el pasado. (Esa sentencia
la escribió un irlandés en una cárcel.)
El alma busca el fin, apresurada.
Ha oscurecido un poco. Ya se ha muerto.

Anda una mosca por la carne quieta.
¿De qué puede servirme que aquel hombre
haya sufrido, si yo sufro ahora?

Kyoto, 1984

doomsday

Será cuando la trompeta resuene, como escribe San Juan el
    Teólogo.
Ha sido en 1757, según el testimonio de Swedenborg.
Fue en Israel cuando la loba clavó en la cruz la carne de Cristo,
    pero no sólo entonces.
Ocurre en cada pulsación de tu sangre.
No hay un instante que no pueda ser el cráter del Infierno.
No hay un instante que no pueda ser el agua del Paraíso.
No hay un instante que no esté cargado como un arma.
En cada instante puedes ser Caín o Siddharta, la máscara o el
    rostro.
En cada instante puede revelarte su amor Helena de Troya.
En cada instante el gallo puede haber cantado tres veces.
En cada instante la clepsidra deja caer la última gota.

césar

Aquí, lo que dejaron los puñales.
Aquí esa pobre cosa, un hombre muerto
que se llamaba César. Le han abierto
cráteres en la carne los metales.
Aquí la atroz, aquí la detenida
máquina usada ayer para la gloria,
para escribir y ejecutar la historia
y para el goce pleno de la vida.
Aquí también el otro, aquel prudente

emperador que declinó laureles,
que comandó batallas y bajeles
y que rigió el oriente y el poniente.
Aquí también el otro, el venidero
cuya gran sombra será el orbe entero.

tríada

El alivio que habrá sentido César en la mañana de Farsalia, al pensar: Hoy es la batalla.

El alivio que habrá sentido Carlos Primero al ver el alba en el cristal y pensar: Hoy es el día del patíbulo, del coraje y del hacha.

El alivio que tú y yo sentiremos en el instante que precede a la muerte, cuando la suerte nos desate de la triste costumbre de ser alguien y del peso del universo.

la trama

Las migraciones que el historiador, guiado por las azarosas reliquias de la cerámica y del bronce, trata de fijar en el mapa y que no comprendieron los pueblos que las ejecutaron.
Las divinidades del alba que no han dejado ni un ídolo ni un símbolo.
El surco del arado de Caín.
El rocío en la hierba del Paraíso.
Los hexagramas que un emperador descubrió en la caparazón de una de las tortugas sagradas.
Las aguas que no saben que son el Ganges.
El peso de una rosa en Persépolis.
El peso de una rosa en Bengala.
Los rostros que se puso una máscara que guarda una vitrina.
El nombre de la espada de Hengist.
El último sueño de Shakespeare.
La pluma que trazó la curiosa línea: *He met the Nightmare and her name he told.*

El primer espejo, el primer hexámetro.
Las páginas que leyó un hombre gris y que le revelaron que podía ser don Quijote.
Un ocaso cuyo rojo perdura en un vaso de Creta.
Los juguetes de un niño que se llamaba Tiberio Graco.
El anillo de oro de Polícrates que el Hado rechazó.
No hay una sola de esas cosas perdidas que no proyecte ahora una larga sombra y que no determine lo que haces hoy o lo que harás mañana.

reliquias

El hemisferio austral. Bajo su álgebra
de estrellas ignoradas por Ulises,
un hombre busca y seguirá buscando
las reliquias de aquella epifanía
que le fue dada, hace ya tantos años,
del otro lado de una numerada
puerta de hotel, junto al perpetuo Támesis,
que fluye como fluye ese otro río,
el tenue tiempo elemental. La carne
olvida sus pesares y sus dichas.
El hombre espera y sueña. Vagamente
rescata unas triviales circunstancias.
Un nombre de mujer, una blancura,
un cuerpo ya sin cara, la penumbra
de una tarde sin fecha, la llovizna,
unas flores de cera sobre un mármol
y las paredes, color rosa pálido.

son los ríos

Somos el tiempo. Somos la famosa
parábola de Heráclito el Oscuro.

Somos el agua, no el diamante duro,
la que se pierde, no la que reposa.
Somos el río y somos aquel griego
que se mira en el río. Su reflejo
cambia en el agua del cambiante espejo,
en el cristal que cambia como el fuego.
Somos el vano río prefijado,
rumbo a su mar. La sombra lo ha cercado.
Todo nos dijo adiós, todo se aleja.
La memoria no acuña su moneda.
Y sin embargo hay algo que se queda
y sin embargo hay algo que se queja.

la joven noche

Ya las lustrales aguas de la noche me absuelven
de los muchos colores y de las muchas formas.
Ya en el jardín las aves y los astros exaltan
el regreso anhelado de las antiguas normas
del sueño y de la sombra. Ya la sombra ha sellado
los espejos que copian la ficción de las cosas.
Mejor lo dijo Goethe: *Lo cercano se aleja.*
Esas cuatro palabras cifran todo el crepúsculo.
En el jardín las rosas dejan de ser las rosas
y quieren ser la Rosa.

la tarde

Las tardes que serán y las que han sido
son una sola, inconcebiblemente.
Son un claro cristal, sólo y doliente,
inaccesible al tiempo y a su olvido.
Son los espejos de esa tarde eterna
que en un cielo secreto se atesora.

En aquel cielo están el pez, la aurora,
la balanza, la espada y la cisterna.
Uno y cada arquetipo. Así Plotino
nos enseña en sus libros, que son nueve;
bien puede ser que nuestra vida breve
sea un reflejo fugaz de lo divino.
La tarde elemental ronda la casa.
La de ayer, la de hoy, la que no pasa.

elegía

Tuyo es ahora, Abramowicz, el singular sabor de la muerte, a nadie
negado, que me será ofrecido en esta casa o del otro lado del mar,
a orillas de tu Ródano, que fluye fatalmente como si fuera ese otro y
más antiguo Ródano, el Tiempo. Tuya será también la certidumbre
de que el Tiempo se olvida de sus ayeres y de que nada es irreparable
o la contraria certidumbre de que los días nada pueden borrar y de
que no hay un acto, o un sueño, que no proyecte una sombra infinita.
Ginebra te creía un hombre de leyes, un hombre de dictámenes
y de causas, pero en cada palabra, en cada silencio, eras un poeta.
Acaso estás hojeando en este momento los muy diversos libros que
no escribiste pero que prefijabas y descartabas y que para nosotros te
justifican y de algún modo son. Durante la primera guerra, mientras
se mataban los hombres, soñamos los dos sueños que se llamaron
Laforgue y Baudelaire. Descubrimos las cosas que descubren
todos los jóvenes: el ignorante amor, la ironía, el anhelo de ser
Raskolnikov o el príncipe Hamlet, las palabras y los ponientes. Las
generaciones de Israel estaban en ti cuando me dijiste sonriendo: *Je
suis très fatigué. J'ai quatre mille ans.* Esto ocurrió en la Tierra; vano
es conjeturar la edad que tendrás en el cielo.
    No sé si todavía eres alguien, no sé si estás oyéndome.

Buenos Aires, 14 de enero de 1984

abramowicz

Esta noche, no lejos de la cumbre de la colina de Saint Pierre, una valerosa y venturosa música griega nos acaba de revelar que la muerte es más inverosímil que la vida y que, por consiguiente, el alma perdura cuando su cuerpo es caos. Esto quiere decir que María Kodama, Isabelle Monet y yo no somos tres, como ilusoriamente creíamos. Somos cuatro, ya que tú también estás con nosotros, Maurice. Con vino rojo hemos brindado a tu salud. No hacía falta tu voz, no hacía falta el roce de tu mano ni tu memoria. Estabas ahí, silencioso y sin duda sonriente, al percibir que nos asombraba y maravillaba ese hecho tan notorio de que nadie puede morir. Estabas ahí, a nuestro lado, y contigo las muchedumbres de quienes duermen con sus padres, según se lee en las páginas de tu Biblia. Contigo estaban las muchedumbres de las sombras que bebieron en la fosa ante Ulises y también Ulises y también todos los que fueron o imaginaron los que fueron. Todos estaban ahí, y también mis padres y también Heráclito y Yorick. Cómo puede morir una mujer o un hombre o un niño, que han sido tantas primaveras y tantas hojas, tantos libros y tantos pájaros y tantas mañanas y noches.

Esta noche puedo llorar como un hombre, puedo sentir que por mis mejillas las lágrimas resbalan, porque sé que en la tierra no hay una sola cosa que sea mortal y que no proyecte su sombra. Esta noche me has dicho sin palabras, Abramowicz, que debemos entrar en la muerte como quien entra en una fiesta.

fragmentos de una tablilla de barro descifrada por edmund bishop en 1867

... Es la hora sin sombra. Melkart el Dios rige desde la cumbre del mediodía el mar de Cartago. Aníbal es la espada de Melkart.

Las tres fanegas de anillos de oro de los romanos que perecieron en Apulia, seis veces mil, han arribado al puerto.

Cuando el otoño esté en los racimos habré dictado el verso final.

Alabado sea Baal, Dios de los muchos cielos, alabada sea Tanith, la cara de Baal, que dieron la victoria a Cartago y que me hicieron heredar la vasta lengua púnica, que será la lengua del orbe, y cuyos caracteres son talismánicos.

No he muerto en la batalla como mis hijos, que fueron capitanes en la batalla y que no enterraré, pero a lo largo de las noches he labrado el cantar de las dos guerras y de la exultación.

Nuestro es el mar. ¿Qué saben los romanos del mar?

Tiemblan los mármoles de Roma; han oído el rumor de los elefantes de guerra.

Al fin de quebrantados convenios y de mentirosas palabras, hemos condescendido a la espada.

Tuya es la espada ahora, romano; la tienes clavada en el pecho.

Canté la púrpura de Tiro, que es nuestra madre. Canté los trabajos de quienes descubrieron el alfabeto y surcaron los mares. Canté la pira de la clara reina. Canté los remos y los mástiles y las arduas tormentas...

Berna, 1984

elegía de un parque

Se perdió el laberinto. Se perdieron
todos los eucaliptos ordenados,
los toldos del verano y la vigilia
del incesante espejo, repitiendo
cada expresión de cada rostro humano,
cada fugacidad. El detenido
reloj, la entretejida madreselva,
la glorieta, las frívolas estatuas,
el otro lado de la tarde, el trino,
el mirador y el ocio de la fuente
son cosas del pasado. ¿Del pasado?
Si no hubo un principio ni habrá un término,
si nos aguarda una infinita suma

de blancos días y de negras noches,
ya somos el pasado que seremos.
Somos el tiempo, el río indivisible,
somos Uxmal, Cartago y la borrada
muralla del romano y el perdido
parque que conmemoran estos versos.

la suma

Ante la cal de una pared que nada
nos veda imaginar como infinita
un hombre se ha sentado y premedita
trazar con rigurosa pincelada
en la blanca pared el mundo entero:
puertas, balanzas, tártaros, jacintos,
ángeles, bibliotecas, laberintos,
anclas, Uxmal, el infinito, el cero.
Puebla de formas la pared. La suerte,
que de curiosos dones no es avara,
le permite dar fin a su porfía.
En el preciso instante de la muerte
descubre que esa vasta algarabía
de líneas es la imagen de su cara.

alguien sueña

¿Qué habrá soñado el Tiempo hasta ahora, que es, como todos los
ahoras, el ápice? Ha soñado la espada, cuyo mejor lugar es el verso.
Ha soñado y labrado la sentencia, que puede simular la sabiduría.
Ha soñado la fe, ha soñado las atroces Cruzadas. Ha soñado a
los griegos que descubrieron el diálogo y la duda. Ha soñado la
aniquilación de Cartago por el fuego y la sal. Ha soñado la palabra,
ese torpe y rígido símbolo. Ha soñado la dicha que tuvimos o que
ahora soñamos haber tenido. Ha soñado la primer mañana de Ur.

Ha soñado el misterioso amor de la brújula. Ha soñado la proa del noruego y la proa del portugués. Ha soñado la ética y las metáforas del más extraño de los hombres, el que murió una tarde en una cruz. Ha soñado el sabor de la cicuta en la lengua de Sócrates. Ha soñado esos dos curiosos hermanos, el eco y el espejo. Ha soñado el libro, ese espejo que siempre nos revela otra cara. Ha soñado el espejo en que Francisco López Merino y su imagen se vieron por última vez. Ha soñado el espacio. Ha soñado la música, que puede prescindir del espacio. Ha soñado el arte de la palabra, aún más inexplicable que el de la música, porque incluye la música. Ha soñado una cuarta dimensión y la fauna singular que la habita. Ha soñado el número de la arena. Ha soñado los números transfinitos, a los que no se llega contando. Ha soñado al primero que en el trueno oyó el nombre de Thor. Ha soñado las opuestas caras de Jano, que no se verán nunca. Ha soñado la luna y los dos hombres que caminaron por la luna. Ha soñado el pozo y el péndulo. Ha soñado a Walt Whitman, que decidió ser todos los hombres, como la divinidad de Spinoza. Ha soñado el jazmín, que no puede saber que lo sueñan. Ha soñado las generaciones de las hormigas y las generaciones de los reyes. Ha soñado la vasta red que tejen todas las arañas del mundo. Ha soñado el arado y el martillo, el cáncer y la rosa, las campanadas del insomnio y el ajedrez. Ha soñado la enumeración que los tratadistas llaman caótica y que, de hecho, es cósmica, porque todas las cosas están unidas por vínculos secretos. Ha soñado a mi abuela Frances Haslam en la guarnición de Junín, a un trecho de las lanzas del desierto, leyendo su Biblia y su Dickens. Ha soñado que en las batallas los tártaros cantaban. Ha soñado la mano de Hokusai, trazando una línea que será muy pronto una ola. Ha soñado a Yorick, que vive para siempre en unas palabras del ilusorio Hamlet. Ha soñado los arquetipos. Ha soñado que a lo largo de los veranos, o en un cielo anterior a los veranos, hay una sola rosa. Ha soñado las caras de tus muertos, que ahora son empañadas fotografías. Ha soñado la primer mañana de Uxmal. Ha soñado el acto de la sombra. Ha soñado las cien puertas de Tebas. Ha soñado los pasos del laberinto. Ha soñado el nombre secreto de Roma, que era su verdadera muralla. Ha soñado la vida

de los espejos. Ha soñado los signos que trazará el escriba sentado.
Ha soñado una esfera de marfil que guarda otras esferas. Ha
soñado el calidoscopio, grato a los ocios del enfermo y del niño.
Ha soñado el desierto. Ha soñado el alba que acecha. Ha soñado
el Ganges y el Támesis, que son nombres del agua. Ha soñado
mapas que Ulises no habría comprendido. Ha soñado a Alejandro
de Macedonia. Ha soñado el muro del Paraíso, que detuvo a
Alejandro. Ha soñado el mar y la lágrima. Ha soñado el cristal. Ha
soñado que Alguien lo sueña.

alguien soñará

¿Qué soñará el indescifrable futuro? Soñará que Alonso Quijano
puede ser don Quijote sin dejar su aldea y sus libros. Soñará
que una víspera de Ulises puede ser más pródiga que el poema
que narra sus trabajos. Soñará generaciones humanas que no
reconocerán el nombre de Ulises. Soñará sueños más precisos que
la vigilia de hoy. Soñará que podremos hacer milagros y que no
los haremos, porque será más real imaginarlos. Soñará mundos
tan intensos que la voz de una sola de sus aves podría matarte.
Soñará que el olvido y la memoria pueden ser actos voluntarios,
no agresiones o dádivas del azar. Soñará que veremos con todo
el cuerpo, como quería Milton desde la sombra de esos tiernos
orbes, los ojos. Soñará un mundo sin la máquina y sin esa doliente
máquina, el cuerpo. La vida no es un sueño pero puede llegar a ser
un sueño, escribe Novalis.

sherlock holmes

No salió de una madre ni supo de mayores.
Idéntico es el caso de Adán y de Quijano.
Está hecho de azar. Inmediato o cercano
lo rigen los vaivenes de variables lectores.

No es un error pensar que nace en el momento
en que lo ve aquel otro que narrará su historia
y que muere en cada eclipse de la memoria
de quienes lo soñamos. Es más hueco que el viento.

Es casto. Nada sabe del amor. No ha querido.
Ese hombre tan viril ha renunciado al arte
de amar. En Baker Street vive solo y aparte.
Le es ajeno también ese otro arte, el olvido.

Lo soñó un irlandés, que no lo quiso nunca
y que trató, nos dicen, de matarlo. Fue en vano.
El hombre solitario prosigue, lupa en mano,
su rara suerte discontinua de cosa trunca.

No tiene relaciones, pero no lo abandona
la devoción del otro, que fue su evangelista
y que de sus milagros ha dejado la lista.
Vive de un modo cómodo: en tercera persona.

No va jamás al baño. Tampoco visitaba
ese retiro Hamlet, que muere en Dinamarca
y que no sabe casi nada de esa comarca
de la espada y del mar, del arco y de la aljaba.

(*Omnia sunt plena Jovis*. De análoga manera
diremos de aquel justo que da nombre a los versos
que su inconstante sombra recorre los diversos
dominios en que ha sido parcelada la esfera.)

Atiza en el hogar las encendidas ramas
o da muerte en los páramos a un perro del infierno.
Ese alto caballero no sabe que es eterno.
Resuelve naderías y repite epigramas.

Nos llega desde un Londres de gas y de neblina
un Londres que se sabe capital de un imperio
que le interesa poco, de un Londres de misterio
tranquilo, que no quiere sentir que ya declina.

No nos maravillemos. Después de la agonía,
el hado o el azar (que son la misma cosa)
depara a cada cual esa suerte curiosa
de ser ecos o formas que mueren cada día.

Que mueren hasta un día final en que el olvido,
que es la meta común, nos olvide del todo.
Antes que nos alcance juguemos con el lodo
de ser durante un tiempo, de ser y de haber sido.

Pensar de tarde en tarde en Sherlock Holmes es una
de las buenas costumbres que nos quedan. La muerte
y la siesta son otras. También es nuestra suerte
convalecer en un jardín o mirar la luna.

un lobo

Furtivo y gris en la penumbra última,
va dejando sus rastros en la margen
de este río sin nombre que ha saciado
la sed de su garganta y cuyas aguas
no repiten estrellas. Esta noche,
el lobo es una sombra que está sola
y que busca a la hembra y siente frío.
Es el último lobo de Inglaterra.
Odín y Thor lo saben. En su alta
casa de piedra un rey ha decidido
acabar con los lobos. Ya forjado
ha sido el fuerte hierro de tu muerte.
Lobo sajón, has engendrado en vano.

No basta ser cruel. Eres el último.
Mil años pasarán y un hombre viejo
te soñará en América. De nada
puede servirte ese futuro sueño.
Hoy te cercan los hombres que siguieron
por la selva los rastros que dejaste,
furtivo y gris en la penumbra última.

midgarthormr

Sin fin el mar. Sin fin el pez, la verde
serpiente cosmogónica que encierra,
verde serpiente y verde mar, la tierra,
como ella circular. La boca muerde
la cola que le llega desde lejos,
desde el otro confín. El fuerte anillo
que nos abarca es tempestades, brillo,
sombra y rumor, reflejos de reflejos.
Es también la anfisbena. Eternamente
se miran sin horror los muchos ojos.
Cada cabeza husmea crasamente
los hierros de la guerra y los despojos.
Soñado fue en Islandia. Los abiertos
mares lo han divisado y lo han temido;
volverá con el barco maldecido
que se arma con las uñas de los muertos.
Alta será su inconcebible sombra
sobre la tierra pálida en el día
de altos lobos y espléndida agonía
del crepúsculo aquel que no se nombra.
Su imaginaria imagen nos mancilla.
Hacia el alba lo vi en la pesadilla.

nubes (I)

No habrá una sola cosa que no sea
una nube. Lo son las catedrales
de vasta piedra y bíblicos cristales
que el tiempo allanará. Lo es la Odisea,
que cambia como el mar. Algo hay distinto
cada vez que la abrimos. El reflejo
de tu cara ya es otro en el espejo
y el día es un dudoso laberinto.
Somos los que se van. La numerosa
nube que se deshace en el poniente
es nuestra imagen. Incesantemente
la rosa se convierte en otra rosa.
Eres nube, eres mar, eres olvido.
Eres también aquello que has perdido.

nubes (II)

Por el aire andan plácidas montañas
o cordilleras trágicas de sombra
que oscurecen el día. Se las nombra
nubes. Las formas suelen ser extrañas.
Shakespeare observó una. Parecía
un dragón. Esa nube de una tarde
en su palabra resplandece y arde
y la seguimos viendo todavía.
¿Qué son las nubes? ¿Una arquitectura
del azar? Quizá Dios las necesita
para la ejecución de Su infinita
obra y son hilos de la trama oscura.
Quizá la nube sea no menos vana
que el hombre que la mira en la mañana.

on his blindness

Al cabo de los años me rodea
una terca neblina luminosa
que reduce las cosas a una cosa
sin forma ni color. Casi a una idea.
La vasta noche elemental y el día
lleno de gente son esa neblina
de luz dudosa y fiel que no declina
y que acecha en el alba. Yo querría
ver una cara alguna vez. Ignoro
la inexplorada enciclopedia, el goce
de libros que mi mano reconoce,
las altas aves y las lunas de oro.
A los otros les queda el universo;
a mi penumbra, el hábito del verso.

el hilo de la fábula

El hilo que la mano de Ariadna dejó en la mano de Teseo (en la otra estaba la espada) para que éste se ahondara en el laberinto y descubriera el centro, el hombre con cabeza de toro o, como quiere Dante, el toro con cabeza de hombre, y le diera muerte y pudiera, ya ejecutada la proeza, destejer las redes de piedra y volver a ella, a su amor.

    Las cosas ocurrieron así. Teseo no podía saber que del otro lado del laberinto estaba el otro laberinto, el del tiempo, y que en algún lugar prefijado estaba Medea.

    El hilo se ha perdido; el laberinto se ha perdido también. Ahora ni siquiera sabemos si nos rodea un laberinto, un secreto cosmos, o un caos azaroso. Nuestro hermoso deber es imaginar que hay un laberinto y un hilo. Nunca daremos con el hilo; acaso lo encontramos y lo perdemos en un acto de fe, en una cadencia, en el sueño, en las palabras que se llaman filosofía o en la mera y sencilla felicidad.

Cnossos, 1984

posesión del ayer

Sé que he perdido tantas cosas que no podría contarlas y que esas perdiciones, ahora, son lo que es mío. Sé que he perdido el amarillo y el negro y pienso en esos imposibles colores como no piensan los que ven. Mi padre ha muerto y está siempre a mi lado. Cuando quiero escandir versos de Swinburne, lo hago, me dicen, con su voz. Sólo el que ha muerto es nuestro, sólo es nuestro lo que perdimos. Ilión fue, pero Ilión perdura en el hexámetro que la plañe. Israel fue cuando era una antigua nostalgia. Todo poema, con el tiempo, es una elegía. Nuestras son las mujeres que nos dejaron, ya no sujetos a la víspera, que es zozobra, y a las alarmas y terrores de la esperanza. No hay otros paraísos que los paraísos perdidos.

enrique banchs

Un hombre gris. La equívoca fortuna
hizo que una mujer no lo quisiera;
esa historia es la historia de cualquiera
pero de cuantas hay bajo la luna
es la que duele más. Habrá pensado
en quitarse la vida. No sabía
que esa espada, esa hiel, esa agonía,
eran el talismán que le fue dado
para alcanzar la página que vive
más allá de la mano que la escribe
y del alto cristal de catedrales.
Cumplida su labor, fue oscuramente
un hombre que se pierde entre la gente;
nos ha dejado cosas inmortales.

sueño soñado en edimburgo

Antes del alba soñé un sueño que me dejó abrumado y que trataré de ordenar.

Tus mayores te engendran. En la otra frontera de los desiertos hay unas aulas polvorientas o, si se quiere, unos depósitos polvorientos; y en esas aulas o depósitos hay filas paralelas de pizarrones cuya longitud se mide por leguas o por leguas de leguas y en los que alguien ha trazado con tiza letras y números. Se ignora cuántos pizarrones hay en conjunto pero se entiende que son muchos y que algunos están abarrotados y otros casi vacíos. Las puertas de los muros son corredizas, a la manera del Japón, y están hechas de un metal oxidado. El edificio entero es circular, pero es tan enorme que desde afuera no se advierte la menor curvatura y lo que se ve es una recta. Los apretados pizarrones son más altos que un hombre y alcanzan hasta el cielo raso de yeso, que es blanquecino o gris. En el costado izquierdo del pizarrón hay primero palabras y después números. Las palabras se ordenan verticalmente, como en un diccionario. La primera es *Aar*, el río de Berna. La siguen los guarismos arábigos, cuya cifra es indefinida pero seguramente no infinita. Indican el número preciso de veces que verás aquel río, el número preciso de veces que lo descubrirás en el mapa, el número preciso de veces que soñarás con él. La última palabra es acaso *Zwingli* y queda muy lejos. En otro desmedido pizarrón está inscrita *neverness* y al lado de esa extraña palabra hay ahora una cifra. Todo el decurso de tu vida está en esos signos.

No hay un segundo que no esté royendo una serie.

Agotarás la cifra que corresponde al sabor del jengibre y seguirás viviendo. Agotarás la cifra que corresponde a la lisura del cristal y seguirás viviendo unos días. Agotarás la cifra de los latidos que te han sido fijados y entonces habrás muerto.

las hojas del ciprés

Tengo un solo enemigo. Nunca sabré de qué manera pudo entrar en mi casa, la noche del catorce de abril de 1977. Fueron dos las puertas que abrió: la pesada puerta de calle y la de mi breve departamento. Prendió la luz y me despertó de una pesadilla que no recuerdo, pero en la que había un jardín. Sin alzar la voz me ordenó que me levantara y vistiera inmediatamente. Se había decidido mi muerte y el sitio destinado a la ejecución quedaba un poco lejos. Mudo de asombro, obedecí. Era menos alto que yo pero más robusto y el odio le había dado su fuerza. Al cabo de los años no había cambiado; sólo unas pocas hebras de plata en el pelo oscuro. Lo animaba una suerte de negra felicidad. Siempre me había detestado y ahora iba a matarme. El gato Beppo nos miraba desde su eternidad, pero nada hizo para salvarme. Tampoco el tigre de cerámica azul que hay en mi dormitorio, ni los hechiceros y genios de los volúmenes de *Las Mil y Una Noches*. Quise que algo me acompañara. Le pedí que me dejara llevar un libro. Elegir una Biblia hubiera sido demasiado evidente. De los doce tomos de Emerson mi mano sacó uno, al azar. Para no hacer ruido bajamos por la escalera. Conté cada peldaño. Noté que se cuidaba de tocarme, como si el contacto pudiera contaminarlo.

En la esquina de Charcas y Maipú, frente al conventillo, aguardaba un cupé. Con un ceremonioso ademán que significaba una orden hizo que yo subiera primero. El cochero ya sabía nuestro destino y fustigó al caballo. El viaje fue muy lento y, como es de suponer, silencioso. Temí (o esperé) que fuera interminable también. La noche era de luna y serena y sin un soplo de aire. No había un alma en las calles. A cada lado del carruaje las casas bajas, que eran todas iguales, trazaban una guarda. Pensé: Ya estamos en el Sur. Alto en la sombra vi el reloj de una torre; en el gran disco luminoso no había ni guarismos ni agujas. No atravesamos, que yo sepa, una sola avenida. Yo no tenía miedo, ni siquiera miedo de tener miedo, ni siquiera miedo de tener miedo de tener miedo, a la infinita manera de los eleatas, pero cuando la portezuela se abrió y tuve que bajar, casi me caí. Subimos por unas gradas de piedra.

Había canteros singularmente lisos y eran muchos los árboles. Me condujo al pie de uno de ellos y me ordenó que me tendiera en el pasto, de espaldas, con los brazos en cruz. Desde esa posición divisé una loba romana y supe dónde estábamos. El árbol de mi muerte era un ciprés. Sin proponérmelo repetí la línea famosa: *Quantum lenta solent inter viburna cupressi.*

Recordé que *lenta*, en ese contexto, quiere decir flexible, pero nada tenían de flexibles las hojas de mi árbol. Eran iguales, rígidas y lustrosas y de materia muerta. En cada una había un monograma. Sentí asco y alivio. Supe que un gran esfuerzo podía salvarme. Salvarme y acaso perderlo, ya que, habitado por el odio, no se había fijado en el reloj ni en las monstruosas ramas. Solté mi talismán y apreté el pasto con las dos manos. Vi por primera y última vez el fulgor del acero. Me desperté; mi mano izquierda tocaba la pared de mi cuarto.

Qué pesadilla rara, pensé, y no tardé en hundirme en el sueño.

Al día siguiente descubrí que en el anaquel había un hueco; faltaba el libro de Emerson, que se había quedado en el sueño. A los diez días me dijeron que mi enemigo había salido de su casa una noche y que no había regresado. Nunca regresará. Encerrado en mi pesadilla, seguirá descubriendo con horror, bajo la luna que no vi, la ciudad de relojes en blanco, de árboles falsos que no pueden crecer y nadie sabe qué otras cosas.

ceniza

Una pieza de hotel, igual a todas.
La hora sin metáfora, la siesta
que nos disgrega y pierde. La frescura
del agua elemental en la garganta.
La niebla tenuemente luminosa
que circunda a los ciegos, noche y día.
La dirección de quien acaso ha muerto.
La dispersión del sueño y de los sueños.
A nuestros pies un vago Rhin o Ródano.

Un malestar que ya se fue. Esas cosas
demasiado inconspicuas para el verso.

haydée lange

Las naves de alto bordo, las azules
espadas que partieron de Noruega,
de tu Noruega y depredaron mares
y dejaron al tiempo y a sus días
los epitafios de las piedras rúnicas,
el cristal de un espejo que te aguarda,
tus ojos que miraban otras cosas,
el marco de una imagen que no veo
la verja de un jardín junto al ocaso,
un dejo de Inglaterra en tu palabra,
el hábito de Sandburg, unas bromas,
las batallas de Bancroft y de Kohler
en la pantalla silenciosa y lúcida,
los viernes compartidos. Esas cosas,
sin nombrarte te nombran.

otro fragmento apócrifo

Uno de los discípulos del maestro quería hablar a solas con él, pero no se atrevía. El maestro le dijo:
— Dime qué pesadumbre te oprime.
El discípulo replicó:
— Me falta valor.
El maestro dijo:
— Yo te doy el valor.
La historia es muy antigua, pero una tradición, que bien puede no ser apócrifa, ha conservado las palabras que esos hombres dijeron, en los linderos del desierto y del alba.
Dijo el discípulo:

—He cometido hace tres años un gran pecado. No lo saben los otros pero yo lo sé, y no puedo mirar sin horror mi mano derecha.

Dijo el maestro:

—Todos los hombres han pecado. No es de hombres no pecar. El que mirare a un hombre con odio ya le ha dado muerte en su corazón.

Dijo el discípulo:

—Hace tres años, en Samaria, yo maté a un hombre.

El maestro guardó silencio, pero su rostro se demudó y el discípulo pudo temer su ira. Dijo al fin:

—Hace diecinueve años, en Samaria, yo engendré a un hombre. Ya te has arrepentido de lo que hiciste.

Dijo el discípulo:

—Así es. Mis noches son de plegaria y de llanto. Quiero que tú me des tu perdón.

Dijo el maestro:

—Nadie puede perdonar, ni siquiera el Señor. Si a un hombre lo juzgaran por sus actos, no hay quien no fuera merecedor del infierno y del cielo. ¿Estás seguro de ser aún aquel hombre que dio muerte a su hermano?

Dijo el discípulo:

—Ya no entiendo la ira que me hizo desnudar el acero.

Dijo el maestro:

—Suelo hablar en parábolas para que la verdad se grabe en las almas, pero hablaré contigo como un padre habla con su hijo. Yo no soy aquel hombre que pecó; tú no eres aquel asesino y no hay razón alguna para que sigas siendo su esclavo. Te incumben los deberes de todo hombre: ser justo y ser feliz. Tú mismo tienes que salvarte. Si algo ha quedado de tu culpa yo cargaré con ella.

Lo demás de aquel diálogo se ha perdido.

la larga busca

Anterior al tiempo o fuera del tiempo (ambas locuciones son vanas) o en un lugar que no es del espacio, hay un animal invisible, y acaso diáfano, que los hombres buscamos y que nos busca.

Sabemos que no puede medirse. Sabemos que no puede contarse, porque las formas que lo suman son infinitas.

Hay quienes lo han buscado en un pájaro, que está hecho de pájaros; hay quienes lo han buscado en una palabra o en las letras de esa palabra; hay quienes lo han buscado, y lo buscan, en un libro anterior al árabe en que fue escrito, y aún a todas las cosas; hay quien lo busca en la sentencia Soy El Que Soy.

Como las formas universales de la escolástica o los arquetipos de Whitehead, suele descender fugazmente. Dicen que habita los espejos, y que quien se mira Lo mira. Hay quienes lo ven o entrevén en la hermosa memoria de una batalla o en cada paraíso perdido.

Se conjetura que su sangre late en tu sangre, que todos los seres lo engendran y fueron engendrados por él y que basta invertir una clepsidra para medir su eternidad.

Acecha en los crepúsculos de Turner, en la mirada de una mujer, en la antigua cadencia del hexámetro, en la ignorante aurora, en la luna del horizonte o de la metáfora.

Nos elude de segundo en segundo. La sentencia del romano se gasta, las noches roen el mármol.

de la diversa andalucía

Cuántas cosas. Lucano que amoneda
el verso y aquel otro la sentencia.
La mezquita y el arco. La cadencia
del agua del Islam en la alameda.
Los toros de la tarde. La bravía
música que también es delicada.
La buena tradición de no hacer nada.

Los cabalistas de la judería.
Rafael de la noche y de las largas
mesas de la amistad. Góngora de oro.
De las Indias el ávido tesoro.
Las naves, los aceros, las adargas.
Cuántas voces y cuánta bizarría
y una sola palabra. Andalucía.

góngora

Marte, la guerra. Febo, el sol. Neptuno,
el mar que ya no pueden ver mis ojos
porque lo borra el dios. Tales despojos
han desterrado a Dios, que es Tres y es Uno,
de mi despierto corazón. El hado
me impone esta curiosa idolatría.
Cercado estoy por la mitología.
Nada puedo. Virgilio me ha hechizado.
Virgilio y el latín. Hice que cada
estrofa fuera un arduo laberinto
de entretejidas voces, un recinto
vedado al vulgo, que es apenas, nada.
Veo en el tiempo que huye una saeta
rígida y un cristal en la corriente
y perlas en la lágrima doliente.
Tal es mi extraño oficio de poeta.
¿Qué me importan las befas o el renombre?
Troqué en oro el cabello, que está vivo.
¿Quién me dirá si en el secreto archivo
de Dios están las letras de mi nombre?

Quiero volver a las comunes cosas:
el agua, el pan, un cántaro, unas rosas...

todos los ayeres, un sueño

Naderías. El nombre de Muraña,
una mano templando una guitarra,
una voz, hoy pretérita que narra
para la tarde una perdida hazaña
de burdel o de atrio, una porfía,
dos hierros, hoy herrumbre, que chocaron
y alguien quedó tendido, me bastaron
para erigir una mitología.
Una mitología ensangrentada
que ahora es el ayer. La sabia historia
de las aulas no es menos ilusoria
que esa mitología de la nada.
El pasado es arcilla que el presente
labra a su antojo. Interminablemente.

piedras y chile

Por aquí habré pasado tantas veces.
No puedo recordarlas. Más lejana
que el Ganges me parece la mañana
o la tarde en que fueron. Los reveses
de la suerte no cuentan. Ya son parte
de esa dócil arcilla, mi pasado,
que borra el tiempo o que maneja el arte
y que ningún augur ha descifrado.
Tal vez en la tiniebla hubo una espada,
acaso hubo una rosa. Entretejidas
sombras las guardan hoy en sus guaridas.
Sólo me queda la ceniza. Nada.
Absuelto de las máscaras que he sido,
seré en la muerte mi total olvido.

milonga del infiel

Desde el desierto llegó
en su azulejo el infiel.
Era un pampa de los toldos
de Pincén o de Catriel.

El y el caballo eran uno,
eran uno y no eran dos.
Montado en pelo lo guiaba
con el silbido o la voz.

Había en su toldo una lanza
que afilaba con esmero;
de poco sirve una lanza
contra el fusil ventajero.

Sabía curar con palabras,
lo que no puede cualquiera.
Sabía los rumbos que llevan
a la secreta frontera.

De tierra adentro venía
y a tierra adentro volvió;
acaso no contó a nadie
las cosas raras que vio.

Nunca había visto una puerta,
esa cosa tan humana
y tan antigua, ni un patio
ni el aljibe y la roldana.

No sabía que detrás
de las paredes hay piezas
con su catre de tijera,
su banco y otras lindezas.

No lo asombró ver su cara
repetida en el espejo;
la vio por primera vez
en ese primer reflejo.

Los dos indios se miraron,
no cambiaron ni una seña.
Uno — ¿cuál? — miraba al otro
como el que sueña que sueña.

Tampoco lo asombraría
saberse vencido y muerto;
a su historia la llamamos
la Conquista del Desierto.

milonga del muerto

Lo he soñado en esta casa
entre paredes y puertas.
Dios les permite a los hombres
soñar cosas que son ciertas.

Lo he soñado mar afuera
en unas islas glaciales.
Que nos digan lo demás
la tumba y los hospitales.

Una de tantas provincias
del interior fue su tierra.
(No conviene que se sepa
que muere gente en la guerra.)

Lo sacaron del cuartel,
le pusieron en las manos
las armas y lo mandaron
a morir con sus hermanos.

Se obró con suma prudencia,
se habló de un modo prolijo.
Les entregaron a un tiempo
el rifle y el crucifijo.

Oyó las vanas arengas
de los vanos generales.
Vio lo que nunca había visto,
la sangre en los arenales.

Oyó vivas y oyó mueras,
oyó el clamor de la gente.
El sólo quería saber
si era o si no era valiente.

Lo supo en aquel momento
en que le entraba la herida.
Se dijo *No tuve miedo*
cuando lo dejó la vida.

Su muerte fue una secreta
victoria. Nadie se asombre
de que me dé envidia y pena
el destino de aquel hombre.

1982

Un cúmulo de polvo se ha formado en el fondo del anaquel, detrás de la fila de libros. Mis ojos no lo ven. Es una telaraña para mi tacto.
    Es una parte ínfima de la trama que llamamos la historia universal o el proceso cósmico. Es parte de la trama que abarca estrellas, agonías, migraciones, navegaciones, lunas, luciérnagas, vigilias, naipes, yunques, Cartago y Shakespeare.
    También son parte de la trama esta página, que no acaba de ser un poema, y el sueño que soñaste en el alba y que ya has olvidado.

¿Hay un fin en la trama? Schopenhauer la creía tan insensata como las caras o los leones que vemos en la configuración de una nube. ¿Hay un fin de la trama? Ese fin no puede ser ético, ya que la ética es una ilusión de los hombres, no de las inescrutables divinidades.

Talvez el cúmulo de polvo no sea menos útil para la trama que las naves que cargan un imperio o que la fragancia del nardo.

juan lópez y john ward

Les tocó en suerte una época extraña.

El planeta había sido parcelado en distintos países, cada uno provisto de lealtades, de queridas memorias, de un pasado sin duda heroico, de derechos, de agravios, de una mitología peculiar, de próceres de bronce, de aniversarios, de demagogos y de símbolos. Esa división, cara a los cartógrafos, auspiciaba las guerras.

López había nacido en la ciudad junto al río inmóvil; Ward, en las afueras de la ciudad por la que caminó Father Brown. Había estudiado castellano para leer el Quijote.

El otro profesaba el amor de Conrad, que le había sido revelado en una aula de la calle Viamonte.

Hubieran sido amigos, pero se vieron una sola vez cara a cara, en unas islas demasiado famosas, y cada uno de los dos fue Caín, y cada uno, Abel.

Los enterraron juntos. La nieve y la corrupción los conocen.

El hecho que refiero pasó en un tiempo que no podemos entender.

los conjurados

En el centro de Europa están conspirando.

El echo data de 1291.

Se trata de hombres de diversas estirpes, que profesan diversas religiones y que hablan en diversos idiomas.

Han tomado la extraña resolución de ser razonables.

Han resuelto olvidar sus diferencias y acentuar sus afinidades.

Fueron soldados de la Confederación y después mercenarios, porque eran pobres y tenían el hábito de la guerra y no ignoraban que todas las empresas del hombre son igualmente vanas.

Fueron Winkelried, que se clava en el pecho las lanzas enemigas para que sus camaradas avancen.

Son un cirujano, un pastor o un procurador, pero también son Paracelso y Amiel y Jung y Paul Klee.

En el centro de Europa, en las tierras altas de Europa, cresce una torre de razón y de firme fe.

Los cantones ahora son veintidós. El de Ginebra, el último, es una de mis patrias.

Mañana serán todo el planeta.

Acaso lo que digo no es verdadero; ojalá sea profético.

Esta obra foi composta em
Walbaum por warrakloureiro,
e impressa em ofsete pela
gráfica Santa Marta sobre
papel Pólen Soft da Suzano S.A.
para a Editora Schwarcz
em agosto de 2021

A marca FSC® é a gxarantia de que a madeira utilizada na fabricação do papel deste livro provém de florestas que foram gerenciadas de maneira ambientalmente correta, socialmente justa e economicamente viável, além de outras fontes de origem controlada.